STORIA E STORIE

CESARE

Mariangela Galatea Vaglio

STORIA E STORIE

L'UOMO CHE HA RESO GRANDE ROMA

GIUNTI

Published by arrangement with Walkabout Literary Agency.

Cartografia: Stefano Benini, Firenze

www.giunti.it

© 2020 Giunti Editore S.p.A.
Via Bolognese 165 – 50139 Firenze – Italia
Via G.B. Pirelli 30 – 20124 Milano – Italia
Prima edizione: ottobre 2020
Seconda ristampa: settembre 2021

Stampato presso Elcograf S.p.A., stabilimento di Cles

INDICE

PROLOGO.
L'UOMO CHE SI GIOCÒ IL POTERE AI DADI

Fiume Rubicone, vicinanze di Ravenna,
notte del 10 gennaio 49 a.C.
La notte è tersa, ma gelida. Un brivido scuote l'uomo avvolto
nel pesante mantello, mentre guida il piccolo carro trainato da
due mule. È un carro da mugnaio, ma non ha nulla del mugnaio
colui che regge le redini. Sotto il cappuccio grezzo, tenuto giù
a bella posta per nascondersi da sguardi indiscreti, s'intravede
un volto magro, solcato dalle rughe della maturità, un profilo
aquilino, il brillio tagliente di due occhi neri vivaci e inquieti, e
il baluginare di una fronte segnata dalla calvizie.

Nel buio non distingue la strada, né la direzione. Si fida dei
segni che gli fa la guida indigena, un pastore che lo precede
a piedi e si esprime più a grugniti che a parole. È stato la sua
salvezza quel bifolco, che ha incontrato per caso poc'anzi, quando ormai temeva davvero di essersi perduto. Sorride. Sarebbe
stato un incredibile scherzo della Fortuna fargli smarrire la via
lì, dopo averlo protetto per tanti anni dagli agguati sui campi
di battaglia e durante le spedizioni nelle selve più oscure e
impenetrabili. Ma no, la Fortuna, come sempre, ha deciso di
non tradirlo.

Con l'abilità di un animale, il pastore si destreggia nell'intrico di fogliame, e il falso mugnaio lo segue.

Il suo unico punto di riferimento è il gorgogliare delle acque del fiume, che emerge a tratti dalla boscaglia.

Non è un gran fiume, il Rubicone. Quasi un ruscello, rispetto a quelli che ha visto al di là delle Alpi. E persino rispetto allo stesso Tevere, sulle cui sponde è nato. Ma è un confine. Il confine che Roma si è scelta come limite invalicabile. Al di qua del rigagnolo ci sono le province, i territori che Roma ha conquistato e annesso al suo impero, dove gli eserciti e le legioni possono spostarsi e muoversi al seguito dei loro comandanti. Al di là c'è Roma, e nessun esercito, nessun comandante può varcare quella soglia in armi, se non per autorizzazione del Senato. Lui invece proprio quello sta per fare: entrare senza autorizzazione. Come un bandito. Come un rinnegato. O come un uomo che sa ciò che vuole ed è determinato a prenderlo.

Uno slargo, il guado. Arrivati a una piccola radura, il falso mugnaio fa un rapido cenno di saluto alla sua guida, che si allontana veloce, come quell'animale selvatico che è. Abbassa il cappuccio. Le foglie dei cespugli attorno si muovono appena. Ma non è il vento. Dall'intrico compaiono a una a una, come evocate dall'Ade, altre ombre, in loriche e mantelli. Sono uomini, sono soldati. Sono legionari, i suoi. Gli portano un cavallo, un destriero adatto a un comandante romano. Lui ci sale in groppa. Ma prima di dare il segnale guarda pensieroso il chiarore del giorno che sta nascendo e si volta verso i compagni.

«Per ora possiamo ancora tornare indietro» dice. «Ma passato quel ponte, tutto sarà deciso con le armi.»

Non è un'esortazione, non è una minaccia. È una constatazione. Vuole essere sicuro che chi lo segue sia conscio di quello in cui si sta imbarcando.

Nessuno parla, nessuno si muove. Soprattutto nessuno indietreggia. Anzi, un giovane trombettiere avanza dalle retrovie, senza attendere oltre si lancia, attraversa il ponte suonando il segnale di battaglia.

Caio Giulio Cesare sorride: il suo esercito è con lui. Come sempre. Fa cenno di muoversi.

«Il dado è lanciato.»

Che la sfida cominci.

GLI SPOSI RIBELLI

UN MATRIMONIO FRA RAGAZZI

Roma, Suburra, 85 a.C.
«Ubi tu Gaius, ibi ego Gaia.»
È la voce tremante di una ragazzina a pronunciare le parole e a spezzare simultaneamente la focaccia di farro che la lega per sempre al marito. Cornelia è appena un'adolescente quando recita questa formula sacrale, il marito poco più di un ragazzo. Ed è lui, Caio Giulio Cesare.

Attorno i convitati festeggiano, nella casa dei Giuli addobbata a festa. Gli amici intonano canzoni salaci allo sposo, le amiche donano alla sposa i tradizionali simboli della sua nuova vita coniugale: il fuso e la conocchia.

Cornelia ride, arrossisce, alterna gioia e imbarazzo. Guarda di sottecchi il giovane marito, che in fondo non ha avuto grandi occasioni di frequentare. È un ragazzo alto, dal fisico asciutto, quasi mingherlino. La fronte spaziosa incorniciata dai capelli corvini lascia già intuire un accenno di futura calvizie. Ma sono gli occhi quelli che affascinano: neri e profondi. Uno sguardo che una volta incrociato è difficile dimenticare.

È magnetico, a tratti quasi inquietante.

Cesare ride, scherza. È affabile, simpatico, disponibile con tutti. Alle feste e nei banchetti è sempre l'anima della compagnia. Gli piace divertirsi, sa pronunciare battute fulminee, senza però andare mai sopra le righe. Gli eccessi non lo tentano. Detesta ubriacarsi. Perdere il controllo è una cosa che non ama.

Per il resto, però, non è dissimile da tanti altri suoi coetanei, la bella gioventù della Roma repubblicana, a cui piace godersi la vita e lo fa con il gusto, e a volte con quel tocco di protervia che ha chi sa di essere il padrone del mondo.

La famiglia di Cesare è una delle più antiche dell'Urbe. Le leggende vogliono che la capostipite sia stata la dea Venere, madre del principe troiano Enea e nonna di Iulo, da cui la *gens* Giulia prende nome. Fin dai tempi più antichi la storia della famiglia e quella di Roma si sono incrociate. Proculo Giulio, il primo personaggio noto della stirpe, era cugino di Romolo, il fondatore della città. È lui che ha dato al popolo la notizia che Romolo non era morto, ma era stato assunto in cielo per vegliare sui Romani sotto forma di dio, Quirino. Una mossa furba per calmare i malumori della gente, che sospettava che una congiura di senatori lo avesse fatto fuori. Perché per i Giuli il legame con la politica è naturale, quasi quanto quello con Roma. La sorte dell'Urbe e quello della casata sono una cosa sola.

Cesare è l'ultimo discendente di questa stirpe. Può sembrare un giovinetto ancora acerbo e persino un po' fatuo. Ama scrivere, poetare, ha una vera passione per gli abiti eleganti, i giochi del circo, i cavalli veloci e le donne. Spesso la madre Aurelia si angustia quando gli vede spendere con troppa generosità il denaro per seguire i suoi capricci. I Giuli sono nobili, ma ricchi no. Al contrario delle altre grandi famiglie patrizie che negli ultimi secoli sono diventate padrone di ampi latifondi in ogni angolo dell'impero, i Giuli hanno come patrimonio poco più della loro casa avita, una *domus* al centro della Suburra. È a un passo dalla zona del Foro, ma non può competere con i palazzi più moderni e lussuosi che altri si stanno facendo costruire in città, sempre più simili alle regge dei sovrani orientali. La loro è una *domus* dignitosa in mezzo a un quartiere popolare, dove le case sono costruite quasi le une sulle altre e al piano terra delle abitazioni pullulano botteghe e taverne, persino qualche bordello. Un quartiere così malfamato che Augusto lo farà nascondere dietro a un muro, per non turbare la prospettiva dei nuovi Fori.

Ad Aurelia non è mai pesato vivere lì, anche se discende da una famiglia di antica nobiltà, i Cotta. I suoi antenati e i suoi fratelli e cugini sono senatori. Quando l'hanno data in moglie al padre di Cesare, chiamato Caio Giulio Cesare proprio come il figlio, pensavano che anche lui avrebbe fatto carriera in politica. Ma il marito di Aurelia carriera non l'ha fatta mai, o meglio ne ha fatta ben poca. È stato un uomo schivo, forse timido, probabilmente schiacciato dal peso di un nome troppo ingombrante e da una borsa troppo vuota. Non ha brillato mai ed è morto presto, senza lasciare di sé grandi memorie o rimpianti. Nella vita del figlio sparisce come spariscono i fantasmi: un attimo e non c'è già più.

Così, alla sua giovane età, Caio Giulio Cesare è il maschio di casa e il capo riconosciuto della sua *gens*. Un peso enorme per le spalle gracili di un ragazzo. Siamo nell'85 e Roma sta attraversando una grave crisi, che per la *gens* Giulia non è solo una faccenda politica, ma uno scontro familiare intestino.

Due anni prima, nell'87, Caio Mario, famoso generale ed ex console, si è impadronito della città con un colpo di mano, togliendo il potere al rivale Lucio Cornelio Silla. Insieme a Cornelio Cinna, suo socio e amico, è calato su Roma con i suoi eserciti, l'ha presa e ha scatenato una feroce repressione contro i fiancheggiatori di Silla. Gli avversari sono stati stanati nelle loro case, trascinati nelle piazze, decapitati. Le loro teste sono state appese ai rostri degli oratori al centro del Foro, come monito. Due di quelle teste appartenevano ai cugini di Caio Giulio Cesare: Lucio Giulio Cesare e Caio Giulio Cesare Strabone Vopisco.

Ma anche Mario e Cinna sono familiari del giovane Cesare. Caio Mario era suo zio. Aveva sposato Giulia Maggiore, che è la sorella del padre di Cesare. Cornelio Cinna, invece, che nell'86 resta solo al potere perché Mario, eletto console per la settima volta, muore improvvisamente, di Cesare è ora il suocero. Infatti Cornelia, la bella, giovane e timida fanciulla che ha appena pronunciato il giuramento di nozze, è sua figlia.

L'AMORE AI TEMPI DELLA REPUBBLICA ROMANA

A Roma l'amore, il sesso e il matrimonio sono tre cose ben distinte e separate. Per le grandi casate patrizie che si spartiscono il potere il matrimonio è un contratto e va trattato come un qualsiasi affare. Tenendo conto perciò delle circostanze e delle convenienze politiche.

Cesare è un ragazzo, ma questo gioco lo capisce e lo sa giocare benissimo: è un Giulio. Così, appena diventato capo della sua *gens*, immediatamente si svincola da un precedente fidanzamento. Il padre, prima di morire, lo aveva promesso a una giovane: Cossuzia. Era figlia di un cavaliere e compensava la mancanza di nobiltà con il molto denaro sonante della dote. I genitori avevano predisposto un matrimonio di interesse per risollevare le sostanze della casata, per la linea prudente e defilata che il padre di Cesare aveva tenuto per tutta la vita. Ma Cesare fin da ragazzo è un politico. Non vuole garantirsi un avvenire agiato ma grigio, vuole partecipare alla lotta per il potere. Così Cossuzia viene lasciata al suo destino, che è quello di rendere ricco chi la sposa. La moglie di Cesare sarà Cornelia, la figlia di Cinna.

Spezzando insieme la focaccia che li unisce in matrimonio, i due sposini riuniscono in una sola le discendenze dei due grandi capi della fazione dei *populares*. Cinna, rimasto solo al comando dopo l'improvvisa scomparsa di Mario, di cui era sempre stato un gregario, stringe un legame di sangue con la famiglia di lui e con i Giuli, legittimandosi agli occhi di tutti come capo indiscusso del suo partito. Cesare non è più solo il nipote di Mario e il genero dell'uomo più potente di Roma: insieme a Cornelia è il simbolo di una nuova generazione destinata al potere e alla gloria.

Si amano i due ragazzi? In fondo sono giovani, belli, ricchi e baciati dalla fortuna. È facile essere innamorati così, quando tutto fila nel modo giusto. Ma Roma riserva subito un colpo duro agli sposi. Un improvviso rovescio della sorte stravolge tutto.

Silla, lo storico rivale di Mario, che fino a quel momento era stato in Asia a combattere contro il re Mitridate, lo vince e torna sulla scena.

La città è in fibrillazione. Cinna e Papirio Carbone, che si sono in pratica autonominati consoli per quell'anno, non vogliono sentir parlare di trattative. Preparano truppe per andare a combattere contro il loro nemico. Ma l'esercito non è entusiasta di iniziare una campagna di inverno, contro uno dei migliori generali di Roma e per di più guidati da un uomo, Cinna, che non può certo vantare una grande esperienza o successi militari eclatanti.

Il malumore serpeggia ad Ancona, dove le legioni attendono di imbarcarsi per la Liburnia per cercare di fermare Silla prima che arrivi in Italia. Quando giunge la notizia che alcune navi sono state affondate da una tempesta senza riuscire a raggiungere la costa, mentre quelle di Silla veleggiano indisturbate verso la Puglia, i soldati si affollano attorno al console, minacciosi, per chiedergli conto delle sue decisioni.

È in momenti come questi che si vede la tempra dei grandi comandanti. Cinna non lo è. Non mantiene il sangue freddo, perde la testa e dà ordine ai suoi littori di colpire con i fasci chi lo circonda, ma i legionari sguainano i loro pugnali. Scoppia un tafferuglio. Alla fine il console è riverso sul terreno, morto.

Il giovane Giulio Cesare, in pochissimo tempo, ha perso il padre, ha perso i cugini, ha perso lo zio e ora anche il suocero. E si ritrova senza appoggi, mentre tutti in Italia sono presi dal terrore, perché Silla è sbarcato ed è deciso a divenire il nuovo padrone di Roma.

SILLA, IL PIÙ AMATO DALLA FORTUNA

La sua faccia la riconoscono tutti, mentre cammina in mezzo ai soldati appena sbarcati a Brindisi: capelli biondi ormai ampiamente striati di grigio, bocca carnosa e sensuale, volto squadrato, duro, in cui emergono gli occhi di un azzurro ceruleo, freddo quanto la lama di un gladio. Spiccano sulla pelle che alterna le macchie rosse e biancastre della vitiligine, di cui Silla soffre fin da bambino. I nemici dicono con disprezzo che assomiglia a una mora cosparsa di farina. È una mora aspra come il veleno: se si prova a morderla, uccide.

È tornato in Italia perché vuole una vittoria decisiva. Anzi, la pretende. È una sorta di ricompensa che gli dèi e il destino gli devono, dopo i suoi grandi successi in Asia e la fortunata campagna contro il re Mitridate.

Mario è morto. È stato il suo grande rivale, l'uomo con cui si è scontrato per anni, in una spirale di violenza e di vendette incrociate. È stato però anche il suo mentore, al fianco del quale ha combattuto in Africa, contro il re Giugurta, l'infido numida che aveva inflitto a Roma tante umiliazioni, corrompendo senatori e generali e facendosi beffe di interi eserciti di cittadini.

Il giorno e la notte: sono stati opposti, eppure complementari. Mario, lo spiccio comandante di origini contadine, senza nobili antenati alle spalle, senza raffinata educazione, brusco, testardo, furbo, ruvido, sospettoso, a tratti gretto, era l'esatto contrario del giovane Silla, rampollo debosciato di un'antica famiglia aristocratica decaduta, amante della compagnia di mimi e prostitute, intelligente ma rotto a tutti i vizi, egoista, scostante, acuto, subdolo. Sono stati entrambi due emarginati, guardati con alterigia dagli aristocratici appartenenti alla cerchia delle grandi famiglie romane, che li consideravano utili per il loro talento, ma indegni di ambire al vero potere. Forse per questo si sono capiti e insieme hanno formato un equilibrio perfetto, una coppia divina di Dioscuri in grado di vincere tutte le sfide.

Non poteva durare, però. E non per le mille cose in cui erano diversi, ma per l'unica in cui erano simili: la sconfinata ambizione. Entrambi volevano Roma. Nessuno dei due voleva dividerla con l'altro.

Il terrore di essere oscurato dal suo più giovane ex luogotenente ha spinto l'anziano Mario a tentare con ogni mezzo di stroncargli la carriera. E quanto a Silla, il suo carattere orgoglioso non gli ha permesso di considerarsi mai il delfino di qualcuno. Lo scontro è stato inevitabile e sanguinoso, ma il risultato è rimasto incerto. Entrambi hanno preso a turno la città, sfogato la loro rabbia sugli avversari, ma senza riuscire a uccidere il proprio grande nemico. Silla ha ottenuto il comando in Asia; a Roma Mario è stato rieletto console ed è morto, in carica, di morte naturale.

Ma se Silla ha sempre ritenuto Mario degno di rispetto, gli altri mariani li considera feccia. Sono un branco di tirapiedi incapaci e indegni. Non è tornato in Italia per sconfiggerli: vuole annientarli.

I suoi soldati sono insieme a lui ormai da più di un ventennio, hanno combattuto ai suoi ordini sotto ogni cielo. L'esercito romano, dopo la riforma che Mario ha voluto ai tempi della guerra contro Giugurta in Africa, non è più formato come un tempo da contadini che lasciano per qualche mese i loro campi quando scoppia una guerra. Per i legionari la guerra è un mestiere a tempo pieno. Un mestiere duro, che ancor più che coraggio richiede fatica, allenamento, resistenza, pelo sullo stomaco, dedizione. Apre però anche, sotto al comandante giusto, prospettive di riscatto, di carriera e di immensa fortuna per tutti quei figli del popolo che a casa sarebbero destinati a un'esistenza di stenti, sputando sangue a coltivare terre brulle o a vedersele strappare dai ricchi senatori al primo debito non saldato.

I legionari di Roma sono ora diventati una sorta di esercito personale che è tutt'uno con il suo comandante, quasi fossero un'estensione del suo corpo, un arto, un braccio o una mano. Il suo successo è il loro e il loro il suo.

Gli uomini di Silla sotto al suo comando hanno sconfitto Numidi, africani, barbari del Nord, alleati italici ribelli, infidi levantini. Non c'è angolo di mondo in cui non lo seguirebbero. Silla sa come farsi amare: li guida, li protegge, li ricompensa. Conosce esattamente i loro limiti sul campo e fuori e coglie il momento in cui può chiedere di superarli, capisce quando può lasciar loro sfogare la rabbia o quando deve richiamarli all'ordine per mantenere la disciplina.

Loro lo venerano come si venera un dio, più che un comandante. Hanno imparato a fidarsi delle sue intuizioni militari, che sul campo di battaglia portano immancabilmente alla vittoria, e di quelle politiche, che alla fine gli consentono sempre di trovare un modo, lecito o illecito, per eliminare concorrenti e nemici. Crede così tanto che gli dèi lo abbiano prescelto da essersi cambiato persino il nome: a quelli della *gens* ha aggiunto *Felix*, che vuol dire "il favorito dalla Fortuna".

E ora vuole che la Fortuna lo accompagni a prendere ciò che più gli interessa: Roma.

LA NOTTE PIÙ LUNGA DI SILLA

Notte fra il 1° e il 2 novembre, Porta Collina, 82 a.C.

Clangore di spade, urla di soldati, gemiti di feriti, bestemmie, grida scomposte. Migliaia di uomini, nel buio della notte, combattono nella piana attorno a Porta Collina, a pochi passi da Roma. Due eserciti si stanno scontrando in una lotta all'ultimo sangue. Sono le armate dei mariani e gli uomini di Silla.

Nei tempi antichi è raro che si combatta di notte, nell'oscurità. Ma Porta Collina è un evento particolare. Uno scontro che nasce quasi per caso e continua incerto, fino all'ultimo. È una battaglia in cui la lotta è brutale, senza sconti. Si decide tutto sul campo, secondo le migliori tradizioni romane.

La situazione politica è confusa da mesi. Del resto si tratta di una guerra civile, un "tutti contro tutti" in cui amore per la propria parte politica e vecchi rancori personali, familiari e persino etnici si intrecciano in maniera indissolubile.

Morto Cinna, sono stati eletti consoli due mariani di ferro, Lucio Cornelio Scipione Asiatico e Gaio Norbano. Silla è a Brindisi con il suo esercito, deciso a puntare su Roma, da cui i mariani fuggono, lasciando agli uomini di Silla il campo libero. Norbano tenta di fermarlo a Capua ma viene sconfitto, e di nuovo viene poi battuto in Gallia Cisalpina dal suocero di Silla, Lucio Cecilio Metello Dalmatico. Vista la disfatta, fugge a Rodi, dove qualche tempo dopo si suiciderà piuttosto che venire consegnato ai suoi avversari.

L'altro console, Cornelio Scipione, cerca invece di giocare d'astuzia, non tenendo conto che il suo avversario è molto più furbo di lui. Silla ha l'animo di una volpe e di un leone, e dei due, diranno i suoi nemici, la più pericolosa è sempre la volpe. Scipione non è un gran generale. Dagli avi che hanno sconfitto Annibale non ha ereditato le abilità strategiche né la genialità. Siccome ne è conscio, cerca di temporeggiare. Dopo la sconfitta di Norbano, si asserraglia a Capua e finge di intavolare trattative, nella speranza che intanto da Roma gli arrivino dei rinforzi.

Silla lo capisce e decide di usare la cosa a suo vantaggio. Sfrutta abilmente i contatti fra i due eserciti per convincere i soldati a passare dalla sua parte. È uno spreco ottenere con la violenza quello che si può ottenere con la corruzione. I suoi uomini, debitamente istruiti e riforniti di denaro, mentre i due generali trattano, fraternizzano con quelli di Scipione. Offrono loro da bere, lodano la generosità del loro comandante, ne magnificano le abilità e il coraggio. Spaventano le giovani reclute, già abbastanza atterrite di dover andare in battaglia, con i racconti delle campagne in Asia, spiegando come hanno trionfato contro schiere di barbari. Toccano il cuore dei veterani, dicendo che una nuova guerra fratricida non ha senso e che Silla non vuole uccidere altri Romani, ma portare la pace per tutti. Un ufficiale di Scipione, Quinto Sertorio, si accorge di quanto sta accadendo e corre dal console per avvertirlo di interrompere subito i negoziati e non lasciare che i soldati degli opposti schieramenti continuino a parlarsi. Scipione però non capisce il pericolo o lo sottovaluta.

Il piano invece dà i suoi frutti. Quando Silla alla fine si presenta sul campo, i soldati di Scipione lo acclamano loro comandante, senza colpo ferire. E così Lucio Cornelio Scipione Asiatico, erede di una delle stirpi di condottieri più gloriose e stimate di Roma, si ritrova senza esercito e tagliato fuori dai giochi. Finirà la sua vita anni dopo, esule a Marsiglia. Mentre il suo acuto ufficiale, Sertorio, sarà il protagonista della rivolta in Spagna, che per anni terrà impegnati i sillani nel tentativo di riprendere il controllo sulla Penisola iberica.

Anche Papirio Carbone è travolto e sconfitto in Etruria, e deve cercare scampo in Libia per non venire ucciso.

Ma non è solo una faccenda di Romani, la lotta contro Silla. Fra i *populares* infatti ci sono anche due comandanti di origine sannita e lucana, Ponzio Telesino e Marco Lamponio. Con Roma e con Silla hanno un conto aperto. Dieci anni prima lo hanno visto bruciare e distruggere le loro città, devastare le loro terre, quando si sono ribellati contro Roma ai tempi della Guerra sociale. Le loro genti pretendevano la parità di diritti con i Romani, dopo essere stati per decenni fedeli alleati in ogni guerra e aver aiutato Roma a costruire il suo dominio. La risposta di Roma è stata un massacro. Per loro è il momento di ottenere la rivincita sugli odiati nemici.

«Andiamo a uccidere i lupi romani nella loro tana!» è la loro parola d'ordine.

Così, invece di portare aiuto a Preneste, dove Silla sta assediando il figlio di Caio Mario, Mario il Giovane, a marce forzate procedono verso Roma, raccogliendo anche i resti degli altri eserciti mariani, comandati da Caio Albino Carrina.

Silla capisce la gravità della minaccia. Non hanno senso le sue vittorie, se lascia prendere Roma. Si precipita dunque verso l'Urbe, accompagnato dai suoi due luogotenenti, due giovani promettenti che già hanno dimostrato grande valore sul campo: Gneo Pompeo e Marco Licinio Crasso.

Sanniti e Lucani hanno posto il loro accampamento a Porta Collina. All'alba, dalla città una schiera di giovani cavalieri romani al comando di Appio Claudio, più coraggiosi che prudenti, tenta una sortita. Muoiono tutti.

Roma è nel panico: è sguarnita di difese e di uomini. Nelle case, nei vicoli, nelle piazze ci si prepara al peggio. Si sbarrano porte e finestre, si invocano lari e dèi. La cattiva coscienza fa balenare davanti agli occhi dei cittadini dell'Urbe gli scenari più spaventosi. Ricordano bene cosa loro hanno fatto patire alle città sannite ai tempi della ribellione: Pompeo Strabone ha giustiziato a freddo gli ascolani dopo la resa, Silla incendiato le mura di Aeclanum, sterminando donne e bambini, espugnato Corfinium e Isernia. Ora i Romani terrorizzati temono che le truppe sannite renderanno loro la pariglia. Non c'è speranza di ottenere pietà o comprensione da quelle belve.

Silla arriva a Roma che il sole è già alto. I suoi luogotenenti lo pregano di non attaccare. È tardi, i soldati sono stanchi per la lunga marcia. Ma non si può aspettare.

La battaglia inizia nel primo pomeriggio. L'esito è incerto. Il fianco destro, comandato da Licinio Crasso, sfonda. Quello sinistro no. Silla sul suo cavallo bianco si butta nella mischia, incitando i soldati. Una gragnuola di lance lo colpisce e il palafreniere lo salva a stento, facendolo però ruzzolare nel fango. Silla non si perde d'animo, non demorde. Dopo aver baciato un'immaginetta di Apollo che porta sempre con sé, a piedi vaga per il campo di battaglia, urlando, bestemmiando, menando fendenti, spronando i soldati, combattendo al loro fianco, spingendoli di nuovo nella mischia quando indietreggiano, impedendo loro di fuggire. L'ala sinistra, a fatica, tiene.

Dalle mura chi è rimasto in città assiste impotente, cercando di indovinare nella mischia chi prevalga. Gli schieramenti ormai sono così confusi che nessuno capisce più nulla: le due ali degli eserciti, ormai separate, si muovono in maniera autonoma e quasi a casaccio. Al tramonto una torma di soldati indistinta e indistinguibile si lancia verso la porta, tentando di entrare in città. Non capendo se si tratti di sillani che cercano scampo o mariani e Sanniti che vogliono tentare un assalto, chi presidia il varco li accoglie con una sassaiola. I cadaveri dei caduti formano un mucchio davanti alla porta sbarrata. Senatori, ufficiali e semplici soldati riversi insieme, in un grumo indistinto.

Cala il buio, ma lo scontro non si placa. I soldati, come fantasmi, continuano a uccidersi e a morire gridando nell'oscurità. Silla è fra loro quando riceve finalmente una buona notizia. Crasso ha vinto, definitivamente. Tremila soldati nemici gli si sono arresi e sono disposti a cambiare schieramento e combattere per lui. Silla raggiunge Crasso e accoglie i traditori, promettendo loro salva la vita, se accettano di scendere subito in battaglia a massacrare gli ex commilitoni che ancora resistono. Accettano.

I traditori si volgono in massa contro l'accampamento dei mariani, lo travolgono. Telesino e Albino Carrina vengono sgozzati sul campo, mentre tentano un'ultima disperata resistenza. Marco Lamponio, catturato, viene decapitato. Le teste mozzate dei comandanti sanniti vengono inviate a Preneste, dove ancora si combatte, perché vengano mostrate agli assediati in modo da fiaccarne la resistenza.

La mattina dopo, in una città spettrale, semivuota, dove gli abitanti frastornati ancora non capiscono se gioire per lo scampato pericolo o piangere perché incombe sul loro capo qualcosa di indefinito e di ancora peggiore, Silla convoca due assemblee alla stessa ora. Una è del Senato romano, presso il tempio di

Bellona. L'altra è poco distante, al Circo Massimo, ed è formata dai tremila soldati che hanno cambiato schieramento durante la battaglia e da qualche altro migliaio di prigionieri. Sono circa seimila in tutto. A costoro è stata promessa salva la vita.

Silla è al Senato. Quando inizia il suo discorso, i senatori sentono improvvisamente urla e grida echeggiare nell'aria, come di gente che viene massacrata. Si guardano sconvolti. Non capiscono che succede. Silla continua a parlare, come se nulla fosse. Ma le urla continuano. Quando aumentano a tal punto che seguire il suo discorso diventa difficoltoso, Silla, finalmente, con voce fredda e priva di emozione, ordina loro di non far caso al rumore che proviene da fuori, perché non è importante. Quelle che sentono sono le grida dei seimila riuniti da lui al Circo Massimo.

Li ha fatti uccidere.

A sangue freddo. Tutti.

IL TIRANNO E IL GIOVINETTO

Proscrizione. Parola dal suono sinistro, terribile. Il suono di una condanna a morte.

Non appena Silla arriva a Roma, vengono stilate liste minuziose e dettagliatissime con i nomi di tutti coloro che nel tempo hanno appoggiato Mario e la sua fazione. Chi vi è iscritto perde ogni diritto e ogni speranza di salvezza. Chiunque lo incontri per strada, lo insegua o lo stani ha il diritto di ucciderlo, come nemico del popolo romano.

Anche Mario l'ha usata, quando ha preso in passato la città, per sbarazzarsi dei nemici e regolare vecchi conti in sospeso. Ma in Silla vi è un di più, una sorta di spietata efficienza, di gusto nel diffondere la paura.

Procede con crudele determinazione, dosando il terrore come un medico dosa gli ingredienti di un farmaco. Annuncia i nomi dei proscritti goccia a goccia: cento, poi altri duecento, poi altri ancora. Nessuno può dare loro aiuto, nasconderli, favorirne la fuga senza divenire a sua volta proscritto. Madri, padri, fratelli e amici vengono coinvolti a ricaduta, anche per un semplice sospetto.

Il giovane Giulio Cesare non è in quegli elenchi, almeno non ufficialmente. Non ha partecipato alla battaglia di Porta Collina e tutti lo considerano troppo giovane e forse troppo fatuo per essere considerato un possibile oppositore o un vero problema. Sa però di essere spiato, sorvegliato, controllato a vista. Roma pullula di delatori, di spie e anche di sicari. Una parola di troppo o un gesto sventato possono scatenare invidie e rivelarsi fatali.

Ma non è da Cesare rimanere troppo a lungo nell'ombra. Se la carriera politica gli è preclusa perché ormai non ha amici né appoggi, ci sono sempre le cariche religiose.

I sacerdozi a Roma sono fonte di potere. I Romani forse non credono già più ai loro dèi, ma sono rimasti terribilmente superstiziosi. I sacerdoti prendono gli auspici prima delle battaglie, decidono i giorni fausti e infausti in cui le attività politiche sono bloccate, officiano le cerimonie sacre in pubblico acquistando una grande visibilità presso il popolo.

Così questo ragazzino si candida a divenire *flamen Dialis*, sacerdote di Giove, uno dei più importanti e fondamentali incarichi della religione romana. Lo può fare, nonostante l'età, perché è un patrizio di antica stirpe. E perché possiede anche un'altra caratteristica imprescindibile per coprire questo ruolo: è sposato secondo l'antico rito della *confarreatio*, un'unione indissolubile. Perché il *flamen* e sua moglie, la *flaminica*, sono considerati una coppia sacra che presiede insieme ai riti e assicura con la propria armonia la fortuna di Roma. Non possono divorziare per tutta la vita e sono rispettati come una coppia reale. E lui sarebbe un "re" con al fianco la figlia di Cinna.

È un gesto di sfida nei confronti di Silla, e Silla lo capisce bene. Difatti si oppone alla sua candidatura e anzi rilancia: a Cesare arriva l'ordine secco di divorziare da Cornelia.

È una prova di lealtà quella che il dittatore chiede al ragazzo. Il divorzio implica che lui tagli per sempre i legami con la famiglia della moglie e con i *populares* e che rinunci nel contempo alla candidatura al sacerdozio: in quanto divorziato non potrebbe più ambire alla carica. È un patto chiaro quello che Silla gli propone. Abbassare il capo in cambio di una vita tranquilla, o almeno di una vita.

Ma Cesare, il ragazzo che finora si è distinto solo come ospite di tutte le feste e simpatico intrattenitore del bel mondo, si rifiuta. Cornelia è sua moglie e resterà tale fintanto che sarà lui a deciderlo. Come sarà lui a decidere i passi della sua carriera in politica e della sua vita.

UN UOMO IN FUGA

Sabina, 82 a.C. circa.
La lettiga avanza con cautela, contando sull'oscurità della notte per passare inosservata. Le pesanti coltri celano gli occupanti del veicolo alla vista di tutti. Dentro ci sono due ragazzi: lei è poco più di un'adolescente, anche se è già madre di una bimba che ha dovuto lasciare a Roma, presso la suocera, e ora passa instancabile sulla fronte del giovane marito una pezzuola imbevuta di acqua fresca. Lui è pallido, esangue. A stento riesce a rimanere presente a se stesso e a non vaneggiare. Di tanto in tanto viene scosso da fremiti e tremori incontrollati e Cornelia, spaventata,

non sa se attribuirli alla febbre che lo divora o a una delle sue crisi di epilessia, di cui soffre fin dall'infanzia. Lo chiamano "morbo sacro" e la superstizione dice che sia un segno che si è stati prescelti dagli dèi. Ma Cesare odia cadere a terra travolto dagli spasmi, la bava alla bocca, la lingua che si avvoltola quasi fino a soffocarlo. Odia tutto ciò che non può controllare e non lo fa essere presente a se stesso. Persino se si tratta di un dono divino.

È più di un mese che i due sposini vivono così, in fuga. Silla ha iscritto Cesare nelle liste di proscrizione e i suoi sicari si sono messi in caccia.

I giovani, braccati, hanno cercato scampo in Sabina, dove la famiglia della madre di Cesare ha dei possedimenti. I contadini non abbandonano il loro padrone. A turno, di nascosto, lo ospitano nelle loro case, nelle capanne, nei tuguri. Cesare e Cornelia hanno dormito ogni notte sotto un tetto diverso, circondati da un'omertà silenziosa.

Sono duri i contadini della Sabina, duri e testardi. Quello che avviene a Roma gli è spesso sconosciuto e quasi sempre oscuro. La politica non è roba loro, e per essa non provano alcun interesse. Ma quando si legano a qualcuno è per sempre. Cesare è il figlio della loro padrona, il ragazzetto che hanno visto crescere correndo nelle loro aie, giocare insieme ai loro figli nei fossi. E come se fosse loro figlio lo proteggono, anche a rischio della vita. Gli ordini di Silla su di loro non fanno presa.

All'improvviso, uno scalpitare di cavalli. Un gruppo di uomini armati circonda la lettiga. Il capo del drappello scosta le tende e guarda i ragazzi all'interno. È Cornelio Fagita, un liberto di Silla. È vissuto abbastanza a Roma per riconoscerli immediatamente.

Potrebbe essere la fine. E la vita di Cesare terminare lì, nel mezzo di un viottolo di campagna, sgozzato da un manipolo di tagliagole. Ma per quanto braccato e febbricitante, Cesare non si fa prendere dal panico. Fissa Fagita dritto negli occhi, non come chi chiede un favore ma come chi dà un ordine: li lasci andare, ci guadagnerà di più che a ucciderli. E dalla borsa tira fuori due talenti d'oro. Una piccola fortuna, un prezzo equo per le loro vite. Fagita fa un rapido calcolo. Cesare non gli mente. Anche portando le loro teste a Silla, la ricompensa sarebbe molto più misera. Non è certo un pezzo grosso quel ragazzetto malato. Pallido e febbricitante com'è, c'è pure il rischio che schiatti prima di arrivare a Roma, e allora addio a ogni guadagno. Intasca il denaro e lascia passare la lettiga, che veloce si dirige verso la villa di un amico, sul litorale.

A Roma intanto la madre di Cesare mobilita amici e parenti. Se il figlio è un Giulio, lei è una Aurelia. Gli Aureli hanno dato a Roma una sequela infinita di consoli e suo fratello Lucio Aurelio Cotta è uno dei più influenti fra gli *optimates*, amico e sostenitore di Silla. Lo zio chiede dunque udienza al dittatore, facendosi accompagnare da Mamerco Emilio Lepido, che di Silla è il genero, e da una delegazione di vergini Vestali, le più rispettate sacerdotesse di Roma. In pratica la crema della nobiltà dell'Urbe, le più alte cariche sacrali, i suoi sostenitori più fedeli e persino i familiari stretti si presentano da Silla per implorare che il giovane Cesare venga risparmiato. È un corteo che nemmeno un dittatore può ignorare impunemente.

Silla è un uomo sanguigno, tremendo nell'ira, spietato. Ma anche un politico scaltro e accorto. Nicchia. Temporeggia. Valuta cosa gli sia più conveniente fare. Poi finge di arrendersi e sbotta: «E tenetevelo, allora, il vostro Cesare. Ma sappiate che in lui vedo molti Marii!».

Ha visto giusto, anche se non lo saprà mai.

Ma non è il caso di sfidare il destino rimanendo a Roma. E così il nostro Giulio Cesare, quasi ventenne, si imbarca per l'Asia.

UNO SCANDALO IN BITINIA

2

IL RE

Nicomedia, Bitinia, 80 a.C.

Suoni di flauti e rimbombi di tamburi ritmati. Al centro della grande sala danzatrici e danzatori formano un groviglio di braccia e gambe che si intrecciano e si sciolgono in complicate coreografie. La fiamma delle torce e delle lucerne si riverbera sulle coppe d'oro e sui piatti finemente cesellati. Da sempre i Traci sono abilissimi artigiani e orafi sopraffini, e dai Greci hanno imparato il gusto di godersi la vita e organizzare feste.

Il re Nicomede di Bitinia è soddisfatto: l'ennesimo banchetto ben riuscito. I delegati romani accanto a lui sembrano storditi dal lusso con cui sono stati accolti. Bevono parecchio e osservano di sottecchi lo splendore dei marmi della sala, le statue, i decori. Il re dubita che persino nelle case più ricche di Roma abbiano visto qualcosa che possa essere lontanamente pari alle suppellettili della sua corte. Probabilmente valutano in silenzio quanto possa costare ciascuno di quegli oggetti raffinati, le coppe lucenti, le preziose stoffe di cui sono fatti i cuscini, le tende impalpabili che sono sollevate appena dalla brezza della sera.

Non si stupisce. Sono Romani. Un popolo di soldati rozzi che abitano ai confini del mondo civile, di contadini ottusi capaci solo di menare le mani in battaglia. Arroganti, protervi, ma in fondo sempliciotti dai gusti volgari. Per stupirli e frastornarli basta il luccichio dell'oro e la pelle ambrata di una danzatrice seminuda. Nicomede sorride, convinto della sua superiorità su quella masnada di imbecilli. Fino a che il suo sguardo non incrocia quello di uno dei suoi ospiti. Il giovane lo fissa, gli sorride di rimando e alza leggermente la coppa, come a dedicargli un brindisi ironico e silenzioso. Un gesto in apparenza deferente, ma che ha qualcosa di sfrontato, come se scherzando gli stesse lanciando una sfida.

Ha già notato quel ragazzo. Fa parte della delegazione che Marco Minucio Termo, governatore della provincia d'Asia, gli ha mandato per trattare. Ha vent'anni. Si chiama Caio Giulio Cesare.

Il nome a Nicomede ricorda vagamente qualcosa. Circa dieci anni prima il padre è stato governatore della provincia d'Asia, posto che aveva avuto per via della sua parentela con Mario, di cui era cognato. Era un uomo scialbo, anche se rispettato. Il figlio invece appare assai più interessante. Le sue spie lo hanno informato che a Roma pare abbia fatto infuriare Silla, per una faccenda di donne, che il re ha ascoltato distrattamente e non ricorda nemmeno bene, perché ha altro da fare che fissare nella memoria i pettegolezzi riguardanti i tanti ufficiali romani che bazzicano la sua corte. I Romani sono noiosi. Nell'ultimo anno, poi, sono diventati asfissianti. Vogliono che il re presti loro delle navi, una piccola flotta, per tenere meglio sotto controllo Mitridate, che di Nicomede è zio ma è soprattutto re del Ponto, e da sempre nemico giurato di Roma.

Anche nemico di Nicomede, in parte. Sono decenni che Mitridate, astuto e spregiudicato, insidia gli Stati confinanti per ampliare i suoi domini. Cappadocia e Bitinia, le cui dinastie sono imparentate con lui da una serie di matrimoni incrociati, sono state il suo costante bersaglio. Ha fatto fuori senza il minimo scrupolo prima il cognato e poi il nipote Ariobarzane di Cappadocia e ha tentato di invadere la Bitinia. I Romani sono intervenuti per ristabilire l'ordine, ma sempre senza riuscire a dare al loro nemico il colpo di grazia. Mitridate è la loro spina nel fianco: non è solo furbo, è intelligente. Manovra nell'ombra grazie ai suoi alleati, Tigrane di Armenia e i Parti, e può essere incredibilmente pericoloso e subdolo quando decide di muoversi. Nicomede lo sa bene e lo ha sperimentato più volte sulla sua pelle. Qualche anno prima il caro zio ha sobillato e dato appoggio a un suo fratellastro, Socrate Cresto, che per poco non è riuscito a cacciarlo dal trono. Ad aiutare Nicomede sono intervenuti i Romani, che lo hanno aiutato a riconquistare Nicomedia, la sua città, e il suo regno.

Deve riconoscenza a Roma, certo. Ma non così tanta da rischiare un'intera flotta ora che Mitridate si sta riarmando, e per giunta ha dimostrato l'anno prima di essere in grado di sconfiggere Lucio Licinio Murena, a cui Silla ha lasciato il comando in Asia. Se i Romani non sono più forti come un tempo, perché lui dovrebbe aiutarli, innervosendo Mitridate? Forse per i begli occhi di quel Cesare, che continua a sorseggiare la sua coppa e a osservarlo come se lo stesse studiando?

Nicomede decide di raccogliere la provocazione. Fa cenno a un servo, gli ordina di invitare il ragazzo a raggiungerlo in privato, nelle sue stanze. Vuole vedere se il Romano accetterà, oppure se il perbenismo tipico della sua razza avrà la meglio, quella visione da contadini grezzi che hanno il bisogno sempre di far sapere al mondo quanto sono virili e storcono la bocca quando si parla di "amor greco", definendolo cosa da checche e da pederasti. Nicomede, che in Grecia è stato allevato, ha sulla faccenda idee più aperte. Che c'è di meglio, come diceva Platone, che circondarsi di giovani con un'anima affine, invece che fare banale sesso con un essere inferiore come una donna?

Il servo torna indietro veloce, con la risposta del giovane Cesare. Nicomede la ascolta. E rimane stupito. È un sì.

LA MISSIONE SEGRETA DI GIULIO CESARE

Efeso, 80 a.C., qualche settimana prima
In Asia non c'è nulla di semplice, e ancor meno di netto. Questa grande lezione Marco Minucio Termo, governatore della provincia, l'ha imparata presto sul campo e cerca di tenerla bene a mente. Soprattutto ora che per Roma la situazione è tutt'altro che tranquilla. Che Mitridate si stia segretamente armando per scatenare un'altra guerra lo sanno anche i sassi, ma non si può dire. Silla ha bisogno di calma a Roma e nelle province per organizzarsi e consolidare il suo potere. Di guai un paio di anni prima Licinio Murena ne ha già combinati a sufficienza, invadendo il Ponto per un suo capriccio, o forse per sete di gloria, o per semplice idiozia, e rimediando una sonora sconfitta, a cui lo stesso Silla ha dovuto fare fronte con un accordo frettoloso, quasi scusandosi con Mitridate. Si è in pace, dunque, ma è una pace fragile e tesa, in cui tutti si spiano e si guardano con sospetto. Anche Minucio Termo deve muoversi con cautela. È il governatore, ed è un sillano di ferro. Ma sa bene che i suoi soldati e i Romani che abitano lì per Silla non hanno grandi simpatie. È sempre stata governata, la provincia d'Asia, da *populares* vicini a Mario. Si può trionfare in una guerra civile,

ma certe affinità e certe simpatie rimangono, non si possono cancellare come si cancellano le lettere sulle tavolette di cera. Bisogna essere accorti e lungimiranti per sopravvivere in scenari e in tempi tanto mutevoli e complicati. E soprattutto elastici, di mente pronta e aperta. Per questo Minucio Termo non ha pregiudizi quando arriva da lui, come legato, un ragazzo che sembra troppo giovane per avere già un passato, e che invece ne ha uno chiacchieratissimo: Caio Giulio Cesare.

Cesare non è mai stato in Asia prima, ma è come se fosse a casa. È l'unico discendente di Mario rimasto in vita ed è anche figlio di un ex governatore della provincia. Tutti sanno chi è. Il suo nome lo precede, la sua bravata contro Silla è nota e gli guadagna le simpatie dei veterani dello zio, ma forse anche quelle degli altri soldati. Perché in fondo a vent'anni rispondere per le rime a un dittatore vuol dire avere un gran fegato.

Cesare oltre al fegato dimostra cervello. Niente pose da giovanotto viziato, nessuna lagna. Non è mai stato nell'esercito, ma si adatta subito ai ritmi e alla vita militare. Piace alla truppa, sa comandare, ma soprattutto sa obbedire, e quando serve dimostra di avere il coraggio necessario. Lo zerbinotto di Roma si trasforma in un perfetto soldato, veloce, intuitivo, efficiente. Già da allora si intuisce che l'azione è il suo mondo, l'aria sorniona una posa.

Durante l'assedio di Mitilene si guadagna una corona civica per il suo valore sul campo, salvando con un'azione fulminea diversi cittadini romani.

Minucio Termo ne apprezza le capacità e ne indovina l'ambizione. È ufficiale e gentiluomo, ma, venendo fuori dalla schiatta dei Giuli, è soprattutto un politico. Il governatore ha quindi la missione giusta per lui. Un'ambasceria alla corte di re Nicomede di Bitinia, con l'obiettivo di convincerlo a cedere la flotta per pattugliare le coste e controllare le mosse di Mitridate. Non è routine, a Roma quelle navi servono e il re non sembra avere alcuna intenzione di concederle.

Ci vuole, per riuscire, qualcuno scaltro e fidato, ma soprattutto spregiudicato. Qualcuno che sappia rischiare e non tema le sfide, che si sappia muovere all'interno dei palazzi del potere con la naturale eleganza di chi è abituato a frequentarli, ma sia di mente aperta e adattabile in fretta alle circostanze, senza rimanere schiavo delle convenzioni.

Ci vuole Cesare, insomma.

LE TRATTATIVE CON IL RE

Ed eccolo lì, il bel giovane ufficiale romano, scortato da un eunuco silenzioso fin sulla porta degli appartamenti del re. Ha attraversato i lussuosi giardini del palazzo che si affaccia sul mar di Marmara, le cui rade sono piene di navi zeppe di carico. I Bitini sono Traci di origine, ma Nicomedia è tutto fuorché una città di barbari. È nata sul sito di due antiche colonie greche, Astaco e Olbia, e quindi è una città meticcia e complessa.

Gli antenati di re Nicomede erano satrapi di Dario III ai tempi dell'invasione macedone. Hanno resistito agli eserciti di Alessandro Magno e si sono ritagliati un dominio personale in Anatolia, che nei secoli è diventato una piccola potenza regionale. Si sono ellenizzati e imborghesiti. Hanno stretto legami con la greca Delo, l'isola un tempo sacra ad Apollo e che è ora la più importante piazza del mondo per il commercio degli schiavi e il centro di tutti gli scambi per l'Egeo. Lì re Nicomede ha passato la sua giovinezza, come un gran signore osannato e benvoluto. Un generoso benefattore che ha donato soldi per costruire templi e ginnasi per gli efebi, i giovani atleti della comunità, e per cui lui ha sempre dimostrato una ben chiara inclinazione. La sua capitale, Nicomedia, è uno dei porti più frequentati del Mediterraneo e prospera sotto la protezione del tempio di Zeus Stratios, la versione licia del padre degli dèi. È una delle grandi metropoli del mondo ellenistico, capitali ricche ed eleganti che fanno sembrare Roma un villaggio di mattoni ai confini col nulla.

Non è uno sciocco, Cesare. Sa bene che nel Mediterraneo i Romani sono considerati gli ultimi dei bifolchi: temuti per la loro potenza, ma quanto a cultura, sottigliezza ed eleganza valutati meno di zero. È su questo che si giocherà la partita vera fra lui e Nicomede. Non una faccenda di sesso, ma di seduzione. Un gioco di testa e di politica. Di quelli che ama giocare lui.

La porta si apre. Cesare entra. La porta si chiude.

Nessun romano mai, prima di lui, ha varcato quella soglia così privata. Nessun altro la varcherà in seguito.

LA "REGINA DI BITINIA"

Non appena la notizia giunge a Roma, le malelingue si scatenano. Tutti hanno una precisa idea su come il giovane Giulio sia riuscito a convincere il re. Che non solo ha dato la flotta ai Romani, ma ha anche stretto legami di ospitalità e sempiterna amicizia con Cesare e con la sua famiglia. Il fatto che poi Cesare, una volta terminata la missione diplomatica, abbia sfruttato ogni scusa per tornare di nuovo presso Nicomede come ospite non fa altro che suffragare le interpretazioni più maliziose. In Senato il giovane Giulio si guadagna un nuovo soprannome: la "regina di Bitinia".

I resoconti dell'accaduto si arricchiscono di particolari pruriginosi e decadenti. Gli appartamenti privati del re sono abitati da torme di giovani efebi nudi che fanno da coppieri. Anzi, lo stesso Cesare si è prestato a mescere il vino a Nicomede, nei panni, invero risicati, di Ganimede che serve Zeus. Di più: Cesare è stato visto nudo e addormentato nel letto del re. Lo scandalo monta, si ingrossa, esplode. È inammissibile, è una vergogna! E non tanto perché avere un amante maschio non sia cosa largamente praticata a Roma. Lo stesso Silla ha come compagno l'attore Metrobio, che veste panni da donna in pubblico e in privato, e lo piangerà come una vedova inconsolabile alla sua morte. Ma qui si tratta di un ufficiale romano, nell'esercizio delle sue funzioni, e di un barbaro, anche se re.

Per tutta la vita le chiacchiere scaturite da questo episodio seguiranno Cesare come un'ombra. E lui esattamente come la sua ombra le tratterà, cioè non dando loro la minima importanza.

Non risponde, non chiarisce, nemmeno accenna. Come gli dèi, non ha bisogno di giustificare i suoi atti o le sue decisioni. E nemmeno i suoi capricci.

Ciò che parla per lui sono i risultati. Nicomede ha concesso la flotta, la missione è compiuta.

Tutto il resto è parlottare di serve e pettegolezzo di uomini meschini.

MORTO UN SILLA SE NE FA UN ALTRO?

3

IL FUNERALE DI SILLA

Roma, 78 a.C.

Un corteo, lungo, silenzioso, affranto, si snoda lungo la via Appia che da Capua va verso Roma. Procede, in ordine, un passo dopo l'altro, sotto un cielo plumbeo, imbronciato. Due ali di folla lo guardano, ai margini della strada, mute. Le donne piangono, gli uomini hanno il capo abbassato. Tutti hanno lasciato il lavoro, le case, i campi e si sono precipitati lì, per vedere passare la lettiga dorata che lo accompagna alla capitale, dove si terranno le esequie più solenni che l'Urbe ricordi. Il corteo è partito ben prima dell'alba dalla villa sul litorale campano in cui Lucio Cornelio Silla si era ritirato poco tempo prima con il suo corteggio di attori e mimi, per vivere da privato cittadino.

Era malato da tempo, ma la notizia della sua morte sembra a tutti inaspettata. Pare incredibile che Silla *Felix*, colui che ha sbaragliato ogni nemico, piegato il destino e trionfato su tutto, governato Roma come un nuovo re e quasi come un dio, alla fine si sia rivelato mortale, come tutti.

È una grande coreografia quella pensata per accogliere la salma. Quando arriva alla Porta Capena, mille corone d'oro fatte forgiare in tutta fretta sono offerte al feretro. Delegazioni di senatori, di magistrati, di sacerdoti, di cavalieri si avvicinano in file rigorose per scortarlo e aprire il corteo, che viene chiuso dagli uomini delle sue legioni, i suoi veterani, che con lui hanno combattuto e vinto. Si stringono a lui e poi lo conducono fino al Foro. Lo spazio che di solito ospita gli oratori è vuoto, oggi è solo suo. La lettiga vi è posta al centro, perché tutti possano vederla. Le trombe militari suonano, poi i più robusti fra i senatori di Roma si caricano sulle spalle il feretro e lo portano in Campo Marzio, dove lo attende la pira funebre.

Sembra un momento di comune commozione e di rara concordia. Come se, davanti al cadavere di un uomo che nel bene e nel male ha fatto la storia, gli odi e i rancori delle fazioni politiche e le ambizioni dei singoli fossero per un attimo messi da parte e dimenticati.

Non è così. Il funerale è stato un feroce terreno di scontro. I due consoli in carica sono arrivati quasi alla rottura. Entrambi sono uomini di Silla. Ma Quinto Lutazio Catulo è un sillano duro e puro, che è stato fino all'ultimo fedele agli ordini del dittatore e si è battuto perché le sue esequie si svolgessero in città, facendo arrivare il corpo da Capua. L'altro console, Marco Emilio Lepido, è sempre stato più tiepido e più sfuggente. Viene da una delle grandi famiglie di Roma, i ricchi Emili. Ma questo non gli ha impedito di dimostrarsi avido e spregiudicato. Durante il periodo delle proscrizioni lui e Marco Licinio Crasso si sono segnalati per essersi arricchiti indecorosamente. Si sospetta che abbiano fatto includere i nomi di alcuni facoltosi cittadini nelle liste solo per incamerarne i patrimoni personali.

Silla non si è mai fidato del tutto di Lepido. Tanto è vero che quando Pompeo, uno dei suoi ex luogotenenti, ne ha suggerito il nome come console per quell'anno, ha nicchiato. Pompeo si è incaponito, avendola vinta, e Lepido è asceso al consolato. Ma le sue prime mosse e le sue dichiarazioni non sono piaciute per nulla agli *optimates*. Si vocifera che il console voglia far approvare una legge per restituire i diritti civili a quanti sono stati colpiti dalle proscrizioni. E un'altra per togliere ai veterani di Silla i poderi che sono stati dati loro, restituendoli ai contadini che prima ne erano i legittimi proprietari. E persino che voglia ripristinare i pieni poteri dei tribuni della plebe, in particolare il diritto di veto, che può bloccare qualsiasi legge approvata dal Senato. In pratica che Lepido voglia smantellare tutto ciò che Silla ha fatto in politica.

Il cielo è sempre più scuro, minaccia tempesta. Il corteo è giunto al Campo Marzio, il grande spiazzo dove si tenevano un tempo le esercitazioni militari e che anticamente era il luogo dove venivano sepolti i re. L'aria è pesante, si teme un temporale. Ma Silla è fortunato fino all'ultimo. Il vento soffia nel momento preciso in cui il fuoco è appiccato alle fascine e divampa in fretta.

Emilio Lepido segue la scena con un volto impassibile e non lascia trasparire alcuna emozione. I sillani lo hanno sconfitto, il funerale si è svolto come hanno voluto loro: un grande omaggio che è anche una dimostrazione della loro potenza.

Ma quando le prime gocce scendono dal cielo e spengono in fretta le braci della pira funebre, lo prende come un presagio. Si è chiusa un'epoca: Silla è ormai cenere e nuovi uomini possono pensare di dare a Roma un futuro diverso.

LA CONGIURA DI LEPIDO

Roma, 77 a.C.

A Roma il potere non è mai nelle mani di un solo: è un gioco di incastri. Da quando, più di quattro secoli prima, i Romani hanno scacciato i loro re, hanno creato tante piccole famiglie reali che gestiscono la politica e la città come se fosse cosa loro, alternandosi, intersecandosi, intralciandosi e sovrapponendosi.

Persino chi come Silla è stato a lungo solo al comando non ha potuto prescindere da questa trama di legami, di affinità, di interessi che collega le une alle altre le grandi *gens* dell'aristo-crazia romana e coopta nel sistema anche gli uomini nuovi che emergono dal nulla. È una rete fitta, a cui non si sfugge. Cesare ne fa parte per nascita e gli basta rimettere piede a Roma per riprendere in essa il suo ruolo.

La morte di Silla ha lasciato un gran vuoto che molti vorreb-bero riempire subito. I due consoli sono ai ferri corti e il Senato stesso capisce che la situazione è grave. Li convince così a giurare di non farsi guerra. Loro giurano, ma sanno bene che la parola data è solo un trucco per guadagnare tempo.

Lepido è ambizioso. Cavalca il malcontento di quelli che con Silla hanno perso tutto: proscritti, esuli, contadini espropriati dei loro terreni, italici ancora discriminati. Si erge a loro pala-dino come nessuno dei *populares* osa. Ma è pur sempre uno che ha fatto carriera con Silla e per riuscire ad accreditarsi come protettore del popolo ha bisogno che un capo dei *populares* di chiara fama sia al suo fianco. Cesare è il nipote di Mario, l'ultimo dei suoi discendenti rimasto in vita, e si è opposto al dittatore.

Lepido in qualche modo lo avvicina. Roma è una città dove è semplice trovare occasioni per abboccamenti: ci sono le pause nelle sedute del Senato, le feste pubbliche, i conviti privati. C'è sempre un amico disposto a offrire un angolo di casa appartato dove due ospiti si possano incontrare senza che orecchie indiscrete intercettino i loro discorsi.

Cesare è appena tornato in patria, è giovane, ha una certa fama, ma non è ancora un nome di prima grandezza. Il colpo di mano potrebbe essere l'occasione per mettersi in mostra. Ma i piani del console gli sembrano fumosi e poco chiari. E forse, prima ancora che per una valutazione politica, a pelle Lepido non gli piace. Non ha un vero progetto, solo un'enorme ambizione personale, per altro supportata da un'intelligenza modesta. Cesare si sfila, quindi, con eleganza, dalla proposta di avere un ruolo attivo. In fondo si tratta di una congiura che nasce in seno al partito degli *optimates* e a lui non garba fare il portatore d'acqua per favorire interessi altrui.

Ma intanto gli eventi precipitano.

LA RIVOLTA

Etruria, 77 a.C.

Di notte le campagne attorno a Fiesole sono un luogo poco sicuro. Bande di contadini armati con forconi e altre armi di fortuna assaltano i casolari e le ville, come furie vomitate dagli inferi. Rivogliono le loro terre e le case. Persino i veterani di Silla sono presi alla sprovvista da quella violenza cieca. Hanno ottenuto quelle fattorie in regalo dopo il lungo servizio e sognano solo di trascorrere in pace la vecchiaia dopo anni di massacri. Invece sono coinvolti in una guerriglia snervante.

I ribelli guardano al console uscente, Marco Emilio Lepido, che ha concluso il suo anno di mandato e, come prescrive la legge, si vede assegnare una provincia da governare come proconsole: la quieta Gallia Narbonese. Lo intercettano mentre transita per l'Etruria per raggiungere la sua destinazione. Lepido ha giurato di non combattere contro Roma e contro il suo collega Catulo, ma di fronte alle schiere di contadini pronte a tutto si rimangia la parola. Si vede già padrone dell'Urbe a capo dei ribelli. Al suo fianco ha due *populares* di estrazione diversa, sedotti dal suo vago piano per impadronirsi dello Stato: Marco Peperna, un senatore ex sodale di Cinna, mariano fino al midollo, e Marco Giunio Bruto, discendente di quella *gens* che ha scacciato i Tarquini e instaurato la Repubblica. La politica, da che mondo è mondo, crea strani compagni di letto.

La rivolta monta. Lepido inquadra i contadini e i ribelli improvvisati, trasformandoli in un vero e proprio esercito, e si dice pronto a scendere dall'Etruria ad assediare Roma. Vuole un nuovo consolato, cioè il potere. Bruto intanto prende e presidia Modena, all'incrocio fra le vie Emilia e Postumia, una città chiave per controllare i flussi di merci e di derrate che dalla Gallia vanno verso l'Urbe. Può chiudere in pratica in ogni momento i rifornimenti da Nord.

Il Senato sulle prime fatica a trovare una linea comune. Resistere significherebbe rischiare una nuova guerra civile: di nuovo eserciti di Romani che si scontrano all'ultimo sangue sul campo, vendette incrociate, proscrizioni, violenze. I senatori più prudenti sarebbero quasi propensi a cedere alle richieste di Lepido. Non è solo stanchezza, o paura. È che sanno di non avere dalla loro parte un comandante abbastanza esperto da contrapporgli sul campo. Catulo, il console in carica, sa formulare trascinanti discorsi nella Curia, ma la Repubblica ha bisogno di uomini d'arme. E Lepido e Bruto hanno più esperienza militare di tutto il Senato messo insieme.

È Lucio Marcio Filippo, avvocato di grido ed ex sillano, che suggerisce la soluzione vincente: richiamare Pompeo. Dopo la morte del suo mentore l'ex *protégé* di Silla è rimasto in secondo piano, forse offeso perché nessuno gli ha offerto alcun ruolo di prestigio nel nuovo scenario repubblicano. Pompeo è così: orgoglioso, testardo e ombroso. Abituato fin da giovane a essere osannato come un salvatore della patria, vorrebbe che fossero sempre gli altri a conferirgli incarichi, non lui a chiederli. Quando ciò non avviene, si ritira imbronciato e attende.

Filippo, che ha appena difeso Pompeo in un processo per corruzione e quindi lo conosce bene, convince i senatori ad affidargli un esercito per combattere Bruto, mentre a Catulo viene dato l'incarico, invero più facile, di proteggere Roma, da cui Lepido è ancora distante.

La campagna contro Modena, però, si rivela più complicata del previsto. Bruto è un ottimo comandante, forse non geniale, ma determinato. Pur con scarse risorse, non si lascia spaventare. Pompeo è impantanato in un assedio lungo e senza sbocchi. È una situazione di stallo, che rischia di compromettere la sua fama di grande stratega.

Ma dove non arriva la forza, gli ha insegnato Silla, può arrivare l'astuzia.

Pompeo invia a Bruto una lettera personale, promettendogli salva la vita se si arrende. Bruto sa di non avere scampo alla lunga e, da aristocratico vecchio stile ligio alla parola data, si fida. Consegna Modena e se stesso. Fa malissimo. Pompeo viene dalla scuola di Silla. Tre giorni dopo manda un sicario a ucciderlo a tradimento.

Lepido capisce che è finita: è circondato da nemici. Pompeo lo intercetta e massacra il suo esercito di straccioni. L'ex console tenta la fuga verso la Sardegna, ma gli isolani si rifiutano di accoglierlo. Morirà dopo poche settimane, di malattia, amareggiato e sconfitto.

LA DONNA DI CESARE

C'è una giovane donna in gramaglie davanti alla tomba di Marco Giunio Bruto. Stringe a sé il figlio più grande, che si chiama come il padre. Lei è Servilia e ha poco più di vent'anni. Ne aveva sedici quando ha sposato Bruto, come lei appartenente a una famiglia di antica nobiltà. Servilia discende dagli Ahala, il cui capostipite è stato un Servilio che aveva salvato la Repubblica secoli addietro uccidendo un usurpatore. Bruto invece era erede di quel Lucio che aveva scacciato gli ultimi re. Insieme erano un distillato della storia di Roma.

La vedova è in piedi, dritta, nervosa. Nei suoi occhi non ci sono lacrime, ma una furia silenziosa e controllata. Il suo non è stato un matrimonio d'amore, bensì un accordo fra *gens*, come sempre accade per le nozze dell'aristocrazia. È il modo in cui suo marito è stato ucciso che la offende. Tradito dopo che gli era stata data la parola. Il peggior affronto che si possa fare a un romano.

Odia Pompeo. È un villano rifatto, figlio di un ladro. A Roma tutti ricordano che suo padre, Strabone, uno zotico venuto dal Piceno, ha razziato il tesoro di Ascoli dopo aver preso la città, invece di incamerarlo allo Stato, secondo la legge. È morto prima di finire sotto processo, ma il figlio stesso è stato poi trascinato in tribunale. Se ora tutti lo onorano è perché Silla lo ha sempre protetto e lodato. Non è strano, sono della stessa pasta. Silla lo ha soprannominato "Magno", il grande. Servilia però preferisce riferirsi a lui con l'epiteto con cui lo chiamano persino i suoi: "il macellaio". Suo marito, Bruto, è stato una delle sue tante vittime. Servilia non accetta che la gloria di Pompeo possa farne cancellare la memoria, vuole vendetta per sé, per l'onore di suo marito, per suo figlio.

Non le sarà difficile trovare un nuovo sposo. È una delle donne più ricche dell'Urbe ed è anche la sorellastra di uno degli *optimates* più influenti, Marco Porcio Catone il Giovane. La fila per diventare il suo nuovo consorte è lunga e selezionerà un uomo grigio e servizievole, per tornare a essere una matrona rispettabile in società, come la morale comanda. Ma allo stesso tempo cerca altro. Vuole qualcuno che la aiuti ad allevare il figlio Bruto, che possa essergli da guida, da esempio, che capisca di politica quanto ne capisce lei e sappia muoversi con acume, furbizia e cautela sul grande scacchiere di Roma. Vuole un compagno che possa starle alla pari.

E sa chi è l'uomo giusto. Si conoscono fin da ragazzini, si sono sempre piaciuti, anche se i casi della vita li hanno fatti perdere di vista. Lui che, prudente, si è tenuto lontano dalla disastrosa avventura di Lepido, si è dimostrato più accorto di Bruto e di molti altri capi democratici. È sposato, ma del resto anche lei presto lo sarà di nuovo.

Torna a casa, gli scrive un biglietto.

Chiede un incontro a Caio Giulio Cesare.

UN PRIGIONIERO PARTICOLARE

Isola di Farmacussa, 75 a.C.

Nella caletta nascosta sull'isola di Farmacussa, al largo delle coste della Cilicia, c'è radunata una piccola folla. Sono uomini vestiti di stracci e con la pelle bruciata dal sole. Bocche sdentate, occhi guerci, corpi secchi ma vigorosi, come di chi è abituato ad andare per mare. C'è chi intaglia pezzi di legno, chi arrota un coltellaccio, chi rigira la pece che rende impermeabili gli scafi, chi ozia al sole e basta. Ormeggiate poco distanti, nella rada, alcune navi veloci, di quelle che vengono usate per la guerra da corsa. Gli uomini che stanno seduti in cerchio sulla spiaggia davanti a un ricovero di fortuna, una casupola dal tetto coperto di foglie per meglio mimetizzarsi con la vegetazione e risultare indistinguibile a chi la guardi di lontano, sono infatti pirati.

Non è invece di certo un pirata il giovane vestito in modo elegante che sta declamando a voce alta alcuni versi di un suo poema sulle imprese di Ercole.

Quando ha finito si rivolge a uno degli astanti e gli chiede, severo: «Allora, Panfilo, che te ne pare?».

Il pirata si gratta la testa perplesso: «*Domine*, veramente non ci ho capito nulla» bofonchia quasi scusandosi, mentre tutti gli altri annuiscono, confermando.

Il giovane scoppia a ridere divertito: «Perché siete una masnada di zotici ignoranti che non conoscono la letteratura. Siete buoni solo ad assaltare navi e rapire passeggeri indifesi. Quando finalmente pagheranno il mio riscatto e sarò libero, verrò a stanarvi tutti e vi farò crocifiggere, come meritate. Così imparerete a non apprezzare la poesia».

Anche i pirati ridono di gusto. È simpatico quel ragazzo, Cesare. Un romano. Anzi, un pezzo grosso di Roma, dicono. Lo hanno catturato per caso mentre tornava da Rodi, dove aveva seguito un corso di retorica con un famoso oratore. La tengono apposta sotto controllo quella rotta, perché è piena di giovani ricchi sfondati che vengono per un po' di mesi presso il maestro Apollonio Molone a imparare a parlare in pubblico e a comporre discorsi. Sono quasi sempre eredi di grandi famiglie, viziati e spocchiosi. Ma appena si ritrovano davanti un pirata vero se la fanno addosso e supplicano di essere lasciati in vita. Continuano a lagnarsi per tutto il tempo. E il vitto non va bene, e il pagliericcio non è comodo, e c'è caldo, c'è freddo, neanche fossero in gita di piacere in una delle loro ville. Quando alla fine arrivano i soldi, la vera liberazione è quella dei carcerieri, che non sono più costretti a sorbirseli.

Cesare, invece, è di tutt'altra pasta. Quando l'hanno catturato, nessuna crisi isterica, nemmeno un lamento. Dritto e preciso, ha chiesto al comandante quanto volesse di riscatto e quando quello gli ha detto una cifra che già gli pareva spropositata, venti talenti, si è quasi offeso, rispondendo: «Ne valgo almeno il doppio. Ve ne farò dare cinquanta».

Poi ha scritto biglietti ai suoi agenti di Mileto, intimando loro di trovare la somma il più in fretta possibile, con il piglio di chi sta trattando un qualsiasi affare. Un vero signore.

Sta con loro da oltre un mese, ma ormai lo considerano più un ospite che un prigioniero. Se non fosse per quella mania di declamare pezzi del poema che sta componendo, averlo sarebbe un piacere. Tipo sveglio, non serve nemmeno tenerlo legato, tanto, su quell'isoletta e senza una barca, ha capito subito che non sarebbe potuto mai scappare. Si aggira tutto il giorno facendo domande intelligenti. Si è fatto spiegare come fanno a evitare le pattuglie, in quali rade hanno i ricoveri, come sono organizzati fra loro, che tecniche di abbordaggio usano. Quando gli chiedono perché, se ne viene fuori con quella storia che una volta rilasciato li verrà a cercare per crocifiggerli. Ma si può credere che un ragazzo così ammodo, che si perde a comporre opere su dèi ed eroi, si metta a combattere? È simpatico Cesare, e loro gli vogliono persino bene. Ma è decisamente un po' matto.

Cesare ride, sornione. Gli va benissimo che lo sottovalutino, scambiandolo per un ricco sfaccendato. Se ha capito una cosa nella vita è che gli uomini tendono a trattarti per come ti presenti loro, e pochi indagano oltre. Lui ha deciso di indossare la maschera di Dioniso: come il dio, è stato fatto prigioniero dei pirati ed è in loro potere. Si mostra bonario e divertito, ma è pur sempre un dio in incognito.

Nessuno, per fortuna, ha riconosciuto in lui il giovane ufficiale che qualche anno prima, agli ordini di Publio Servilio Vatia Isaurico, ha combattuto proprio contro i pirati cilici. Allora non hanno ottenuto grandi risultati. Le ciurme dei Cilici sono ben organizzate e sfuggenti. Possono contare su mille ricoveri come Farmacussa, isoletta in apparenza tranquilla, dove è difficile stanarli. Ma ora che può raccogliere informazioni direttamente sul campo e dalla viva voce dei pirati stessi, la cosa cambia.

Fintanto che è bloccato lì, in attesa di un riscatto, medita vendetta e si diverte a fingere di essere qualcuno che non è, o forse non è più. Un ragazzo fatuo, un damerino interessato solo a brillare nei salotti di Roma componendo poemi inutili. Non la sta recitando solo per i pirati quella parte. Anche il suo viaggio in Grecia, alla scuola di retorica di Apollonio Molone, è stato una scusa. È dovuto partire in fretta perché l'aria dell'Urbe per lui si era fatta di nuovo pesante.

GIOVANI AVVOCATI RAMPANTI

C'è un modo veloce a Roma per farsi notare: diventare una stella del Foro. La plebe romana ha il gusto per il teatro, ma un palato meno fine di quella dell'antica Grecia. Le tragedie la annoiano. Meglio andare ogni mattina nel Foro a seguire i processi. Lì la vita vera si squaderna sotto gli occhi: mogli fedifraghe, figli che fanno fuori i padri, fratelli che si derubano reciprocamente, meretrici che si fingono vergini per turlupinare vecchi intronati, funzionari corrotti, aristocratici bolsi, comandanti militari traditori. Il popolo gode di questa rappresentazione di tutte le sfaccettature dell'eterna commedia umana.

Gli avvocati a Roma sono le star di questo variopinto spettacolo.

Non sono professionisti che i clienti pagano, perché a Roma patrocinare cause e parlare in tribunale non è un mestiere, è un hobby. I rampolli delle famiglie nobili o ricche che vogliono farsi notare in vista di una futura carriera politica difendono i loro protetti o gli amici senza chiedere parcelle. Le contropartite sono prestigio sociale, gratitudine da parte dei difesi, ammirazione da parte del popolo. Tutte cambiali in bianco che andranno a riscuotere in futuro, nelle elezioni alle varie cariche pubbliche, durante le trattative complicate in Senato per l'approvazione di una legge o per la nomina a qualche incarico diplomatico di prestigio.

Sui rostri gli oratori tuonano, blandiscono, persuadono, fanno salire la suspense e poi la trinciano di netto. Le arringhe sono pezzi di bravura e giochi di prestigio. Un sapiente turbine di parole, una giravolta retorica, e il peggior violento diviene un agnellino, il ladro incallito un povero cittadino diffamato, la conclamata adultera pudica quanto una Vestale. Il mondo, da sempre, è di chi lo racconta.

Cesare con le parole ha sempre avuto un buon rapporto e con il pubblico ne ha uno anche migliore. Sulla tribuna il suo naturale fascino risplende. Ma ancor più che per il suo stile, diviene famoso per il tipo di clienti. Se vuole colpire l'immaginazione del popolo, il modo migliore è trascinare in tribunale coloro che tutti i colleghi si guardano bene dal citare, perché troppo potenti.

Così decide di accusare Gneo Cornelio Dolabella, ex governatore della Macedonia, che i suoi ex governati incolpano di ruberie e latrocini.

A Roma si dà per scontato che nelle terre che devono governare i proconsoli si arricchiscano. Si chiude un occhio sul quanto, ma c'è un limite al come. I provinciali hanno il diritto di denunciare i magistrati che si approfittano troppo spudoratamente della carica, a patto che trovino qualcuno in grado di rappresentarli al processo.

Ma trovare un patrocinatore in questo caso per i macedoni è un grosso problema. Dolabella non è certo un uomo qualunque. Discendente di una *gens* che ha dato innumerevoli politici di spicco a Roma, è stato luogotenente di Silla e lo ha seguito a Porta Collina. Per ringraziarlo il dittatore lo ha fatto nominare console, sebbene in un periodo in cui i consoli non contavano

nulla. Anche il proconsolato in Macedonia è stato un "dono" di
Silla e tutti sembrano aver benignamente chiuso un occhio sui
metodi con cui Dolabella ha amministrato la provincia e soprattutto su quanto si sia arricchito ai danni dei suoi amministrati.
Per quanto ridotto in cenere, l'ex dittatore ha ancora tanta
influenza sulla Repubblica che i poveri macedoni si vedono
sbattere in faccia mille porte, prima di bussare alla *domus* dei
Giuli, nella Suburra.

Non è un caso facile, il loro, e Cesare se ne rende ben conto;
ma è certo il caso giusto per un giovane che voglia farsi notare
e finire in fretta sulla bocca di tutti. E soprattutto è un caso politico: non si tratta solo di punire un crimine o far condannare
un corrotto, ma di dimostrare che i tempi sono nuovi e che
le antiche immunità sono saltate. Nella nuova Roma gli amici
di Silla contano quanto tutti gli altri, né più né meno. E se si
comportano male, ne devono rispondere davanti alla legge. Per
Cesare è insieme un'opportunità e una sfida: due cose a cui lui
non sa resistere.

Il processo diviene una faccenda grossa. Dolabella deve avere
un certo timore – o forse una coscienza davvero sporca – perché per controbattere al giovane Giulio ingaggia due numeri
uno: Lucio Aurelio Cotta, che è un altro ex console e di Cesare,
incidentalmente, è lo zio, e Ortensio Ortalo, che viene considerato il miglior avvocato di Roma. Il popolo pregusta un grande
spettacolo e si accalca alle udienze.

Ortensio è un principe del Foro, specializzato in discorsi magniloquenti, barocchi, che stupiscono e stordiscono gli
astanti, ancor prima che convincerli. Ma Cesare non si fa certo
intimorire. Non ama gli arzigogoli e le orazioni troppo elabo-
rate. Se serve, sa mettere in campo un feroce senso dell'umorismo che sgonfia gli involuti periodi degli avversari. Usa frasi

semplici, dirette e stringate. È un uomo elegante, i discorsi devono cadere dritti come le toghe. Ogni orpello è una perdita di tempo, per tutti.

Ortensio e Cotta si trovano in difficoltà. Pensavano di vincere facilmente, invece in tribunale si ritrovano a parare colpi e ad arrampicarsi sugli specchi. Far fronte agli attacchi di Cesare non è semplice e il pubblico è tutto dalla sua. Ma non è il pubblico che emette il verdetto finale, per loro fortuna. Alla fine il fascino di due grandi nomi e la solidarietà di classe hanno la meglio. Dolabella viene assolto dai suoi pari.

Cesare mastica amaro, perché perdere non è cosa che accetti a cuor leggero, mai. Ma in lui c'è l'animo dello stratega: quello che anni dopo lo farà trionfare sui campi di battaglia già lo guida nelle schermaglie al Foro. Sa che in fondo vincere non gli serviva. Bastava riuscire a dimostrare che un simile processo ora si poteva intentare. Silla è morto e questa vicenda è uno scricchiolio che conferma che tutto il suo sistema è prossimo a cadere.

L'attacco a Dolabella non è stato una vera campagna di guerra: è stato più un preliminare, come quando si piantano in terra i paletti per costruire le palizzate di un accampamento o si mandano gli esploratori a controllare il terreno.

Infatti poco dopo torna all'attacco, ancora più agguerrito e determinato. Mette sotto accusa un altro losco figuro sillano, anche lui arricchitosi in Macedonia e con le proscrizioni: Caio Antonio Ibrida.

Meno ammanicato di Dolabella e membro di una famiglia di ben più recente nobiltà, Ibrida è un pesce più piccolo, poco stimato persino dai suoi. Non può permettersi avvocati di grido e Cesare lo travolge: si arriva a una sentenza sfavorevole, da cui Ibrida si salva perché si lagna di non aver avuto un processo equo. Ma così è sfangarla per il rotto della cuffia. Sodali, amici, complici e protetti di Silla capiscono che non sono più al sicuro da accuse, da processi, persino da condanne.

Non apprezzano. Alcune mezze parole e accenni in discorsi apparentemente innocenti fanno capire al nuovo astro del Foro che Roma potrebbe non essere per lui così sicura. Sono avvertimenti che non è il caso di sottovalutare. Cesare è un uomo coraggioso, ma non certo incosciente. Sa quanto l'Urbe possa essere pericolosa per chi sgomita troppo o viola certe regole. Ci vuole nulla a trovare un sicario o una testa calda che sappia usare il coltello e sia disposto a uccidere per pochi assi. Inutile conquistare la fama se poi si finisce sgozzati in un vicolo.

Ortensio e lo zio Cotta hanno ironizzato molto sul suo stile oratorio, così scarno che abbisognerebbe di un qualche perfezionamento. Finge di cogliere il suggerimento e decide di recarsi a Rodi, alla scuola di Apollonio Molone. Ne ha sentito raccontare mirabilia anche da un avvocato suo coetaneo, figlio di un cavaliere di Arpino e lontano parente di Caio Mario, che si è trasferito in città con il sogno di far carriera. Si chiama Marco Tullio Cicerone. Ha molti soldi, ma non nobili antenati, e si affanna per farsi accettare nei giri delle famiglie patrizie della capitale con zelo alle volte un po' ridicolo. Ma a parte questo, a Cesare è simpatico. Nel bene e nel male resteranno amici per decenni, al di là degli schieramenti politici e delle scelte di vita. Riassumeranno con le loro esistenze la crisi della Repubblica romana e il suo superamento.

Per ora sono solo due ventenni che si salutano al molo, mentre Cesare sale sulla nave che lo porterà a Rodi, ignaro che i pirati cilici trasformeranno il suo viaggio d'istruzione in un'imprevista avventura militare.

LA VENDETTA DI CESARE

Quaranta giorni. Tanto ci mettono gli inviati di Cesare a racimolare il riscatto. Lui freme, anche se il contegno dei Giuli gli impedisce di far trapelare l'irritazione. Non sono i soldi a impensierirlo, ma l'idea di rimanere lontano da Roma. Anche nell'apparente calma di Rodi, amici, madre e parenti l'hanno tenuto costantemente informato sugli sviluppi politici nell'Urbe. Ora invece è tagliato fuori da tutto, da più di un mese. E a Roma quel lasso di tempo è un'eternità. Ogni tanto, quando pensa di essere solo e lontano da orecchie indiscrete, sulla spiaggetta di Farmacussa sbotta: «Chissà come sarà contento Crasso di sapermi prigioniero!».

Lui stesso forse si pente di quella gratuita cattiveria. Marco Licinio Crasso è un amico. Ma in questo momento l'ex luogo-tenente di Silla a Roma è il solo personaggio di un certo peso politico rimasto in città e sarebbe nelle condizioni ideali per tentare un colpo di mano.

Pompeo, infatti, una volta sconfitto Lepido, è dovuto partire per la campagna in Spagna, dove la situazione è complicata. Sertorio, l'ufficiale che aveva intuito i piani di Silla a Brindisi e cercato di evitare l'ammutinamento dell'esercito all'ingenuo Scipione, dopo la sconfitta in Italia ha raggiunto la Spagna con i suoi uomini. Qui con un colpo di mano ha allontanato pretori e questori ufficiali e ha creato una sorta di territorio indipendente da Roma, con un proprio Senato addirittura, facendo confluire in un unico esercito le truppe mariane e quelle delle tribù dei Celtiberi, da sempre insofferenti nei confronti dei Romani.

La nuova milizia, addestrata da Sertorio, che viene fuori dalla scuola di Mario e sul campo di battaglia ha pochi rivali, si è rivelata una macchina da guerra efficientissima. Quinto Cecilio

Metello Pio, inviato in un primo momento a combatterla, non ne viene a capo, anche perché a Sertorio si sono uniti anche i resti degli eserciti ribelli di Lepido, comandati da Marco Peperna.

Mentre dunque tutto a Roma e nel mondo si muove, lui, Cesare, è bloccato in quella maledetta isola, ad aspettare che paghino il suo riscatto.

Per fortuna Crasso non tenta alcun golpe. I messi inviati da Cesare per raccogliere la cifra richiesta arrivano, con buone nuove. A Mileto e in Asia il nome dei Giuli non è certo ignoto: come ai tempi della missione in Bitinia, Cesare è pur sempre il figlio di un ex governatore della provincia, che lì ha lasciato numerosi amici e clienti. Le città della costa anatolica si sono tassate e hanno trovato il denaro sufficiente: Cesare è libero. I pirati mantengono i patti e lo salutano quasi con una punta di tristezza. A quel giovane bizzarro, che passava ore a sospirare sulla spiaggia come un Ulisse intrappolato e perso fra le sue preoccupazioni, si erano affezionati.

Lui no. Appena torna padrone di se stesso, valuta la situazione. Tornare a Roma? Con la fama di ragazzetto che si fa rapire e deve essere salvato a suon di quattrini dagli amici? Non se ne parla. I suoi concorrenti nell'Urbe sono Pompeo, che sta trionfando in Spagna, e Crasso, che in fondo è pur sempre il comandante che ha salvato Silla a Porta Collina. Di lui invece si ricorda solo, e ridacchiando, l'ambigua amicizia con Nicomede di Bitinia.

Cesare allora, come è nel suo carattere, quando ha pessime carte rovescia il tavolo. È il momento di chiarire quanto vale e soprattutto di sottolineare che un romano non si fa prendere prigioniero e umiliare senza rendere la pariglia. I pirati lo hanno trattato da preda, ora lui si trasforma in cacciatore. Fa ciò che apparentemente scherzando aveva promesso a Farmacussa.

Sbarca a Mileto, arma da solo una piccola flotta e senza perdere tempo piomba addosso ai suoi ex carcerieri. Dopo aver vissuto con loro, ne conosce bene le tattiche e i possibili rifugi.

I pirati non hanno scampo. Cesare cattura le loro navi, loro stessi e si riprende anche i soldi del riscatto, più un grosso bottino. E con il tono di chi dà un ordine secco, intima quindi alle autorità che sia fatta giustizia in modo esemplare.

Ma Marco Giunio Iunco, governatore della provincia d'Asia, si mette di traverso.

UNO SCONTRO DI POTERE

Cesare è veloce, un fulmine. Da quando lo liberano a quando cattura i pirati passano poche settimane. Tutta questa efficienza urta i nervi al propretore Iunco. È un opaco sillano successore di Minucio Termo e regge la provincia d'Asia senza infamia e senza lode. Tutta l'attenzione di Roma è ora calamitata dalla Spagna, dove Pompeo combatte Sertorio e gli ultimi seguaci di Lepido. Iunco vivacchia ai confini. Dopo che se ne è andato Servilio Vatia, ai cui ordini Cesare aveva militato per un periodo, si è ben guardato dal fare campagne contro i pirati, ha lasciato sole le città sulla costa a far fronte all'emergenza e ora è impelagato in Bitinia in una faccenda che lo annoia, perché re Nicomede è morto, ha lasciato i Romani eredi del suo regno e a lui tocca gestire il passaggio di consegne, che è comunque una grana complicata. Cesare è la sua nemesi. Quel presuntuoso ragazzetto sbuca dal nulla, con tutta l'arroganza dei Giuli prende pose da patrono di Mileto, si presenta da lui in Bitinia ricordandogli che era amico e ospite dell'ex re e pretende che condanni a morte i prigionieri che ha catturato. Ma chi si crede di essere? Il nobilissimo rampollo di Venere in Asia è un *privatus*, un signor nessuno senza incarichi ufficiali. Iunco quindi gli risponde che non ha titolo per chiedere nulla. I pirati che ha catturato li prenderà in consegna lui e non si sogna nemmeno per idea di condannarli a morte. Sarebbe uno spreco. Li venderà invece al mercato degli schiavi, dove il prezzo di un uomo muscoloso e abile in mare è altissimo.

A questa risposta Cesare reagisce in maniera imprevedibile. S'infuria. È una rabbia gelida, in cui già s'intravedono i segni dell'inflessibile condottiero. Nemmeno perde tempo a replicare a Iunco. Un piccolo burocrate pigro e incapace non può trasformare la sua punizione esemplare in una farsa, in cui i pirati la fanno franca e finiscono per essere venduti ad amici compiacenti.

Prende le sue navi, torna precipitosamente a Mileto dove ha lasciato i prigionieri e ordina che i pirati vengano crocifissi, tutti, sulle pubbliche vie. Un modo per chiarire che lui, Caio Giulio Cesare, non accetta che l'ordine di Roma venga messo in discussione da nessuno, tanto meno da un governatore inetto. Soprattutto quando l'ordine di Roma lo ha ristabilito lui.

I PIRATI CROCIFISSI

Il povero Panfilo è legato mani piedi nella cella della più fetida prigione di Mileto. Come tutti i suoi compagni, non riesce a chiudere occhio. Sa che quella è l'ultima notte della sua vita. All'alba gli ufficiali romani verranno a prenderli per portarli alle croci. Più ancora che la morte in sé, è il supplizio a fargli paura. Di tutte le morti orribili, quella in croce è la peggiore. Essere lasciati ad agonizzare per ore, giorni, tormentati dalla sete, sotto il sole, mentre i legamenti delle braccia si spezzano sotto il peso del corpo e non si ha nemmeno più voce per gridare, maledire o implorare gli dèi.

Non riesce ancora a credere a ciò che è successo. Quel ragazzo, che sembrava così simpatico e così inoffensivo, Cesare, che tutti prendevano per un fanfarone quando diceva che una volta liberato sarebbe tornato a vendicarsi, è tornato davvero. Sulla tolda della nave, con indosso la lorica, non sembrava più lui, ma un dio. Un dio feroce che li ha colpiti con il suo fulmine. Panfilo non riesce a trattenere una lacrima. Non ha mai sbagliato tanto nel giudicare un uomo. Eppure quando lo sentiva recitare i suoi versi, o lo vedeva fare da giudice divertito alle loro gare di nuoto o corsa sulla spiaggia, era certo di aver visto nei suoi occhi un qualcosa che raramente aveva visto in altri uomini e quasi mai in altri ostaggi. Una sorta di umana e sincera compartecipazione, la capacità di interessarsi e comprendere la vita altrui e in qualche modo di perdonarli. Ma si sbagliava, evidentemente. È stato proprio Cesare, hanno detto i carcerieri, a condannarli al supplizio più atroce.

Un rumore di chiavistelli, la porta si apre. Panfilo è stupito, non è ancora l'alba. Entrano degli uomini, ma non sono guardie, anche se è chiaro che agiscono con il loro benestare. Hanno in mano dei lacci. Veloci, si avvicinano ai prigionieri, stringono i lacci attorno ai loro colli e li strangolano. Precisi, efficienti.

Quando arrivano vicino a Panfilo, prima che il laccio lo cinga, lui fa tempo a domandare: «Vi manda Cesare?».

Il sicario annuisce. Li ha inviati lui, mosso dalla pietà, per risparmiare loro la tremenda morte in croce.

Panfilo porge il collo. È sollevato.

No, non si era sbagliato a giudicare quell'uomo.

CRASSO E POMPEO

I GLADIATORI IN RIVOLTA

Capua, 73 a.C.

La notte copre la città come un mantello di lana spessa: Capua, che gli stessi Romani definiscono una seconda Roma, dorme. Eppure, nell'oscurità, qualcosa si muove sulle strade silenziose. Ombre, che scivolano appiattendosi sui muri. Sono una sessantina di uomini. Sotto le tuniche nascondono coltellacci e spiedi, rubati in una cucina della scuola gladiatoria di Lentulo Batiato. Sono gladiatori, infatti. E sono in fuga.

Arrivati a un crocicchio, si acquattano sotto un portico e si fermano. Il loro capo, un trace dai capelli rossi e lo sguardo penetrante, fa cenno di nascondersi. Lungo la strada, lento, avanza un carro, caracollando. A ogni sussulto il suo carico emette rumori di ferraglia. Porta armi destinate all'anfiteatro, per i combattimenti dell'indomani.

Un grido, un ordine secco urlato in un dialetto barbaro. Gli uomini del trace si lanciano sul carro, lo assaltano, stordiscono il conducente lasciandolo bocconi sul selciato. Le armi sono loro. E con le armi il potere.

Il trace sorride, beffardo.

Si chiama Spartaco, e presto il suo nome farà tremare Roma.

IL SENATO E GLI SCHIAVI RIBELLI

Pezzenti e briganti di strada. Il Senato romano, sulle prime, ha liquidato così gli uomini di Spartaco, che ha ingrossato le file dei suoi seguaci con altri fuggitivi, servi delle campagne, schiavi maltrattati, forse anche contadini impoveriti e disposti a tutto. Un'accozzaglia di gente tenuta insieme dalla disperazione e dalla rabbia. Ai nobili senatori pare quasi eccessivo mandargli contro un esercito vero. Difatti inviano due legioni raccogliticce e poco allenate, agli ordini di Publio Varinio e Caio Claudio Glabro. Ma Spartaco, prima di essere venduto come schiavo e divenire gladiatore, è stato un ausiliario nelle truppe romane, e quindi sa come si combatte. Coadiuvato dai suoi luogotenenti, ex schiavi come lui, trasforma una masnada in un esercito. Per Roma arrivano sconfitte assai brucianti. Vengono inviati a questo punto a combattere Spartaco i due consoli, Lucio Gellio e Caio Cassio Longino Varo; nel 72 Gellio ha un qualche successo, e riesce a uccidere uno dei due vicecomandanti, Crisso, ma Longino perde malamente. Per onorare l'amico ucciso, Spartaco organizza giochi funebri in cui i prigionieri romani vengono costretti a combattere nell'arena e uccidersi a vicenda, mentre gli ex schiavi e gli ex gladiatori li guardano. È rovesciare l'ordine costituito del cosmo, è un affronto.

Si sussurra che Spartaco pensi addirittura di rivolgersi contro Roma, per metterla a ferro e fuoco. Di certo vuole dirigersi verso il Nord, per poi di lì raggiungere la Tracia, scomparire fra le selve, forse farsi re in quelle lande al fianco della moglie, una baccante invasata che celebra i riti di Dioniso.

Il Senato capisce che non si può più cincischiare. E così il comando delle operazioni viene affidato a chi in quel momento è l'uomo più in vista a Roma, e che è stato uno dei comandanti più vicini a Silla: Marco Licinio Crasso, l'eroe di Porta Collina.

CRASSO IL RICCO

Soldi, soldi, soldi. Crasso i soldi sembra crearli dal nulla, o attirarli come fa una calamita con la limatura di ferro. I soldi sono il vero *Leitmotiv* della sua vita. Li accumula compulsivamente, anche in maniere poco onorevoli, li coccola, li usa per corrompere, li presta agli amici e ai sodali, li dispensa ai clienti per ottenere ciò che desidera davvero, che nel suo caso forse non è nemmeno il potere, ma la considerazione altrui. Perché Crasso, in fondo, è un insicuro, un insoddisfatto, un uomo destinato a inseguire fino alla fine una gloria e una fama che gli sfuggono, per quanti sforzi faccia per aguantarle. Di famiglia è un Licinio, e quindi anche lui, come Cesare, come Servilia, come Bruto, fa parte di quella cerchia di famiglie nobili che sono Roma dai tempi della nascita della Repubblica. Vecchia aristocrazia, che ha nel sangue l'abitudine alla misura, e come imperativo morale il non confondersi con i nuovi ricchi dal gusto pacchiano. Pur se accumula oro su oro, per sé e per i suoi spende assai poco. Una casa che non sarà mai un palazzo, una vita familiare fatta di pranzi con moglie, suocera e figli, parchi e noiosi. Mai un colpo di testa, un pettegolezzo. Sì, anzi, una volta sola, quando viene portato a processo con l'accusa di aver frequentato con troppa assiduità una vergine Vestale. Non viene condannato perché si scopre che gli fanno gola i terreni che la sacerdotessa possiede in centro a Roma. Niente interessi di cuore, quindi, o di sesso: come al solito quando si tratta di Crasso il protagonista è sempre e solo il denaro.

Ai tempi di Mario ha perso il padre e il fratello, e si è salvato perché è stato lesto a scappare in Spagna, presso alcuni amici fidati. Narrano i pettegolezzi che si sia rifugiato in una caverna sulla spiaggia e che uno dei suoi clienti ogni giorno gli abbia fatto trovare fra le rocce un pranzo completo, insieme a due giovani schiave pronte a tenergli compagnia. Tornato a Roma, è stato il vero trionfatore di Porta Collina. Se Silla è diventato "Silla" lo deve a lui.

Ma non è mai stato il preferito del dittatore. Silla stravedeva piuttosto per il giovane Pompeo, ne era affascinato. Quando lo vedeva arrivare, si alzava per farglisi incontro, lo salutava chiamandolo *imperator*, "comandante". Gli aveva appioppato persino il soprannome di "Magno", il Grande, come Alessandro il macedone. Al che Crasso, acido, aveva commentato: «Quanto grande?».

Silla, invece, Crasso non lo ha mai amato. Nel migliore dei casi lo ha sopportato. Il perché non è chiaro. Non si fidava. Ricco com'era, e nobile e adulto, era meno manipolabile e meno influenzabile del più giovane Pompeo. Crasso nella Curia poi ha sempre avuto amici e clienti, ereditati dai suoi antenati e tenuti legati a sé grazie a prestiti e regalie, una sua cerchia indipendente dal favore di Silla e pronta a sostenerlo in ogni frangente. A Roma è una specie di piccolo principe intoccabile all'interno dello Stato. Anche la sua fedeltà al dittatore è sempre sembrata più una gentile concessione che un dovere.

Sapendo che non poteva eliminarlo, Silla ha smesso però di favorirlo. All'improvviso lo ha escluso da tutte le cariche. Si dice che sia stato perché ha scoperto che ai tempi delle proscrizioni Crasso ha intrigato per inserire nelle liste gente di cui voleva incamerare il patrimonio. Ma sono scuse. Fra le sue fila il dittatore ha tenuto uomini che hanno fatto ben di peggio. Solo che gli altri lo hanno fatto con il suo tacito benestare. Crasso invece per una sua autonoma decisione, ed è questo che il dittatore non ha tollerato.

Crasso del resto è così: quando si tratta di affari, non ci sono amici che tengano, o dèi. Specula su tutto, senza scrupolo alcuno. Se scoppia un incendio in un quartiere di Roma, lui è subito lì, a comprare i terreni per poi costruirci sopra immobili da affittare. È il re dei palazzinari romani, uno squalo. Ma fra i suoi pari è anche, e sempre, un uomo di mondo. Ama la cultura, l'arte, è abile con la retorica. Non esiste a Roma un avvocato patrocinatore migliore di lui. Per quanto piccola sia la causa, si prepara con scrupolo, è solerte, attento, puntuale. Chi lo incrocia nel Foro o in Senato ha di lui l'immagine di un gran signore affabile, bonario. Saluta tutti, parla a tutti con familiarità, è alla mano. Ama essere adulato, ma quando lo ritiene opportuno sa anche adulare. Crasso, sopra ogni cosa, ama essere amato. Per questo in politica evita i conflitti diretti, gli scontri, le prese di posizione troppo nette e troppo determinate. Scivola via come l'acqua, apparentemente senza lasciare una vera traccia: ma alla lunga pensa di riuscire a scavare persino la pietra. Non è un uomo che media in realtà, è un uomo che vuole sentirsi necessario, il perno di un sistema, anche quando sembra rimanere nelle retrovie. E soffre, silenziosamente, quando qualcuno gli ruba quel ruolo che ritiene suo.

Nella rivolta di Spartaco intravede la sua grande possibilità. Pompeo è lontano e fra *populares* e *optimates* non ci sono altri capipopolo o comandanti famosi. A Roma il solo campione possibile è lui.

Parte, determinato. Le sconfitte subite dai Romani non sono frutto della forza di Spartaco, ma della mancanza di disciplina. La ristabilisce subito, punendo severamente quei legionari che in battaglia sono fuggiti davanti agli schiavi. Ordina una decimazione. A sorte, ogni dieci soldati ne viene estratto uno, che viene giustiziato davanti a tutti, a bastonate. Crasso, come tutti gli uomini d'affari, sa essere brutale.

Funziona. Le legioni ora temono più Crasso degli insorti, e sono disposte a combattere fino alla morte. Inizia un gioco del gatto col topo, che si dipana per diversi mesi e su un ampio territorio. Spartaco percorre le terre dei Sanniti, con Crasso sempre alle calcagna. All'estremità meridionale del Bruzio Crasso chiude Spartaco e i suoi circondandoli con una palizzata e un fossato. Spartaco prende un prigioniero romano e lo crocifigge, per sfregio. Poi dà il via a una guerra fatta di assalti e imboscate. Crasso freme, sa che manca pochissimo per cogliere quella grande, definitiva vittoria che lo incoronerebbe come salvatore della patria. Ma come sempre nella sua vita, non la afferra. A Roma è tornato dalla Spagna Pompeo. E il Senato, stanco di un assedio senza gloria che rischia di prorogarsi all'infinito, manda lui a chiudere la partita con gli schiavi ribelli.

IL GRANDE POMPEO

È un ragazzino nato sui campi di battaglia, Gneo Pompeo, il Grande, il nuovo dio degli eserciti. Non era ancora sedicenne che già marciava con le legioni, seguiva campagne di guerra, sfuggiva ad agguati, era a capo di manipoli di soldati che amavano quel giovinetto sveglio, testardo, generoso ma all'occorrenza spietato.

È quasi un *homo novus*. Non ha alle spalle una famiglia nobile, non ha antenati fra i fondatori di Roma. Suo padre Pompeo Strabone viene dal Piceno, dove aveva terre e soldi, ma non progenitori illustri. Si era messo in luce ai tempi della Guerra sociale, per i suoi metodi spicci e talvolta discutibili. A Roma lo hanno temuto da vivo, perché era noto il suo carattere irascibile, e disonorato da morto. Pare che sia sceso nell'Ade colpito da un fulmine e da allora sulla sua casata si sono abbattute altre disgrazie. Un'accusa di malversazione che, non potendo più trascinare in tribunale il padre, ha portato davanti ai giudici il figlio. Il quale, perseguitato da Cinna e guardato con sospetto dai senatori per la pessima fama paterna, si è ritirato nelle sue tenute nel Piceno.

Ha ventitré anni quando Silla sbarca in Italia. Decide di seguirlo, ma non vuole presentarsi a mani vuote. Non ha cariche pubbliche, non ha nemmeno l'età per essere eletto. Ma ha il suo patrimonio personale e l'entusiasmo di un giovane che decide di fare di testa sua. Quindi raccoglie un esercito pagandolo di tasca sua e ci si mette a capo, senza che nessuno lo nomini, solo in virtù del fatto che si sente pronto e in grado di sconfiggere i nemici. Travolge tutti. Quando alla fine incontra Silla, è il dittatore che sul campo gli va incontro, chiamandolo comandante. È un'investitura.

Silla lo vuole come genero. Pompeo in realtà è già sposato con Antistia. Il suocero, il senatore Publio Antistio, lo aveva difeso come avvocato quando Pompeo era stato trascinato in tribunale perché suo padre si era intascato il tesoro degli ascolani dopo averne espugnato la città. Finito il processo, Antistio gli aveva dato la figlia in moglie. La parentela non gli aveva portato fortuna. Il figlio di Mario, Mario il Giovane, tornato al potere ai tempi di Cinna, lo aveva iscritto nelle liste di proscrizione, e il povero senatore era stato sgozzato in piena Curia Ostilia. Alla tragica notizia, sua moglie Calpurnia non aveva retto al dolore e si era tolta la vita. Antistia, quindi, a causa delle nozze con Pompeo, era rimasta orfana di entrambi i genitori, e questo avrebbe dovuto quantomeno spingere il marito a rimanerle accanto.

Ma Pompeo non è Cesare. È sensibile all'adulazione e soprattutto brama di essere cooptato a pieno titolo in quella cerchia esclusiva di famiglie nobili da cui i nuovi arrivati vengono comunque tenuti alla larga e guardati con sufficienza, come dei *parvenu*. Quando arriva la proposta ripudia in tutta fretta la moglie, politicamente non più utile, e si unisce con Emilia Scaura, che è la figliastra di Silla stesso. Lei non è entusiasta delle nuove nozze, anche perché è incinta del precedente marito. Il matrimonio, cominciato male, dura pochissimo: dopo qualche mese Scaura muore di parto. Pompeo non indossa i panni del vedovo affranto. È il martello da guerra di Silla. Il dittatore lo invia per colpire le ultime sacche di resistenza degli irriducibili mariani. In Sicilia cattura e mette a morte dopo processi sommari Quinto Valerio e Papirio Carbone, anche qui dimenticandosi dell'aiuto che quest'ultimo gli aveva dato ai tempi del processo del padre. Poi in Africa combatte e vince contro Lucio Domizio Enobarbo.

Pompeo è un bel ragazzo, dalla chioma folta e i lineamenti delicati. È generoso, non ama gli eccessi del lusso e, pur non essendo certo un intellettuale, ha un'ottima educazione. Ama paragonarsi a un giovane Alessandro, a cui sostiene di assomigliare, ma il soprannome che gli affibbiano, soprattutto dopo la condanna a morte di Carbone, è *adulescens carnifex*: il boia ragazzino.

Forse più che la crudeltà, colpisce in Pompeo l'indifferenza ai vincoli personali e ai giuramenti, quando la convenienza per lui viene meno. Per i discendenti delle antiche famiglie, come Cesare, le alleanze possono mutare nel corso della vita, ma i vincoli personali e fra *gens* si mantengono in maniera trasversale e spesso anche fortunosa. Pompeo non ha dietro di sé una rete familiare, e questo lo porta, nel corso degli anni, a essere più ondivago, meno fedele alla parola data e ai debiti di gratitudine. Cesare avrà sempre alle spalle un sistema, Pompeo è solo. Da qui il diverso approccio, il bisogno di legittimarsi facendosi accettare, la necessità di svincolarsi da legami che diventano imbarazzanti o controproducenti al mutare delle circostanze politiche.

Poi c'è il carattere, che come sempre per gli uomini costruisce il destino. Pompeo sul campo di battaglia è un dio, ma nella vita civile è opaco. Non brilla nel Foro, non è un grande oratore né un uomo di lettere. Ama esercitare il potere, ma per la politica in sé ha poco fiuto, forse anche poche idee. Intuito e genialità sono limitati alle campagne di guerra. La sua abilità militare lo rende per forza un protagonista della scena, e lui, che è ambizioso, sogna di svincolarsi dal ruolo di braccio armato per divenire leader riconosciuto di tutti.

LA VITTORIA SU SPARTACO

Con Crasso l'antagonismo è di vecchia data. Provengono entrambi dal vivaio di Silla. Quando il Senato affida a Pompeo il compito di intervenire contro Spartaco, vecchie ferite dell'orgoglio si riaprono e la competitività si riaccende. Pompeo subito ottiene dei successi contro gli schiavi ribelli. Crasso si sente ancora una volta sminuito e messo da parte. Si impegna allo spasimo. Spartaco è riuscito a forzare il blocco nel Bruzio, spera di passare in Sicilia e da lì di veleggiare verso la Tracia grazie a un accordo con i pirati cilici che dovrebbero trasportare i suoi con le loro navi. I suoi piani non sono chiari, forse non esistono neppure in forma pienamente definita. L'iniziale rivolta nata per caso si è espansa, è montata, è diventata il collettore di tante diverse istanze, confuse e alle volte contraddittorie. Lui è un simbolo e un leader naturale, ma non ha nulla da offrire al di là del suo carisma personale e della sua intelligenza. Gli ex schiavi, che al principio anelavano solo alla libertà, ora forse addirittura sognano una società diversa. C'è chi immagina di abolire la schiavitù, chi invece spera solo di ritornare alla società tribale da cui proviene e da cui è stato strappato con la violenza. Quello che manca è una visione complessiva, qualcosa che renda una massa di sbandati un corpo sociale. Sono ribelli contro un'autorità, ma non basta questo a trasformarli in un popolo.

Spartaco e la moglie, una sacerdotessa adepta di antichi culti orgiastici, desiderano tornare nella loro terra natia, dove probabilmente pensano di trovare appoggi o almeno che sia per loro più facile nascondersi e continuare la guerriglia contro i Romani. Gran parte degli schiavi decide di seguirli in quest'ultimo disperato tentativo, ma tenere sotto controllo una massa così variegata di uomini è sempre più difficile. I ribelli sono pur sempre soli, corpi estranei in una terra ostile.

Brindisi è saldamente in mano a Marco Terenzio Varrone Lucullo e i pirati cilici, spaventati dalle navi romane che hanno ripreso a pattugliare il Mediterraneo, non mantengono gli accordi e non si presentano. Spartaco è in trappola. Crasso lo attacca. È un'ultima battaglia disperata ed eroica, quella degli schiavi. Spartaco muore sul campo, combattendo fino a che ha un alito di vita. Alla fine, trafitto da una lancia, viene sopraffatto e cade. I suoi sono in rotta, Crasso li insegue, li stana. Senza pietà, li cattura e li crocifigge. La strada che porta a Roma è costellata di croci con appese migliaia di schiavi agonizzanti.

È un terribile affresco, dipinto per il Senato, una mossa propagandistica di grande impatto. Crasso arriva a Roma con il suo esercito, come con l'esercito arriva alle porte dell'Urbe

Pompeo. Entrambi chiedono la stessa ricompensa per le loro vittorie: il consolato.

GLI ESERCITI DEI DUE CONSOLI

Roma, 70 a.C.

Non è guerra e non è pace. È una strana situazione sospesa quella che vive Roma in quei giorni. Fuori dalla città ci sono gli accampamenti militari di due eserciti. Sono gli uomini di Pompeo e di Crasso, separati da poche miglia. I soldati entrano ed escono dalle tende, parlano fra loro, puliscono armi, cucinano e consumano il rancio, in una calma apparente e quotidiana. Ma a tutti è chiaro che basta un segnale, un ordine, perché siano pronti a marciare sulla città per mettere il loro comandante al potere.

La Repubblica romana è pur sempre una democrazia. Per divenire consoli bisogna avere, in base alla *Lex Villia*, almeno quarant'anni e aver prima ricoperto una serie di cariche minori: pretura, questura, edilità se si è patrizi o tribunato della plebe se si proviene da una famiglia plebea. Ogni gradino di questa scala è propedeutico al successivo e per ottenere la carica bisogna essere eletti dai comizi, le assemblee dei cittadini romani maschi e maggiorenni che hanno diritto di voto. E spesso lo esercitano facendosi indirizzare da amici o referenti.

Le campagne elettorali sono quindi complicate, dure e soprattutto costose. Gli elettori sono divisi in fazioni, in correnti, che sono organizzate da piccoli capipopolo, in grado di spostare con grande facilità pacchetti di voti, prometterli o venderli al migliore offerente. Le campagne per l'elezione dei consoli sono perciò dei grandi mercati, in cui senatori, politici e capi fazione contrattano febbrilmente fino all'ultimo con i candidati, poiché tutti cercano di ottenere garanzie, cariche e vantaggi per se stessi, per i propri amici o per il proprio partito. Ma il gioco vale la candela. I consoli non hanno solo il potere militare in caso di guerra. Di fatto gestiscono la politica di Roma. Il Senato fa le leggi, ma loro ricevono le ambascerie straniere, scelgono i legati e i tribuni militari, stringono accordi e propongono leggi a loro volta. Non c'è affare dello Stato o appalto su cui non esercitino una certa influenza.

Si sono candidati entrambi al consolato, Pompeo e Crasso, ma l'elezione è accidentata e incerta.

Pompeo ha i numeri per vincere a mani basse ai voti, ma ci sono impedimenti formali da superare. È troppo giovane e non ha seguito il corso delle cariche fissate dalla legge per essere eletto: non è mai stato questore né pretore. Crasso invece ha il curriculum giusto e anche l'età. Ma gli mancano i voti. Quelli dei sillani e degli *optimates* sono tutti per Pompeo.

Nel dubbio nessuno smobilita le sue milizie e i Romani guardano preoccupati gli accampamenti. Temono che si torni di nuovo ai tempi di Mario e Silla e che stia per cominciare una nuova stagione di guerre civili, violenze e proscrizioni.

È a questo punto che comincia a ritagliarsi un ruolo sulla scena lui, Giulio Cesare.

È un uomo che sa indossare molte maschere e cambiarle velocemente all'occorrenza. Nella sua breve vita ha già dato prova di un'incredibile duttilità. Il suo istinto gli fa intuire quale spazio debba occupare, in quale parte possa risultare convincente. Ma il suo vero animo è quello del politico. Ritornato dall'Asia, il rampollo dei Giuli è rimasto defilato, ma non immobile. Ha cominciato il *cursus*, la serie di incarichi elettivi che costituiscono la gavetta di ogni politico romano e aprono la strada all'ammissione al Senato e al consolato. Ma soprattutto ha consolidato le sue clientele nell'Urbe, ricostruito le reti di affiliazioni e di amicizie di cui è al centro per nascita e per parentele. Non è solo il discendente della *gens* Giulia, ma è anche l'ultimo erede rimasto in vita di Mario. Pompeo ha in pratica ucciso tutti i rappresentanti della vecchia guardia mariana. Lui, Cesare, è insieme l'unico sopravvissuto e la nuova generazione dei *populares*.

Nella situazione di stallo che si è creata capisce di poter essere l'ago della bilancia. Quell'elemento in apparente secondo piano che però è indispensabile per garantire l'equilibrio. E intuisce bene quale sia il candidato con cui conviene abboccarsi.

Va da Crasso. Ha da offrirgli ciò che più gli serve: i voti. Quelli dei *populares*, che fino a ora nella gara fra lui e Pompeo sono stati a guardare. Crasso ha invece qualcosa che serve a lui: i soldi. Tratta. Non ha ancora trent'anni, ma il sangue freddo e la faccia tosta di un giocatore sgamato. I pacchetti di clienti che lo hanno fatto eleggere a furor di popolo tribuno militare nel 72 confluiscono su Crasso, che diviene console.

Anche Pompeo è eletto, e fra i due la frizione continua. Nessuno vuole rinunciare ai propri uomini per primo. Pompeo tiene i suoi, perché dice che sta aspettando il ritorno di Metello Pio dalla Spagna, per celebrare insieme a lui il trionfo. Crasso, allora, per ripicca, si rifiuta di congedare i soldati. Siamo all'impasse.

Ma qui avviene un colpo di teatro inaspettato. Un giorno in cui i due consoli sono in seduta nel Foro per espletare i loro doveri, e si guardano in cagnesco come al solito, il popolo, ben ammaestrato, presenta una vera e propria petizione chiedendo che si riconcilino in pubblico. È una mossa orchestrata troppo bene per essere frutto del caso. Dietro ci deve essere un bravo regista. Chi? Non si sa. Di certo qualcuno che sa come indirizzare la folla e può contare su una rete ben oliata di clientele. Pompeo e Crasso sembrano presi alla sprovvista. Nicchiano entrambi. Alla fine Crasso, che dei due è il politico più smaliziato o forse quello che è stato preavvertito della cosa, coglie al balzo l'occasione per aumentare il proprio consenso. Così si alza e va a dare la mano a Pompeo, che si affretta a ricambiare. Gli eserciti vengono smobilitati e su Roma torna un'apparente concordia.

Cesare non viene mai nominato nelle fonti relative all'episodio. Ma non è difficile immaginarlo in un angolo, mentre sorride sornione e guarda lo spettacolo molto soddisfatto.

DUE FUNERALI

Roma, 69 a.C.

Un corteo funebre si snoda per le strade della Suburra, sulla via Sacra. È imponente. Dietro al feretro camminano centinaia di persone, di tutte le estrazioni sociali. Sono popolani, cavalieri, molti anche patrizi e senatori. E davanti a tutti, in prima fila, accanto alle spoglie, c'è Caio Giulio Cesare, vestito a lutto. Non è il funerale di un politico. La defunta è una donna. Ma è una donna che con la politica nella sua vita ha avuto molto a che fare, forse anche suo malgrado. È Giulia, la zia di Cesare, la vedova di Caio Mario.

Ha sposato giovanissima un Mario già avanti con gli anni. Non è stato un matrimonio d'amore, ma un accordo. A cui però lei ha tenuto fede sempre, rifiutando di risposarsi. L'unico figlio della coppia, Mario il Giovane, è stato ucciso da Silla in combattimento, prima di Porta Collina. Lei, vedova e sola, ha riversato le sue attenzioni su Cesare, il suo ultimo discendente diretto, che ha indicato come l'erede spirituale del marito.

Il rapporto di Cesare con le donne è complesso e sfaccettato. È un bambino nato e cresciuto in una casa dove le donne regnano, perché gli uomini sono sempre lontani, per questioni di guerra o di Stato. Ha perso presto il padre e altrettanto presto tutte le figure maschili che potevano essere suoi sostituti. Con gli zii Cotta i rapporti sono stati altalenanti e ondivaghi, anche per la loro militanza nella fazione opposta, quella sillana. Così la madre Aurelia, donna di forte temperamento, e la zia Giulia sono state i suoi punti di riferimento in un mondo in cui tutto era soggetto a cambiamenti improvvisi. Sono state la sua guida e la sua sponda, perché a Roma, è vero, le donne non hanno i diritti politici, ma quasi sempre sono l'asse portante delle casate e le custodi delle tradizioni.

Il funerale che organizza per la zia vuole essere un tributo a questo ruolo pubblico e privato che ha svolto per la casata dei Giuli e per Roma tutta. È pensato per essere quasi una risposta alle esequie di Silla. E se lì l'omaggio al dittatore morto, curato nei minimi particolari, era stato l'occasione per sottolineare che il potere era ancora saldamente in mano ai suoi, i funerali di Giulia invece smuovono la folla con l'emozione, chiariscono che i mariani sono più vivi che mai e che il popolo è ancora dalla loro parte.

Così, mentre il corpo sfila fra due ali di gente, all'improvviso, accanto ai lari dei Giuli, compaiono altri simulacri, del tutto imprevedibili. Sono ritratti di Mario.

È il marito, certo, e il cerimoniale lo prevede. Ma un mormorio sbigottito percorre la folla. Nessuno, nemmeno dopo la morte di Silla, ha più osato esporre in pubblico quelle effigi. È un attimo. I suoi ex soldati, i veterani, i sodali sopravvissuti alle proscrizioni e agli eccidi piangono travolti dal ricordo. Nessuno, nemmeno gli esponenti sillani, osa protestare.

Cesare sale sui rostri. L'elogio funebre spetta a lui. E parla. Da grande oratore qual è. Ma è un discorso che non punta solo sulle emozioni o sui ricordi del passato. È anche un tassello fondamentale per la sua legittimazione politica. È infatti sulle ascendenze della zia, e quindi sulle proprie, che mette l'accento: «Da parte di madre, la famiglia di mia zia nasce dai re, da parte di padre discende dagli dèi immortali. Infatti i Marci Re, la famiglia della madre di Giulia, nascono da Anco Marcio re di Roma, e quella dei Giuli, invece, discende da Venere. E quindi nella nostra stirpe confluiscono l'intangibilità dei re, a cui obbediscono gli uomini, e la sacralità degli dèi, ai quali gli stessi re devono obbedire».

Con queste parole mette le cose in chiaro, per tutti. Non è un trentenne di belle speranze e dal futuro incerto, lui che parla da quel rostro; non è e non può essere considerato pari agli altri attori sulla scena, anche se magari sono per ora più famosi di lui, e più acclamati. Lui ha nel sangue il suo destino e il suo fato, e Roma non può fare a meno di lui, come lui non può fare a meno di Roma.

Gli avversari politici, e forse anche i compagni di partito, sorridono. È un bello sfoggio di retorica, il suo, ma in fondo Cesare, con tutta la sua spocchia, è solo un personaggio di secondo piano. Un giovane che si deve ancora fare e che presto sarà in partenza per la Spagna, dove è stato destinato come questore. L'unico forse ad aver intuito che quel discorso funebre è in realtà un programma politico è Cicerone, che lo conosce meglio di tutti. In quegli accenni all'origine regale dei Giuli e alle loro divine ascendenze coglie fin da allora che Cesare si ritiene superiore a tutti e destinato un giorno a governare lo Stato, come un re. Sarà una Cassandra inascoltata.

Cesare intanto si prepara al suo nuovo incarico lontano. I questori eletti ogni anno sono venti e sono inviati nelle province insieme ai consoli o ai pretori, con il compito di affiancarli nella gestione finanziaria e amministrativa. Sono il primo gradino del *cursus honorum*, cioè di quella sequela di incarichi che deve formare la futura classe dirigente, consentendo ai giovani di acquisire le competenze legislative e amministrative necessarie a reggere lo Stato. L'incarico di questore, inoltre, consente di entrare in Senato, ovvero di essere uno di coloro che approvano le leggi di Roma.

Ma poco prima di partire lo colpisce un lutto inatteso. La moglie Cornelia muore.

È una donna, e giovane. La prassi prevedrebbe un funerale privato, senza elogi né declamazioni. Ma Cesare anche qui decide di distinguersi. Lei è la figlia di Cinna, erede di una famiglia che ha fatto la storia. Sono stati sposati per più di dieci anni, sono cresciuti insieme, insieme sono sfuggiti alla morte, alla violenza delle proscrizioni, insieme hanno generato una figlia, Giulia. E anche se lui è famoso in tutta Roma per le numerose e continue avventure galanti, e gli vengono attribuite come amanti le mogli di mezzo Senato, per Cesare la parola data è sacra, come sacro è il legame che si stabilisce con chi ti è caro. Accompagna quindi la moglie alla pira funebre e pronuncia per lei un discorso che è un ultimo commosso addio.

Mentre Roma si strugge, di nuovo, nel vedere il dolore di quel giovane vedovo solo di fronte alla vita, la Spagna reclama il suo questore. E Cesare parte.

LA SPAGNA PRIMA DI CESARE

Spagna, 80-72 a.C.

Roma sa allevare bene i suoi giovani rampolli. Per divenire membro effettivo della classe dirigente destinata a reggere un domani l'impero ci vuole un apprendistato lungo e severo. Non basta studiare, bisogna dimostrare di avere talento pratico e conoscere le differenze fra le diverse regioni e popoli. Il *cursus* non è solo una sequenza di cariche amministrative, ma un percorso che porta i futuri reggitori dello Stato a vivere nei territori che un domani governeranno dal centro del mondo. Dopo essersi fatto le ossa come tribuno militare in Asia, a Cesare tocca impratichirsi nell'amministrazione civile. Ha fatto l'avvocato nel Foro, ma ora deve dimostrarsi capace di affrontare le beghe legali correnti di una provincia: la Spagna Ulteriore.

La Spagna, suddivisa nelle province Ulteriore e Citeriore, che occupano il lato sud ed est della Penisola iberica, è rientrata da poco più di tre anni, nel 72, sotto il completo controllo di Roma. Ha alle spalle un decennio turbolento che l'ha portata a divenire, per un certo periodo, teatro di scontri fratricidi, ma anche una sorta di utopia realizzata per i *populares*: un esperimento sociale e politico, il simbolo che si poteva costruire un dominio romano differente da quanto proposto dagli oligarchi della vecchia guardia.

L'artefice di questo sogno era stato Quinto Sertorio, l'ufficiale mariano che a Brindisi aveva subodorato i piani di Silla per far ammutinare l'esercito di Scipione, ma non era stato creduto dai superiori.

Fra le file dei seguaci di Mario questo ragazzo di Norcia è forse il più simile a lui. Anzi, per certi versi è persino superiore al suo maestro, perché più lungimirante e intuitivo in politica. È venuto su dalla gavetta e possiede le doti che a tutti gli altri mancano: capacità militari e fascino personale. Forse per questo Cinna e Mario il Giovane hanno deciso di allontanarlo, temendo in lui un pericoloso concorrente. Inviato in Spagna come propretore, arriva quando i mariani sono battuti sul campo a Roma. La sua autorità non viene riconosciuta dai sillani, e lui deve rifugiarsi nell'Africa del Nord, ancora in mano agli ultimi seguaci di Mario. Sembra tutto finito, e il fato di Sertorio si disegna simile a quello degli altri *populares* in rotta, ormai messi all'angolo, destinati a una resistenza inutile e poi alla sconfitta e alla morte. Ma Sertorio è diverso. Nel poco tempo trascorso in Spagna ha stretto legami con i capi delle popolazioni locali, dei Lusitani in particolare, da sempre insofferenti ai modi con cui la classe dirigente romana esercita il potere sul loro territorio. Rispetto ai precedenti pretori e governatori, Sertorio si è dimostrato più aperto alle richieste dei locali. Mentre gli altri Romani trattano gli Iberi e le altre popolazioni della penisola come sudditi, lui si comporta come se fossero suoi soci e collaboratori. I Lusitani non l'hanno dimenticato e gli offrono appoggio per combattere i sillani in cambio della sua esperienza militare. In pratica gli affidano il comando dell'esercito contro Roma.

Lui lo accetta: diventerà in pochi mesi il vero padrone della Spagna. Ma Sertorio non è solo un combattente, o un ribelle. È un uomo che dimostra di avere in mente una visione nuova dello Stato, anzi della romanità. In Spagna istituisce un regime che riprende le forme della Repubblica romana, ma rivisitata e corretta: una Repubblica di impronta decisamente più demo-cratica, che ha imparato e assimilato le lezioni della Guerra sociale. C'è un Senato, formato da trecento membri, in gran parte romani. Le leggi, i costumi, le abitudini sono romane. Ma Sertorio non si limita a imporre uno stile di vita o la sua autorità. I Celtiberi e i Lusitani sono accolti e integrati. Sertorio ammette i più romanizzati di loro al suo fianco, dà loro l'accesso ai comandi, fonda scuole per insegnare il latino ai loro figli. La Spagna di Sertorio in qualche modo è più Roma di quanto Roma sia mai stata, o meglio è un'anticipazione di quanto Roma diventerà di lì a poco: una potenza non solo conquistatrice, ma in grado di integrare e inglobare nuove genti, nuovi popoli, trasformarli da nemici e sudditi in cittadini. Nessuno dei comandanti che Roma gli manda contro riesce a incrinare questo legame. Metello e persino il grande Pompeo non riescono a vincere Sertorio.

Ma è più facile costruire una nuova Roma che affrancarsi dagli intrighi di quella vecchia. In Spagna arriva Marco Peperna, ex mariano scappato dall'Italia dopo aver aiutato Lepido nel suo tentativo maldestro di eversione. È un uomo ambizioso, convinto di essere stato prescelto dal destino per il comando. All'inizio si presenta come amico, e accetta di mettersi al servizio di Sertorio. Ma ben presto diventa insofferente e aizza i capi celtiberi contro Sertorio stesso, descrivendolo come un tiranno e creando occasioni di scontro fra lui e i dinasti locali. Organizza una congiura. Con il pretesto di una cena, attrae Sertorio in casa sua. Nel corso del banchetto, a tradimento, lo uccide.

La mossa non dà i risultati sperati. All'apertura del testamento, si scopre che Sertorio ha nominato il suo assassino erede universale. Gli stessi capi celtiberi che prima avevano appoggiato Peperna prendono in fretta le distanze da lui. Nessuno vuol essere alleato di un uomo che ha ucciso a sangue freddo il suo benefattore. Pompeo e Metello fanno presto a convincerli a stipulare accordi di pace. Lo scontro finale sul campo non si fa attendere. Peperna si rivela un comandante in capo persino peggiore di quanto non si sia dimostrato come amico. Pompeo lo sconfigge sul campo e lo cattura. Il traditore tenta di avere salva la vita, consegnando a Pompeo la corrispondenza privata di Sertorio, che testimonia a suo dire come molti personaggi dell'aristocrazia romana abbiano tenuto contatti con l'ex "ras" di Spagna. Non è una mossa astuta. Pompeo teme che se i nomi dei corrispondenti di Sertorio a Roma divenissero noti si scatenerebbe una nuova guerra civile: in tutti gli Stati certi segreti devono rimanere tali. Così brucia le lettere e mette a morte Peperna, divenuto a questo punto un imbarazzante e scomodo testimone.

È il 72, la rivolta si placa. I mercanti iberi possono ricominciare a tessere i loro affari sotto la protezione di Roma, e Roma può inviare nuovamente le giovani promesse della sua classe dirigente a farsi le ossa negli uffici perché imparino ciò che serve per amministrare il mondo.

L'ANSIA DI GIULIO CESARE

Cadice, Spagna, 69 a.C.

È una perla bianca affacciata sull'Oceano, Gades: il suo promontorio, quasi fosse un'isola, si apre sul mare infinito come l'ultimo baluardo della civiltà. Lì ci sono le colonne d'Ercole e poi l'ignoto. Una distesa di acque senza sponde né approdi, popolata nelle leggende da terribili mostri.

Antica fondazione dei Fenici, per secoli alleata di Cartagine, Cadice ha però velocemente accettato, dopo le guerre puniche, l'alleanza e la protezione di Roma, trovando il modo di arricchirsi. È un luogo trafficato e vivace, un crocevia di uomini e di merci. Già nei tempi antichi era stata una città attiva e ricca e ora aspira a ritornare uno dei porti più frequentati del Mediterraneo.

Le Guerre sertoriane sembrano un vago ricordo: tutti ora hanno solo voglia di dimenticare il passato e godersi un presente fatto di pace e benessere. L'uomo più famoso di Gades è Lucio Cornelio Balbo, un influente personaggio locale discendente di una ricca famiglia forse di origine punica, ma ormai del tutto romanizzata. Avversario di Sertorio, ha appoggiato a tal punto le campagne di Pompeo che questi gli ha fatto ottenere la cittadinanza romana. Lui, per dimostrare il suo attaccamento alla terra d'origine ma anche l'orgoglio per il nuovo status, sta facendo costruire un teatro e abbellire gli edifici pubblici.

Quando il giovane Giulio Cesare arriva in Spagna, Balbo diviene suo ospite e amico: lo accoglie in casa e lo introduce nella buona società locale. Non è difficile per il rampollo dei Giuli affascinare i gaditani. La curiosità dei locali è enorme. In provincia chi giunge dalla metropoli, specie se con un qualche ruolo amministrativo, fa presto a farsi accettare. Cesare inoltre nell'Urbe è amico di Crasso, che in Spagna aveva trovato legami e appoggi persino quando era un proscritto in fuga. Per giunta è pur sempre il nipote di Mario. E per quanto Sertorio sia stato sconfitto, i mariani sono stati padroni di quell'angolo di mondo per quasi un decennio. Quindi, anche se è solo un oscuro questore, è ammantato di un'aura intrigante.

E la sfrutta. Sa che un sistema di clientele ben costruito e saldo è la chiave del successo, nonché un paracadute per i momenti difficili. Se per giunta vuole un giorno giocare alla pari con i grandi di Roma, non può limitare la sua influenza all'Urbe. Pompeo e Crasso hanno una rete di amici e sostenitori in ogni angolo dell'impero. Lui se la deve costruire quasi dal nulla e con mezzi finanziari risicati. Ma è giovane, è intelligente, è determinato. E soprattutto è Cesare. Dietro al suo sorriso seducente si nasconde una volontà d'acciaio e la determinazione adamantina di chi, una volta fissato un obiettivo, non è disposto a deflettere per nessuna ragione al mondo. Non importa quanto possa costare, la meta deve essere raggiunta.

Lavora come un pazzo. Chi si aspettava che l'erede dei Giuli prendesse l'assegnazione spagnola come una vacanza mondana da trascorrere in città o imboscato negli uffici, annoiato perché i casi da trattare sono ben diversi dai grandi processi politici in cui è stato coinvolto a Roma, resta spiazzato. Cesare non manca una sola udienza, non lascia senza risposta alcuna richiesta, non dimentica alcuna lamentela. Macina pratiche e miglia, raggiunge i più sperduti villaggi per seguire le beghe locali, piccole o grandi che siano. Nessuna causa è tanto trascurabile da essere giudicata indegna della sua attenzione. Quando non lavora, studia e legge. Il propretore in carica, Antistio Vetere, è così favorevolmente impressionato da tanto zelo che diviene un suo amico personale e gli rimarrà accanto insieme al figlio anche negli anni successivi. La Spagna, per Cesare, è in sostanza un momento di grandi investimenti per il futuro.

Ma non è tutto così lineare o così facile come sembra. L'animo di Cesare è simile a un grande lago: in apparenza una distesa di acque appena increspata dal vento, ma che cela profondità oscure. La tranquillità provinciale lo snerva. Pur sapendo che quel tirocinio è necessario, ogni giorno lontano dall'Urbe è per lui una sofferenza.

È come se una perpetua ansia lo divorasse, non gli lasciasse requie mai. Dorme poco, come ha sempre fatto, ma quando si abbandona alle lusinghe di Morfeo, viene tormentato dagli incubi. Sogna di violentare sua madre. Si spaventa. Di solito non dà gran credito ai presagi, ma questo lo sconvolge tanto da richiedere consulti agli indovini. Vuoi per un'intuizione, vuoi perché gli indovini per piaggeria pronosticano mirabilia a ogni romano, la risposta è che la madre sognata da lui non è Aurelia, ma la terra madre di tutti, e lui è destinato a prenderla con la forza e a esercitare il dominio sul mondo. A Cesare la risposta piace, ma al tempo stesso lo angoscia.

Ha trent'anni. Non può più essere considerato o considerarsi una giovane promessa: è venuto il tempo di mantenere.

Ma proprio il tempo sembra sfuggirgli via, in quell'angolo di mondo dove la progressione della carriera lo confina a occuparsi di minuzie.

È questo Cesare nervoso e insofferente quello che passeggia un giorno nel tempio di Ercole a Gades. Si ferma di fronte alla statua di Alessandro Magno. La guarda, forse cercando una qualche somiglianza con i tratti di Pompeo, a cui piace molto paragonarsi al Macedone. Non la trova, ma gli sale da dentro l'anima una rabbia sorda. Succede una cosa che non è mai successa prima, e non succederà mai più. Cesare freme, gli occhi gli si riempiono di lacrime. Il compassato e sempre elegante erede dei Giuli perde il controllo. Quando gli chiedono il perché di quella crisi nervosa lui spiega, infuriato: «Alla mia età Alessandro aveva conquistato il mondo, e io non ho fatto ancora nulla!».

Pensano tutti a un moto di stizza passeggero.

Non lo è. Qualche giorno dopo Cesare chiede di poter tornare a casa prima della scadenza del suo mandato.

Basta con la gavetta. Vuole Roma.

IL TESSITORE DI CONGIURE?

I TRANSPADANI SCONTENTI

Gallia Transpadana, 68 a.C.

Lavorano, producono, guadagnano. E si lamentano spesso, tanto, perché si sentono incompresi, discriminati, trattati peggio di tutti gli altri. Loro, che sono ormai uno dei più ricchi centri produttivi della penisola. Loro, che stringono i denti e tirano la carretta, testardi e duri, immersi nella nebbia, nella loro grassa e apparentemente placida pianura a nord del Po.

Mario li ha difesi ai tempi delle calate dei Cimbri e dei Teutoni e ha dato impulso allo sviluppo. Il padre di Pompeo, Strabone, nell'89 ha concesso a Mediolanum, il principale centro della regione, lo status di colonia latina, che accorda alle città che ne godono tutta una serie di privilegi e rende gli abitanti simili ai cittadini romani. Simili, appunto, ma non uguali. Dopo vent'anni i Transpadani sentono invece di meritarsi l'equiparazione, che consentirebbe loro di risparmiare, per altro, moltissimi soldi in tasse. Un argomento che da quelle parti è sempre molto sentito.

Ma a Roma, fra dittature, proscrizioni, congiure, rivolte, guerre in Oriente, pare che nessuno abbia mai tempo per loro.

Il console in carica quell'anno è uno solo: Lucio Cecilio Metello è morto improvvisamente all'inizio del mandato, il suo collega Quinto Marcio Re si deve occupare di tutto ed è impegnato in tutt'altre faccende. Prepara una spedizione – l'ennesima – contro i pirati cilici. Ma, di ritorno dalla Spagna dove è stato questore, e da cui ha chiesto di poter tornare prima per motivi personali, sta passando per la Transpadana un suo cugino, che, per puro caso, è anche nipote di Caio Mario. Si chiama Caio Giulio Cesare. Vale la pena di tentare un abboccamento con lui. A Cesare i Transpadani sono simpatici. È gente che bada al sodo e non si perde in ciance, una qualità che apprezza molto. Passa sopra volentieri alle loro ingenuità e anche alle loro grettezze. Quando ai banchetti capita che gli servano pietanze condite con l'olio rancido perché mal conservato e i suoi accompagnatori si schifano, lui invece mangia. La conversazione con quegli uomini rudi e pratici fa passare in secondo piano un condimento andato a male. È un uomo curioso, ha l'animo del viaggiatore, ma soprattutto l'occhio del geografo. Muoversi in lungo e in largo per tutto l'impero lo affascina, perché ama incontrare popoli nuovi, studiarne le abitudini, indovinarne i pensieri. Li appunta poi nei suoi diari e taccuini, li detta ai suoi schiavi. Sono osservazioni secche e concise, perché Cesare non ama le perdite di tempo: va sempre di corsa e non riesce a stare mai fermo. Ma essere veloce non vuol dire essere superficiale. Dai Greci, che ha studiato e che ama, ha imparato ad avere uno sguardo sintetico che coglie i particolari e li combina in un quadro preciso. Non sopporta i fronzoli, vuole arrivare alla struttura. Ascolta dunque la delegazione e ne riconosce come fondate le richieste. Dubita molto però che a Roma qualcuno le riterrà mai tali. Quinto Marcio Re è una nullità assoluta ascesa al consolato solo in virtù del suo nome, che deriva dal re Anco

Marcio, antenato anche suo. Gli altri senatori sono persino peggio. Sono ostinati e chiusi al cambiamento. C'è voluta la Guerra sociale per far accettare loro che dovevano fare concessioni agli alleati e smettere di considerarli inferiori. Allora e solo allora, quando mezza Italia gli si è ribellata contro in armi e hanno rischiato di ritrovarsi soli a combattere contro tutti, *obtorto collo* sono corsi ai ripari, concedendo ai soci che erano restati fedeli, fra i quali Veneti e Transpadani, l'equiparazione ai Latini. Ma non si rendono conto che il malumore in quelle terre è stato solo sedato, non risolto. Prima o dopo esploderà di nuovo. Forse Cesare dice queste cose in modo anche troppo esplicito ai Transpadani che gli chiedono udienza o li invita con eccessiva foga a farsi sentire in qualche modo da chi detiene il potere. A Roma giungono voci: si teme che il giovane questore abbia apertamente invitato gli abitanti del Nord alla rivolta. Persino il console, a quanto riportano alcuni, entra in fibrillazione e ritarda la partenza della sua spedizione contro i pirati.

Troppa importanza data alle parole di un giovane ancora alle prime armi e senza cariche di peso? Sì, forse. Ma non dimentichiamo che Quinto Marcio Re di Cesare è cugino. Ricorda bene cosa ha detto nell'elogio funebre della zia Giulia: il sangue dei Giuli unisce quello di Anco Marcio e quello degli dèi. Si considera superiore a tutti a Roma, anche al console. E se gli altri possono sottovalutarlo, Marcio Re invece non vuole rischiare. Sa bene quanto possa essere pericoloso e determinato, se ci si mette, il rampollo dei Giuli.

UNA MOGLIE E UNA CARRIERA

Giocare di sponda. Scombinare le aspettative. Se c'è una tattica in cui Cesare è maestro è questa. Il suo modo di muoversi in politica in questi anni è simile a quello di un fiume carsico. Rimane sotterraneo, sembra che sia inghiottito dalle profondità della terra per sempre, e poi, quando meno te lo aspetti, emerge alla luce.

Chi conosce gli sviluppi futuri della storia tende a vedere Cesare con gli occhi del poi: lui è il grande generale invitto, che sfida i nemici sul campo e li travolge. Cesare però, per formazione e carattere, non è un militare: è un politico. Prima che sui campi di battaglia, per lui il potere si conquista con gli accordi, con le cariche, con i discorsi, in Senato. L'uomo che diventerà famoso per essere un dio della guerra, in realtà la guerra la farà solo quando è necessaria. Per lui rimarrà un mezzo, non un fine.

Cesare è un grande mediatore. È in questo momento una cerniera fra due mondi: *populares* e *optimates*. Può fare per cultura, per famiglia e per tradizione quello che a Mario non era riuscito mai e che Pompeo stenta a fare. Non ha bisogno di farsi accettare nell'aristocrazia dell'Urbe, perché ne fa parte di diritto. E dalla tradizione aristocratica ha ereditato la capacità di muoversi fra le grandi famiglie come un pesce nell'acqua, mantenere legami trasversali ai partiti e agli schieramenti, non rompere mai del tutto con chi oggi è un avversario, e magari un cretino, ma domani potrà trasformarsi in un "supporter", restando sempre un cretino, però utile allo scopo.

A chi lo guardi da fuori, il suo percorso sembra non del tutto lineare per un uomo che vuole diventare una figura di spicco fra i *populares*. In Asia è stato agli ordini di Minucio Termo e Servilio Vatia, due sillani, guadagnandosi la loro stima e il loro appoggio. Certo, ha attaccato Dolabella e Ibrida, e non ha tentennato un momento nel rimettere a posto Iunco. Ma poi a Roma ha stretto amicizia e alleanza con Crasso, che di Silla è stato un protetto, e in Spagna si è legato a Balbo, assai vicino a Pompeo.

Ora al ritorno nell'Urbe la sua prima mossa è organizzarsi un nuovo matrimonio, che come sempre non ha nulla a che fare con le questioni di cuore. Tutti sanno della sua storia con Servilia, che però si è a sua volta risposata con Decimo Giunio Silano, un uomo così opaco che non creerà mai problemi alla coppia, nemmeno quando nei salotti romani si sghignazzerà apertamente alle sue spalle.

La prescelta di Cesare per le nozze è invece una donna agli antipodi della moglie precedente, la timida e sventurata Cornelia, figlia di Cinna. Cesare sposa Pompea Silla, che del dittatore Silla è la nipote. Lei è bella, e dalle voci che girano a mezza bocca nei salotti buoni, piuttosto vivace e disinibita, anche se rispetto ad altre matrone dell'Urbe non pare avere alcuna inclinazione o genio per la politica. Ma Cesare non sta cercando un grande amore né una consigliera strategica: per quello c'è da sempre Servilia, e comunque non è uomo che ami ricevere troppi consigli sulle sue scelte. Anche le chiacchiere sulla nuova moglie non lo impensieriscono più di tanto. Del resto nell'alta società romana raramente le mogli rimangono a lungo fedeli ai loro mariti. Persino quelle di Pompeo, di Crasso, di Aulo Gabinio e di numerosi altri senatori trascorrono volentieri qualche ora nell'alcova di Cesare, quando capita l'occasione, senza che nessuno, mariti compresi, ne faccia un gran dramma. Entrambi i coniugi, appare chiaro fin da subito, si ritengono autorizzati a condurre la loro vita in assoluta libertà, senza reciproche recriminazioni, purché non vengano fuori scandali. Ciò che conta è il segnale che le loro nozze danno. Cesare è ben inserito dappertutto: i suoi appoggi personali travalicano le clientele della sua *gens* e persino quelle del suo partito. Quindi è ora di ottenere la prossima carica prevista dal *cursus*: si candida come edile.

I PIRATI ALL'ATTACCO

Ostia, 67 a.C.

Navi, all'orizzonte, si stagliano sul mare. Non pochi vascelli: una flotta. Puntano dritte alla bocca del porto. Chi si trova al molo di Ostia è dapprima incredulo, poi terrorizzato. Sono imbarcazioni di pirati. Pochi attimi dopo si scatena la violenza. Le navi piombano sulle banchine, i pirati razziano, depredano, uccidono, portano via uomini e donne per venderli come schiavi. È un raid in piena regola, ed è anche una sfida. Roma non può essere la signora del mondo se non riesce nemmeno a difendere le sue coste, a due passi da casa.

Quello di Ostia non è un episodio isolato. Il Mediterraneo ormai è un mare insicuro e pericoloso. I pirati non sono soltanto isolati briganti del mare che assaltano vascelli e compiono razzie. Sono parte di organizzazioni vaste e ramificate, in grado ormai di controllare interi tratti di coste nel Medio Oriente e di comportarsi come una potenza territoriale. Dalle loro basi a Creta e in Cilicia controllano rotte, tracciano navi. I pirati trattano alla pari con i sovrani e le potenze del tempo. Mitridate ha stretto con loro accordi per tenere sotto pressione i Romani. Ma anche Sertorio, in Spagna, si è servito di loro e lo stesso Spartaco li aveva contattati per convincerli a trasportare le sue armate di schiavi ribelli dalla Sicilia alla Tracia. Possono contare su coperture istituzionali e sull'omertà e il silenzio di molti personaggi potenti e insospettabili, che dalla situazione traggono vantaggio: mercanti, amministratori locali, piccoli dinasti regionali, ufficiali. Approvvigionano di schiavi il principale mercato dell'epoca, l'isola di Delo, dove migliaia di esseri umani vengono venduti e comprati, senza che nessuno faccia troppe domande sulla loro provenienza.

Non si contano più coloro che sono stati rapiti e di cui si perde del tutto traccia, o che devono essere riscattati dai parenti con valanghe di denaro. Cesare è stato uno degli ostaggi, ma la lista è lunga. Persino le navi militari devono procedere con cautela: due pretori, Sestilio e Bellieno, vengono rapiti con tutta la loro scorta di littori. Il commercio per mare è sempre più rischioso, i carichi vengono depredati, gli imprenditori vanno in rovina. Persino approvvigionarsi di grano per Roma diviene difficile. E il popolo, se non ha pane, è un pericolo.

Ci vogliono contromisure immediate e calibrate all'emergenza. Basta spedizioni continue ma limitate, affidate a consoli, pretori o governatori che riescono sì a ottenere qualche vittoria locale, ma non scalfiscono questa idra dalle molte teste. Se quella sul mare è una guerra, va affrontata come tale. Ci vuole un comandante plenipotenziario che possa agire svincolato dalle leggi ordinarie e con un mandato amplissimo, come quello di un dittatore.

A proporre questa soluzione è Aulo Gabinio, tribuno della plebe, che è stato uno degli ufficiali di Pompeo in Spagna ed è un suo amico di lunga data. E in effetti, anche se non viene mai fatto il suo nome, la legge sembra essere scritta proprio per riportare sulla breccia lui, Pompeo, che dopo il consolato si è ritirato nel suo Piceno, stizzito perché la campagna contro Mitridate in Asia è stata affidata a Lucio Licinio Lucullo.

Ma in Senato la proposta non piace. È un periodo in cui Pompeo e gli *optimates* non sono in buoni rapporti. Durante l'anno del suo consolato Pompeo li ha scontentati, appoggiando leggi che ridanno poteri ai tribuni della plebe e favoriscono cavalieri e popolo. Aperture al programma dei *populares* che sono state giudicate pericolose. Ora Gabinio propone di affidargli un comando assoluto per terra e per mare, e di una lunghissima durata: tre anni. Non sono facoltà che a Roma si danno ai magistrati: è il potere di un re.

Quando la proposta va in votazione, scoppia il caos. Gabinio per poco non viene picchiato, fuori dall'aula la folla rumoreggia minacciando di malmenare a sua volta i senatori. Alla fine la legge passa perché comunque Gabinio è un tribuno della plebe, e il popolo vuole Pompeo. Il Senato deve cedere, anche se quasi tutti hanno votato contro.

Quasi tutti, appunto. Perché chi invece si è espresso a favore è Giulio Cesare. Forse perché, da vittima dei pirati e da ufficiale che li ha combattuti, è sensibile all'argomento e capisce che dare a Pompeo un comando assoluto è l'unico modo per eradicare davvero questa piaga. Forse perché la proposta va incontro ai desideri di mercanti, cavalieri e popolani che sono clienti dei Giuli, e di quanti vivono di commercio e non possono più sopportare un Mediterraneo dove muoversi è un rischio. Forse perché, da bravo mediatore, dopo essersi conquistato la fiducia di Crasso, ora vuole anche l'appoggio di Pompeo, per costruire insieme ai due un asse che cambi Roma. O forse perché, con Pompeo lontano a combattere i pirati e ricoprirsi di gloria, lui e Crasso potranno avere mano più libera per certi piani che hanno in testa.

UN GOLPE FALLITO?

Roma, febbraio 65 a.C.
Un vento gelido spazza Roma. I senatori infreddoliti premono e si accalcano per entrare al caldo nella Curia. Le toghe sono abiti scenografici, ma d'inverno sono sempre troppo leggere. Il maltempo ha sorpreso tutti, quella mattina, e infatti c'è un insolito trambusto. Quando piove, il traffico della città diventa

inaffrontabile. Decine di lettighe, di carri sulle strade, pedoni che zompano ovunque per evitare l'acqua che cade dal cielo e le pozzanghere: un caos. Ragione per cui tutti sono in ritardo e i senatori arrivano alla spicciolata, fradici e di cattivo umore. Si fermano a salutare gli amici, spintonano quelli che ci sono già per entrare, maledicono gli dèi per il freddo. Bastano due gocce e il severo Senato di Roma non appare poi così diverso da un mercato plebeo.

Gomito a gomito, nell'atrio ingolfato di gente, si trovano tutti quelli che contano. Ci sono i due consoli in carica, Lucio Aurelio Cotta e Lucio Manlio Torquato, che stanno per fare il loro ingresso nell'aula con un corteggio di segretari e aiutanti. Poco discosti, con facce torve e rabbiose, notano tutti con stupore che ci sono anche Publio Cornelio Silla e Publio Autronio Peto. Era un pezzo che non si facevano vedere alle sedute. Per essere precisi, da quando erano stati dichiarati ineleggibili come consoli, nonostante avessero vinto le elezioni, perché Cotta e Torquato avevano dimostrato che i conteggi erano stati frutto di brogli. Qualche senatore aggrotta un sopracciglio: ci vuole un bel coraggio a farsi rivedere lì dentro dopo uno scandalo simile.

Dall'altra parte della sala c'è un personaggio che raramente compare alle sedute. È Lucio Sergio Catilina. La gran parte dei senatori, *optimates* o *populares* che siano, se ne tiene a distanza e lo saluta a stento. Non piace a nessuno, tranne a due o tre giovinastri che gli girano sempre attorno e che anche quella mattina si tiene accanto. Anche lui ha ambizioni al consolato, ma finora sono sempre riusciti a non farlo nemmeno candidare. I pettegolezzi sulla sua vita privata si sprecano: si circonda della peggiore feccia dell'Urbe, dà feste a cui invita brigate di giovani patrizi dissoluti, che dopo una certa ora pare si trasformino in vere e proprie orge.

Anche il suo recente matrimonio è molto chiacchierato. La nuova moglie è Aurelia Orestilla, discendente di una progenie di consoli, ma famosa più che altro per la grande bellezza e per la disinvoltura con cui cambia amanti persino per i ritmi piuttosto veloci dell'alta società di Roma. La passione per Catilina è divampata improvvisa, ma in famiglia ha scatenato forti dissensi. Il figlio di primo letto di Catilina, infatti, ragazzo più assennato del genitore, non pareva ben disposto nei confronti della nuova possibile matrigna e ha opposto un fermo diniego. Ma è morto, improvvisamente, con un tempismo alquanto sospetto. Un lutto che non ha traumatizzato il padre, il quale pochi giorni dopo è convolato allegramente a nozze con la tanto chiacchierata amante. Alcuni amici, scandalizzati, hanno commentato che la fiaccola nuziale era la stessa che aveva usato per accendere la pira funebre del figlio; altri, più maligni, hanno invece insinuato che lo stesso padre si fosse sbarazzato di un erede scomodo, per altro riuscendo così anche a mettere le mani su una notevole fortuna.

In un angolo della sala c'è poi Caio Giulio Cesare. Ha appena vinto le elezioni come edile e dovrebbe entrare in carica fra pochi giorni. Si dice che per ottenere consensi abbia speso per la campagna elettorale somme favolose. Che naturalmente non ha, perché i Giuli non hanno mai nella borsa mezzo asse. Se può spendere e spandere neanche fosse un re è perché a prestargli i soldi è Crasso, che da qualche tempo è il suo migliore amico. Difatti tutti gli si fanno attorno per chiedergli perché Crasso non si veda ancora. Cesare si gratta la testa, sorride e risponde vago, accennando al traffico e alla pioggia per giustificare l'assenza. Come al solito è gioviale con tutti, elegantissimo, con i capelli (ormai radi, invero) pettinati con cura e la toga che cade a pennello. No, a dire il vero sembra che stamattina la toga

gli dia qualche problema. Se la tiene con attenzione, come se
da un momento all'altro dovesse toglierla o farla scivolare via
dalle spalle. Forse teme, da quell'azzimato damerino che è, che
qualcuno urtandolo gliela faccia cadere...

D'improvviso un grido, una serie di spintoni, qualcuno che
si lancia in avanti e qualcun altro che cade a terra. Nessuno
capisce bene cosa stia succedendo. Cesare fa un balzo indietro
e scompare nella calca, come se fosse stato in qualche modo
preavvertito. O sono i suoi riflessi da soldato a farlo reagire
d'istinto. Gli uomini accanto ai consoli, anche loro d'istinto, li
coprono e li spingono in fretta verso la sala. I senatori nell'atrio
si muovono come i flutti agitati delle correnti marine. Qualcuno
giura di aver visto scintillare un coltello. È un attimo di caos,
ma poi la sala si svuota. Non ci sono morti, non ci sono feriti,
non vengono trovate armi. Tutti notano solo una cosa: nella
confusione Catilina, Publio Silla e Autronio sono misteriosa-
mente scomparsi.

COMPLICE, FIANCHEGGIATORE O IGNARO CALUNNIATO?

Che sia avvenuto qualcosa di poco chiaro è subito evidente
a tutti. Anche se capire cosa non è facile né scontato. Le voci
iniziano a girare, insistenti. Era una congiura, un piano per uccidere i consoli in carica e prendere il potere. Ma organizzata da
chi? Qui le interpretazioni divergono e le antipatie personali o di
partito fanno delineare ricostruzioni arbitrarie e forse fantasiose.

I perni attorno ai quali gira tutto sono i due mancati consoli,
Publio Silla e Autronio. Il primo è un nipote di Silla, figlio di
un fratello minore del dittatore. Negli anni in cui lo zio era al
comando dello Stato non si è segnalato in modo particolare e
anche dopo la sua carriera è oscura, anche se il suo nome basta

a farlo considerare qualcuno. L'altro è una figura di assoluto secondo piano, di cui non si ricordano successi o imprese di un qualche rilievo. Queste due nullità si sono candidate al consolato contro Lucio Aurelio Cotta (il famoso avvocato, che di Cesare è lo zio) e Lucio Manlio Torquato, rappresentante di una delle famiglie più antiche e conservatrici del Senato. E contro ogni aspettativa hanno vinto.

Ma ci è voluto davvero poco agli sgamati Cotta e Torquato per capire che c'erano stati brogli. Così i due hanno presentato ricorso, fatto annullare le elezioni, escludere dalle candidature i falsi vincitori e si sono portati a casa il titolo di consoli per quell'anno.

Silla e Autronio, però, sono evidentemente uomini di paglia. Dietro a questi evanescenti prestanome c'è qualcuno di assai più scaltro e di certo più pericoloso.

Chi frequentano i due? Lucio Sergio Catilina, che li ha introdotti in quella corte di personaggi ambigui e loschi, compagni di avventure e soci di traffici poco chiari, e che gli gira attorno.

Ma non solo. Un altro politico in ascesa fa parte delle loro amicizie. Si tratta di Giulio Cesare. Publio Silla è persino suo parente, in quanto cugino di Pompea, la sua nuova moglie. Autronio è più defilato, ma negli anni seguenti sarà sempre al seguito di Cesare in tutte le sue imprese. E Cesare il giorno della congiura ha tenuto un comportamento strano, come di chi subodora o è stato messo a parte di cosa stia per succedere. Così tra le file degli *optimates* comincia a serpeggiare una possibile ricostruzione dell'evento. Crasso, che opportunamente proprio quel giorno non si è fatto vedere, è stato la mente del progetto. Approfittando dell'assenza di Pompeo, voleva uccidere i consoli in carica, proclamarsi dittatore, sovvertire la Repubblica, nominare Cesare *tribunus militum* e poi mettere come nuovi consoli proprio Silla e Autronio, per usarli come suoi burattini. Il motivo per cui Cesare quella mattina tormentava con tanto nervosismo i lembi della sua toga era questo: era lui che doveva dare il segnale per l'assalto. Ma qualcosa è andato storto. La pioggia, il ritardo di Crasso, o più probabilmente la troppa fretta di Catilina nel muovere i suoi hanno fatto saltare tutto. E Cesare, che non è stupido, capendo che il piano era fallito, ha fatto finta di nulla, tenendosi addosso la toga e fingendosi ignaro come tutti.

Sono voci però, prove non ce ne sono. Persino lo scaltro Cicerone, che conosce bene Cesare, pur essendo sostanzialmente convinto che abbia macchinato qualcosa, non può muovere accuse precise. Così la faccenda non va al di là del pettegolezzo. Tutti coloro che sono coinvolti nel fantomatico golpe restano liberi. Crasso non viene nemmeno sfiorato dal sospetto, Cesare entra in carica come edile e persino Catilina può continuare la sua vita sregolata e trasgressiva. Finché da una macchinazione ipotetica non si passerà a una congiura pericolosa e reale.

IL SIGNORE DELLA CITTÀ

Roma, 65 a.C.
Roma governa sul mondo, i consoli governano per mezzo di Roma. Ma su Roma città governano gli edili.

Sono magistrati di antichissima origine. All'inizio venivano scelti fra i plebei ed erano una sorta di segretari dei tribuni della plebe. Poi con il tempo la carica di edile è diventata esclusivamente patrizia, forse perché i patrizi con i loro patrimoni personali potevano meglio far fronte alle mille spese che questa comportava. I loro compiti sono apparentemente limitati e consistono nella *cura urbis*. Devono cioè assicurarsi che la città sia efficiente, le strade siano sgombre, gli edifici pubblici vengano tenuti in ordine e restaurati quando serve. In realtà a Roma gli edili fanno tutto e sono una delle cariche migliori per chi si voglia mettere in mostra. Sono presenti a ogni inaugurazione, a ogni cerimonia nei templi e soprattutto è stato attribuito loro il compito di organizzare i *Ludi*, i giochi per cui il popolo va pazzo.

Per Cesare diventare edile non è solo un passo necessario alla carriera, è un piacere e un divertimento. Se l'azione lo fa sentire vivo, l'arte e l'architettura sono due suoi amori sfrenati.

Nel privato ha le mani bucate da sempre e non si nega alcun lusso. Abiti, mobili, suppellettili, statue, mosaici, affreschi: niente è troppo costoso per lui. Vive da gran signore anche quando non ha i soldi per farlo. Restaurare e rinnovare le dimore di famiglia sarà sempre uno dei suoi passatempi preferiti. E guai se per caso il risultato finale non lo soddisfa. Gli amici ricordano bene quando ha fatto buttare giù una villa appena costruita perché non la giudicava all'altezza del progetto. Nelle sue *domus* ha raccolto una collezione di opere d'arte di notevole gusto, che ama esporre quando ne ha l'occasione.

Ma, da vero romano, la sua passione sono gli scontri fra gladiatori. Non si perde una giornata al circo e da tifoso sfegatato segue con maniacale interesse le carriere dei campioni e delle nuove leve. Ha una rete di informatori che gli segnalano i talenti delle varie scuole, i giovani promettenti sul campo. Si diverte ad andarli a valutare di persona, saggiarne la tecnica e poi assoldarli per dei combattimenti privati che offre agli amici.

La carica di edile, dunque, gli consente di assecondare le sue inclinazioni in grande stile e per il grande pubblico. E si butta pertanto a capofitto in progetti grandiosi.

IL COLLEGA "INVISIBILE"

Ma gli edili, tecnicamente, sono due. E al suo fianco Cesare si ritrova Marco Calpurnio Bibulo, che è il suo collega ma probabilmente nei piani degli *optimates* dovrebbe essere la sua nemesi. Bibulo è un Calpurnio, per cui non è solo un patrizio, ma è un patrizio ricco e di una famiglia che abitualmente ha accesso a ogni carica dello Stato. I Calpurni sono presenti a Roma dai tempi di Numa Pompilio, il secondo re successore di

Romolo: nelle leggende Calpus era proprio il figlio del vecchio Numa. Il Senato per loro è una sorta di seconda casa. Dovrebbe essere ben più di Cesare abituato a gestire la cosa pubblica e a seguire le passioni della gente.

Bibulo però è un aristocratico stoico e musone. Il suo nome in latino significa "ubriacone", ma si tratta di un epiteto ereditato dagli antenati. Lui è l'emblema della sobrietà e della continenza. Non beve, non si diverte, quasi non vive. Frequenta filosofi greci emaciati e severi, che predicano il sacrificio come stile di vita. Fa parte della cerchia di Marco Porcio Catone, un circolo di *optimates* arcigni, fissati con il *mos maiorum*, la filosofia del dovere, la venerazione per gli antichi valori della Repubblica. Cesare non li sopporta, considerandoli in blocco degli invasati ipocriti, capaci poi per primi di ignorare ogni regola morale quando fa loro comodo.

Bibulo di Catone ha sposato la figlia, Porzia, una ragazzina testarda e forse anche un po' instabile, che si atteggia a eroina stoica neanche fosse una rediviva Lucrezia. Cesare conosce bene la famiglia ed è sempre aggiornatissimo su tutti i pettegolezzi di casa, per un motivo che fa perdere il sonno al tetro Catone. Servilia, con cui ha da anni una relazione così durevole che quasi la si può considerare un matrimonio, è la sorellastra maggiore di Catone stesso. E siccome neanche lei regge il fratellastro, non perde occasione per ridere con Cesare della sua spocchia e delle sue manie.

Bibulo dunque si trova fra due fuochi. Da un lato il suocero Catone, che gli impone una condotta severa e poco incline a soddisfare i desideri bassi e volgari delle masse; dall'altra il vulcanico Cesare, che invece con i gusti delle masse, almeno per quanto riguarda i divertimenti spiccioli, è in piena sintonia. Viene ovviamente travolto.

Nel giro di pochi mesi Cesare fa restaurare l'area dei Comizi, il Foro, svariate basiliche. Poi, visto che gli pare ancora poco, fa costruire dei porticati provvisori, in legno, al Campidoglio. E siccome non vuole che sembrino troppo vuoti e disadorni, ci piazza la sua collezione d'arte, che diviene così visibile e visitabile per tutti i romani. È un fiume di denaro pubblico che esce dalle casse dello Stato, ovviamente per ordine di entrambi gli edili. Ma il popolo si ricorda solo di Cesare, che spende e spande come se i soldi si moltiplicassero per magia dentro ai forzieri, e ha sempre il fare allegro e scanzonato del gran signore che sa come si sta al mondo. Del povero Bibulo, con la sua aria triste e sofferente di chi compie un dovere per forza e il volto atteggiato alla severità stoica che impedisce di mostrare emozione e coinvolgimento, non si interessano. Così lo stesso Bibulo alla fine si rassegna. «Sono come Polluce nella coppia di Dioscuri. Sono due gemelli divini, ma la gente si ricorda sempre solo del secondo» dice un giorno davanti al tempio di Castore.

È l'unica battuta riuscita che pronunci in vita sua.

I DISPETTI DEL SENATO

Neanche a Cesare tutto riesce come vuole. Mettere all'angolo Bibulo è facile, ma al Senato lo tengono costantemente sotto controllo. Così quando propone, per celebrare i *Ludi*, di organizzare il più grande spettacolo di gladiatori mai visto in città, gli *optimates* storcono il naso. Quanto possano essere pericolosi i gladiatori lo hanno visto qualche anno prima con Spartaco. E lasciarne arrivare una grande massa a Roma, per giunta agli ordini di un uomo ambizioso e spregiudicato come Cesare, fa paura. Così i senatori approvano una legge per limitare il numero di gladiatori che possono partecipare agli spettacoli pubblici.

Cesare, a malincuore, deve limitarsi a duecentocinquanta coppie di combattenti. Che lui fa scendere nell'arena pagandoli di tasca sua e intestando i giochi alla memoria del padre.

Quando finisce l'anno però i nodi vengono al pettine. E soprattutto bisogna fare i conti. Fra i costi della campagna elettorale e quello che ha dovuto tirare fuori per rimpinguare i finanziamenti dello Stato per i suoi progetti, Cesare è quasi in rovina. Ha debiti per diversi milioni e questo rischia di pregiudicare la sua carriera successiva. A dire il vero, la carriera successiva è improbabile persino che possa esserci.

L'amicizia con Crasso però ormai è un asse saldo e rodato. Crasso, che quell'anno è censore, di tutto si occupa in realtà tranne che di rivedere le liste dei senatori indegni. È interessato alla politica estera, grazie alla quale, come al solito, spera di fare buoni affari.

In Egitto siamo nel bel mezzo dell'ennesima crisi dinastica all'interno della litigiosissima dinastia dei Tolomei, ultima sopravvissuta fra quelle che discendono dai diadochi, i generali di Alessandro Magno che alla sua morte si sono spartiti il suo impero.

L'Egitto è sempre stato un regno ricco, il granaio del mondo e il centro di ogni rotta commerciale. È stato anche una grande potenza militare ed economica e Alessandria, la capitale, è la città più popolosa, moderna e ricca del Mediterraneo, superiore alla stessa Roma per numero di abitanti e volume di affari.

Ma i tempi sono decisamente cambiati. Per non frammentare troppo il potere e tenerlo all'interno della famiglia, i Tolomei hanno adottato l'antico costume egizio di far sposare fra loro fratelli e sorelle. Ma questo ha creato guai ancora peggiori: una linea dinastica malaticcia e poco longeva e una serie di discendenze parallele frutto di unioni con concubine o amanti. A ciò si aggiunge il fatto che le eredi dei Tolomei, regine e principesse, sono donne macedoni toste e determinate, per di più allevate con mentalità egizia e non greca. Di rimanere chiuse nel gineceo o in disparte non se ne parla: si sentono pari ai loro parenti maschi e combattono per ottenere il potere con la stessa determinazione e mancanza di scrupoli. La dinastia regnante si è quindi spaccata in mille rivoli in lotta fra loro per le continue rivalità intestine fra eredi designati, fratellastri e sorellastre ambiziosi, figli illegittimi, cugini e zii assetati di potere. Ogni volta che un nuovo re sale al trono si scatenano mattanze fra parenti, avvelenamenti incrociati, regolamenti di conti brutali o rivolte di città e intere regioni legate a questo o quel pretendente.

I Romani si sono infilati in questo vespaio per trarne vantaggio. Sanno bene che spesso avere sotto il loro controllo un re fantoccio è più utile che esercitare direttamente il potere su un territorio o conquistarlo con la forza.

Il regno dei faraoni ormai si tiene in piedi solo grazie al loro appoggio. Fin dai tempi di Silla, intervengono pesantemente nelle faccende interne di Alessandria. Fanno e disfano re, si aggiudicano appalti, lucrano depredando le risorse locali come se quella terra fosse loro.

Allora perché non annettersela e basta, propone Crasso. Tolomeo XII Teo Filopatore, al di là dell'altisonante nomenclatura, non è nemmeno un sovrano legittimo: è il figlio di una concubina capitato sul trono per una pura botta di fortuna: è rimasto vivo dopo che in una rivolta popolare aveva spodestato il cugino Tolomeo XI, un protetto di Silla, che aveva ucciso però la moglie impostagli dai Romani, Berenice. Gli stessi suoi sudditi non lo stimano un granché. Lo hanno soprannominato *Nothos*, il "bastardo", o "Aulete", il "flautista", perché pare che suonare il flauto sia la sua unica vera e grande passione.

Crasso avanza la proposta di esautorare del tutto l'Aulete e prendersi l'Egitto in virtù del protettorato che Roma ha esercitato sugli ultimi Tolomei.

È un avvocato, e sa dare una patente di legittimità alla sua richiesta. Tira in ballo la storia di un vecchio testamento, con cui il precedente re Tolomeo VII Evergete (detto dai suoi stessi sudditi *Physcon*, il "grassone") aveva nominato eredi del suo regno i Romani, dal momento che il loro appoggio militare gli era necessario per far fuori un fratello e una sorella-moglie troppo ambiziosa. Dal punto di vista legale Crasso non avrebbe nemmeno tutti i torti. L'Evergete è stato l'ultimo discendente legittimo della dinastia, i regnanti saliti al potere dopo in Egitto sono tutti dei bastardi, insediati al potere con dei colpi di mano.

Cesare è con lui. Chiede infatti di essere inviato come plenipotenziario ad Alessandria per risolvere la questione. Un po' perché allontanarsi da Roma quando rischia guai è una tattica che ha già più volte trovato efficace, e un po' perché l'Egitto è una terra ricchissima, dove è facile far soldi per un romano sveglio e scaltro.

Ma il Senato dice no. Tolomeo Aulete sarà anche un musicista velleitario, ma è abbastanza furbo da farsi amico chi è in grado di proteggerlo. Da bravo greco, usa un argomento che sa essere molto apprezzato dai Romani: i soldi. Manda messi a Pompeo, che è in Oriente, invitandolo in Egitto come ospite e inviandogli denaro per poter portare avanti le sue campagne militari. Pompeo declina l'invito, ma si tiene i soldi, e a Roma Lutazio Catulo fa naufragare la proposta in Senato, anche se non è chiaro se sia per bloccare Crasso e Cesare o per fare un dispetto anche a Pompeo, che in Asia sta diventando troppo potente.

Dei progetti per l'annessione dell'Egitto di Crasso non si parlerà più.

Cesare dovrà aspettare ancora diversi anni per poter mettere piede da padrone ad Alessandria. Quando andrà a riportare sul trono una regina che ora è appena una bimbetta che gattona per i corridoi della reggia: Cleopatra.

LA RELIGIONE DELLA POLITICA

L'AZZARDO DEL PONTIFICATO

Roma, 63 a.C.

Il nervosismo è palpabile a casa dei Giuli. Ma Cesare, come sempre, non lo dà a vedere. Ha i capelli perfettamente pettinati, come è sua abitudine e ormai una necessità, per nascondere la via via più evidente calvizie, che non sa accettare. La toga è senza una piega e cade con eleganza dalle spalle e la cintura, altro suo vezzo, è leggermente allentata. Fuori, nell'atrio, si sente il brusio dei clienti che aspettano per accompagnarlo, e stamattina sono una vera folla. Mezza Suburra, o meglio mezza Roma, sta attendendo che esca, per farglisi attorno.

Lui finge di dare gli ultimi tocchi con apparente noncuranza, sistema un particolare, imposta le labbra al suo consueto sorriso di uomo sicuro di sé e padrone delle circostanze. Pompea non c'è, forse dorme ancora, ma non se ne preoccupa. Lui e la moglie conducono vite separate, e menomale, visto che in fondo non hanno nulla in comune. Giulia, la sua piccola Giulia, invece, lo saluta con un sorriso. È una ragazzina ormai, ma è ancora troppo piccola per capire esattamente cosa quella giornata comporti.

Aurelia, invece, la madre di Cesare, lo sa benissimo. Si vede da come, muta, è ferma sulla soglia, con lo sguardo al tempo stesso severo e apprensivo.

Quel figlio, in fondo, le è riuscito come voleva, ma proprio per questo la fa vivere in un perenne stato di angoscia. Ama i suoi progetti grandiosi e la passione che mette per raggiungere i suoi ambiziosi obiettivi. Ma Aurelia sa anche quanto Roma sia una città infida, dove perdere tutto, fama, fortuna e persino la vita, è un attimo. Qualche volta lo vorrebbe più simile a com'era suo padre, defilato e prudente. Ma Cesare, che pure sa essere cauto quando le circostanze lo richiedono, ha un animo da giocatore: o tutto o nulla. Il quieto vivere non fa per lui, e il successo che brama è quello senza limiti e senza confini. Se deve essere un numero due che vive nell'ombra di qualcuno di più grande, preferisce essere nessuno.

La sua candidatura alla carica di pontefice massimo è proprio quel genere di sfida e di azzardo che gli piace.

IL PONTEFICE MASSIMO

A Roma il pontefice massimo è la più alta carica religiosa. Il suo nome deriva dal fatto che in origine, ai tempi di re Numa, quando Roma era ancora un piccolo villaggio sulle rive del Tevere, il ponte Sublicio era il luogo di passaggio più sacro e il punto più importante per la sopravvivenza dell'insediamento. Era il transito che doveva essere sorvegliato e protetto dagli uomini, ma anche benedetto dagli dèi. Per questo era stato costruito con tecniche antichissime, rispettando le quali ogni anno veniva mantenuto in efficienza e salvaguardato con formule segrete e incantesimi. Al pontefice massimo (pontefice significa letteralmente "costruttore del ponte") spettava questo compito.

La sua sfera di influenza religiosa si è nei secoli allargata, fino a divenire una sorta di punto di riferimento per tutti i culti della città. Insieme al collegio dei pontefici suoi collaboratori, è una figura cardine per la religione romana. Decide i giorni fasti e nefasti, cioè quelli in cui si possono o non si possono svolgere le attività pubbliche, e ha titolo per intervenire nelle controversie sacrali private. È lui a stabilire quali culti stranieri possano essere accettati, quando, dove e per chi sia lecito celebrare i riti funebri, come debbano essere interpretati i segni del cielo e i prodigi, come vadano neutralizzati i presagi negativi. In pratica ogni romano, dalla nascita alla morte, è sottoposto al suo controllo, e niente a Roma può sfuggirgli.

Dal punto di vista politico è una carica ambitissima e delicata. Avere il pontefice contro è un problema per qualunque uomo di Stato. Basta che il sacerdote decreti infausto un prodigio o infausto un giorno e tutta la macchina dello Stato si blocca. Se il pontefice dice che una cosa non si deve fare, non si fa. Perché i Romani sono i padroni del mondo, ma alla fin fine sono ancora dei contadini superstiziosi che non vogliono sfidare la malasorte.

IL PONTEFICE DI SILLA

Il precedente pontefice massimo era stato Quinto Cecilio Metello Pio, morto alla fine del 64 dopo una vita piena di gloria militare e di successi politici. Patrizio e conservatore convinto, era stato nemico di Mario e partigiano di Silla. Ai tempi della battaglia di Porta Collina il suo apporto era stato fondamentale per conquistare la vittoria. E Silla, riconoscente, lo aveva fatto nominare pontefice massimo appena insediatosi al potere.

Nominare, non eleggere. Il pontificato di Metello Pio, infatti, ha avuto questa particolarità. Dai tempi dei re in avanti a Roma il pontefice era stato eletto dai cittadini, non imposto dall'alto. La scelta di Silla però era un gesto politico chiaro e inequivocabile. Sottolineava che in città il padrone era lui, ma era anche un doppio schiaffo ai mariani. Il pontefice massimo precedente a Metello Pio, Quinto Mucio Scevola, un giurista notissimo, era stato infatti trucidato durante le guerre civili proprio da Mario il Giovane, il figlio di Mario (e cugino di Cesare).

Metello Pio, che era stato console, generale ed eroe della guerra in Spagna contro Sertorio al fianco di Pompeo, per più di vent'anni aveva tenuto la carica senza che nessuno si sognasse mai di contestargli la mancata elezione.

Ma, ora che è morto, si riaprono i giochi.

Entra in scena a questo punto un uomo di Pompeo che però svilupperà una salda collaborazione con Cesare, Tito Labieno. Lui e Cesare si sono conosciuti in Cilicia, ai tempi della campagna militare contro i pirati in cui entrambi sono stati agli ordini di Vatia. Ma i legami fra loro si sono stretti grazie a una recente vicenda legata proprio alle competenze del pontefice massimo.

Labieno con Metello Pio aveva un conto in sospeso. La sua famiglia era stata partigiana del tribuno Lucio Apuleio Saturnino, antico sodale di Mario, brutalmente ammazzato nel 100 durante una sommossa. In questa morte era coinvolto tal Gaio Rabirio. Non era chiaro in che modo questo oscuro senatore mai più segnalatosi per altre gesta avesse avuto un ruolo nell'uccisione di Saturnino: si trattava di un pesce piccolo che fra gli *optimates* non aveva alcun peso e i resoconti sulla morte del tribuno ribelle erano confusi e incerti. È però vero che nessuno all'epoca era mai voluto andare a fondo della questione o chiarire le personali responsabilità di Rabirio, né quelle di tutto il Senato.

Dopo trentasette anni, tuttavia, Labieno, con l'appoggio di Cesare, ritiene sia giunta l'ora di fare giustizia, o per lo meno di riesumare questo antico scheletro dall'armadio per mettere in difficoltà il partito avverso. Trascina dunque Rabirio in tribunale, accusandolo di *perduellio*, cioè di tradimento contro lo Stato, per aver assassinato un cittadino romano senza regolare processo mentre il reo era ancora in custodia preventiva. È una procedura assai arcaica, che non prevede un processo di fronte al popolo, più influenzabile dagli avvocati, e rimette il giudizio finale a due *duumviri*, scelti fra i membri del Senato, che sono proprio Caio Giulio Cesare e suo cugino Lucio.

Non è un'accusa con cui si possa scherzare, la pena prevista è la crocifissione del reo. Rabirio, difeso da Cicerone, rischia grosso.

È a questo punto che il pontefice Metello Pio si mette in mezzo. Allunga i tempi e fa procedere le udienze a singhiozzo, decretando come infausti i giorni in cui è previsto il dibattimento. Intanto gli *optimates* nelle retrovie cercano una soluzione di compromesso. Rabirio alla fine viene condannato, ma all'esilio: per quanto chiaramente colpevole, riesce a scapolare la croce.

È chiaro però da questa vicenda quanto possa divenire centrale per i *populares* avere come pontefice massimo un uomo fidato. Così Tito Labieno riesce a far approvare in Senato il ritorno alla vecchia consuetudine dell'elezione. I cittadini romani possono riappropriarsi del loro antico diritto: scegliere il pontefice.

Si tratta di una carica di peso, che di solito è prerogativa di chi alle spalle ha già una lunga e fortunata carriera: ex consoli, giuristi, esperti di una certa età. Cesare invece, che non ha ancora quarant'anni e non è nemmeno mai stato console, né può vantare trionfi, comandi in campagne militari vittoriose, esperienza giuridica profonda, fa una delle sue consuete mosse a sorpresa: si candida.

I CONTENDENTI

In lizza ci sono già due candidati ed entrambi sono uomini di grande esperienza e seguito.

Uno è Publio Servilio Vatia Isaurico, un ex sillano ora molto vicino a Pompeo. Cesare lo conosce bene perché ha combattuto ai suoi ordini. Era il comandante della flotta in Cilicia quando si è rifugiato in Asia per scampare a Silla. Pur se militano in schieramenti diversi, con Vatia c'è una base di reciproca stima.

Di tutt'altra pasta l'altro, che è anche quello con maggiori chance di successo. Si tratta di Quinto Lutazio Catulo.

Non è un uomo con cui si possa scherzare. Il suo esordio in politica è stato un efferato omicidio che ha i tratti di un vero e proprio sacrificio umano. Catulo era figlio di un omonimo ex console, che si era suicidato quando al potere era salito Mario. Aveva sempre attribuito la colpa della morte del padre a Marco Mario Gratidiano, giurista, cugino di Mario e tribuno della plebe. Così, quando Silla è salito al potere, messosi d'accordo con il cognato di Gratidiano, Lucio Sergio Catilina, lo è andato a cercare a casa, lo ha trascinato sulla tomba del padre e lì lo ha fatto letteralmente a pezzi. Gli ha mutilato gambe e braccia con colpi di scure, cavato gli occhi e solo all'ultimo lo ha decapitato, inviando poi la testa a Silla, come omaggio. Testimone impietrito di questo scempio è stato un ragazzino, cugino di Gratidiano: l'allora giovanissimo Marco Tullio Cicerone.

Catulo con Silla ha fatto carriera, fino a diventare il capo riconosciuto della fazione degli *optimates*. Quando Lepido ha tentato di scatenare la rivolta, Catulo, che era console insieme a lui, lo ha combattuto, e si è opposto con strenua determinazione a tutti i tentativi di abolire le leggi di Silla.

Ma non è riuscito a impedire che Pompeo ottenesse il comando contro i pirati e con Giulio Cesare, che ha votato a favore, ha un conto aperto. È stato lui a bloccare in Senato la proposta di Crasso per annettere l'Egitto e a impedire che Cesare fosse inviato ad Alessandria per trattare. Non è escluso che Cesare decida di candidarsi proprio per rendergli la pariglia: non è uomo che dimentichi un affronto e sa di poter contare sull'appoggio finanziario di Crasso per sconfiggere questo indisponente rivale di entrambi.

UNA CAMPAGNA ELETTORALE DURISSIMA

Cesare ha deciso di riuscire, a tutti i costi. Non importa quanti cittadini dovrà convincere, blandire, comprare. Il nuovo pontefice, eletto finalmente dal popolo, deve essere uno dei *populares*, e deve essere lui. Si mobilitano amici, clienti, simpatizzanti, sodali. Cesare è l'edile più amato di tutti, quello che ha offerto pane e giochi. Ma non basta, non è sufficiente. Gli *optimates* dopo tanti anni devono sentire il fiato sul collo degli avversari, che tornano a riprendersi il potere. Così, una notte, mentre tutti dormono, gruppi di uomini da lui istruiti si inerpicano sul Campidoglio con sulle spalle grossi e pesanti fagotti. Sono le statue della vittoria che incorona Mario, usate all'epoca del suo trionfo, quelle stesse che aveva fatto portare accanto al feretro della zia Giulia il giorno del suo funerale.

La mattina dopo, all'alba, i raggi del sole illuminano una piazza in cui gli emblemi mariani sono di nuovo innalzati, sfavillanti di luce.

Il popolo si commuove, si esalta. Identifica subito l'autore della bravata, perché è uno di quei gesti sfrontati e teatrali che solo Cesare può concepire e portare a termine. E applaude.

Anche in Senato non hanno dubbi su chi sia il mandante. Gli *optimates* gli danno dell'aspirante tiranno, Catulo, inviperito, sbotta: «Cesare non vuole più arrivare al potere con le gallerie, ora usa direttamente le macchine da guerra!».

La sfida è lanciata, fra i due è scontro aperto.

È una campagna elettorale durissima, in cui fiumi di denaro vengono spesi ogni giorno, ma senza che nessuno dei candidati rimasti in lizza ottenga un netto vantaggio. Catulo è furente, non accetta che un uomo con alle spalle un curriculum tanto striminzito possa davvero rivaleggiare con lui. Ma crede di avere individuato il punto debole dell'avversario: i soldi. Cesare era indebitato già prima della candidatura, ora lo è cento volte di più. Crasso lo copre, ma tutti conoscono di che pasta è fatto: se Cesare non diventerà pontefice, il giorno dopo Crasso sarà il primo a presentarsi alla sua porta per chiedere indietro ogni singolo asse. Allora, di nascosto, Catulo manda da Cesare un suo emissario, per trattare. Si ritiri finché è in tempo, o almeno smetta di concorrere davvero per la vittoria. Catulo garantirà una buona uscita onorevole che gli permetterà di non essere completamente rovinato dalla sconfitta.

È una proposta sensata, persino generosa. Ma Cesare è Cesare. Se decide di giocare, gioca solo per vincere.

Quando la mattina delle elezioni bacia la madre Aurelia per salire in Senato, le sussurra in un orecchio: «Non tornerò a casa se non pontefice».

Sa bene che se fosse battuto non ci sarebbe per lui che la strada dell'immediato esilio o del suicidio.

È un testa a testa nei voti. Per tutto il giorno le notizie sono altalenanti, incerte. Poi finalmente arrivano i dati ufficiali. Catulo, anche se di stretta misura, ha perso. Cesare è pontefice massimo.

Può tornare a casa. Anzi, nella sua nuova casa: la *domus publica*, che è la dimora di rappresentanza per la sua carica. Si trova sulla via Sacra, accanto al tempio di Vesta, dove viene custodito il fuoco che arde sempre a protezione della città e dell'impero. In pratica, il centro del mondo.

GIURAMENTO DI SANGUE

Roma, novembre 63 a.C., **domus** *di Lucio Sergio Catilina*
Nella biblioteca della *domus* di Lucio Sergio Catilina le lucerne
rischiarano i muri coperti da scaffali pieni di rotoli, mentre busti
di antichi filosofi scrutano gli astanti con espressione corrucciata.
Gli occupanti della stanza tutto sembrano tranne che studiosi.
Sono un gruppo di uomini adulti e prestanti, dai volti determinati, che attendono in piedi, in silenzio. Si riconoscono fra loro
Autronio e Publio Silla, i due consoli che qualche anno prima
sono stati esautorati perché accusati di brogli elettorali, Servio
Silla, che di Publio è fratello, Quinto Curio, un nobile spiantato
che passa il tempo a importunare matrone, Marco Porcio Leca,
Publio Cornelio Lentulo Sura, che quell'anno è di nuovo pretore
dopo essere stato in passato scacciato dal Senato per indegnità;
al suo fianco Caio Cornelio Cetego, noto in tutta l'Urbe per il
suo carattere violento e i suoi debiti oramai ammontanti a cifre
iperboliche, Lucio Statilio e Publio Gabinio Capitone, due poco
di buono, e altri personaggi di dubbia fama che frequentano
assiduamente quella casa, il suo *dominus* e le sue feste.

Al centro, in piedi accanto a un tavolo sopra il quale vi è un grande cratere pieno di vino e tante coppe quanti sono i presenti, c'è il padrone di casa, Lucio Sergio Catilina.

Un'eco di musica e risate proviene dal corridoio. Nel salone è in corso un banchetto, gli ospiti stanno divertendosi ignari che quella sera la festa a cui sono stati invitati è solo una copertura. Ciò che preme a Catilina è la riunione segreta in biblioteca, con i suoi fidi.

Il Senato gli ha fatto l'ennesimo sgarro. Di nuovo stanno facendo di tutto per impedirgli di ascendere al consolato. Ma stavolta l'affronto è più serio. L'appoggio degli *optimates* va non a un altro membro della nobiltà, ma a Marco Tullio Cicerone, un *homo novus*, un avvocaticchio ambizioso e intrigante, bravo ad arruffianarsi il popolo e i conservatori con i suoi discorsi. Non è nemmeno romano di Roma: è un "inquilino dell'Urbe", nato in quel buco di Arpino e, a parte i soldi e una lontana e lasca parentela con Mario, i suoi parenti sono discendenti di pecorai. Che la Repubblica finisca in mano a gentaglia simile, Catilina, che discende dai Sergi, una delle cento famiglie patrizie presenti nell'Urbe fin dalla sua fondazione, la considera un'offesa personale.

Ha in precedenza parlato singolarmente con ognuno dei convenuti: tutti sanno cosa ha in mente. Alcuni sono ai suoi ordini da almeno tre anni, ai tempi del consolato mancato di Publio Silla e Autronio, ed erano già allora pronti ad agire. Se non si sono mossi è perché all'ultimo i due referenti politici più importanti, Crasso e Cesare, si sono tirati indietro, vanificando tutto. Avevano troppo da perdere, o troppo da rischiare. Catilina ha imparato la lezione: mai fidarsi di altri che non siano i suoi.

Il potere: lo sogna da sempre, adesso lo vuole. Quella che stavolta ha immaginato è una trama complessa, grandiosa, un attacco alla struttura dello Stato: quello che Mario aveva confu-

samente sognato, quello che Silla non ha osato portare a termine
fino in fondo. Imporre a Roma il suo comando, eliminando
una volta per tutte avversari e contrappesi costituzionali. Una
sommossa diffusa, in cui la rabbia del popolo venga incanalata
e diretta per imporre un gruppo dirigente nuovo, che stravol-
ga l'ordine costituito della Repubblica aristocratica. Non è una
congiura, è una rivoluzione.

«Come potete tollerare il modo in cui ci trattano? Non vedete
che ci hanno ridotto in miseria, si sono appropriati dello Stato,
rubano e sperperano le nostre risorse, si fanno beffe di noi?»
dice avvicinandosi pian piano a ognuno dei presenti, toccando
loro le spalle, sussurrando alle loro orecchie. «Se siete uomini,
come potete rimanere fermi mentre ci portano via la nostra
libertà? Servitevi di me come vostro comandante, o anche come
semplice soldato, il mio spirito e il mio corpo sono al vostro
servizio. Voglio che insieme, con me come console, realizziamo
quanto abbiamo pianificato! A meno che a voi non piaccia più
essere servi che comandare...»

È subdolo e astuto, Catilina: non gli difetta l'abilità retorica e
nemmeno il coraggio. Sono anni che combatte, intriga, lavora dietro le quinte nell'ombra, portando a termine operazioni ambigue
e azioni violente di cui i grandi della politica hanno bisogno ma
con cui non possono apertamente sporcarsi le mani. Ma Silla lo
ha dimenticato, il blocco degli *optimates* lo ha sempre tenuto alla
larga, e neanche i *populares* lo hanno appoggiato. La sua rabbia,
dunque, è ormai rivolta contro tutti, il suo desiderio è quello di
radere al suolo l'esistente dalle fondamenta. È stato abile a raccogliere attorno a sé altri simili a lui: rampolli falliti dell'aristocrazia,
pieni di boria, di debiti, di vizi, uomini abituati a vivere ormai in
un'ombra dove il lecito e l'illecito hanno confini incerti, disperati,
pieni di rabbia. Fa parte di loro. Li conosce, sa prenderli.

«Che dobbiamo fare?» chiedono infatti.

Gli occhi di Catilina scintillano, come un invasato ai misteri che viene posseduto dal dio: «Ristabilire il naturale ordine delle cose! Proscriveremo i nemici, toglieremo loro il potere e le ricchezze di cui non sono degni! In Spagna, in Etruria, in Africa i nostri uomini sono già al comando di legioni, attendono solo un nostro cenno. Voi sosterrete la mia candidatura e quando sarò console il potere non sarà solo mio, sarà di noi tutti».

Batte le mani. Alle sue spalle si materializza la figura di una donna bellissima. La conoscono tutti. È Sempronia, la moglie di Decimo Giunio Bruto. Nelle feste di Catilina sono abituati a vederla danzare spesso, come un'etera, e lanciare sguardi ammiccanti ed espliciti a chi di sera in sera è scelto come suo favorito. Adesso però non balla. Si avvicina al cratere con in mano un gladio affilato. Catilina le sorride e glielo sfila, appoggiandolo poi sul palmo della mano fino a incidere un solco sulla pelle, da cui escono gocce di sangue che colano dentro al vino. Rosso su rosso, indistinguibili.

Catilina prende un mestolo, mischia e mesce, offrendo poi i calici ai convenuti.

«È un patto di sangue quello che stringiamo» dice portando alle labbra la coppa.

Bevono tutti, in silenzio.

LO STALKER DI FULVIA

Un coltello puntato alla gola. Fulvia deglutisce, spaventata ma fredda. Non è la prima volta che Curio la minaccia, anche se è la prima volta che osa farlo con un'arma. Però lo conosce troppo bene per credersi in reale pericolo. Curio è così, un uomo inetto per tutto, figuriamoci se sarebbe mai capace di ucciderla.

Sono amanti da anni. Fulvia non ricorda nemmeno più quanti. Più che sesso, da lei lui cerca una spalla su cui piangere per le infinite disgrazie che lo affliggono. E di cui è quasi sempre la causa, perché è stupido come pochi. Parla troppo, beve troppo, spende troppo. Frequenta la peggior feccia di Roma, che gli estorce denaro con i più assurdi pretesti. Ha dilapidato la fortuna di famiglia con le sue idee balzane, i suoi piani grandiosi che non portano mai a nulla. Alla fine è riuscito anche a farsi scacciare dal Senato per indegnità, a causa dei troppi debiti e delle amicizie pericolose, e gli dèi sanno quanto sia difficile, visto che i senatori sono degli avvoltoi rapaci che rubano senza ritegno, tradiscono, uccidono. Ma gli altri sono furbi, mentre Curio no.

Ha cercato di lasciarlo. Lui non ha più un soldo bucato, e se non ha soldi per costosi regali a che serve un amante? Per sopportare le lagne degli uomini ci sono le mogli.

Si aspettava che lui si accampasse davanti alla sua porta, piangendo o facendo piazzate, come suo solito. Invece stavolta è entrato in casa di forza, agitando un coltello. Straparla. Fulvia non lo ascolta nemmeno. Conosce a memoria tutto il suo repertorio fatto di minacce di suicidio o di disegni sempre più cervellotici per diventare ricchi e scappare via per sempre, felici. Ma nel flusso di parole farfugliate ce ne sono alcune che la colpiscono e la mettono in allarme. Catilina. Cicerone. Omicidio. Quello di cui parla Curio non è uno dei suoi soliti stupidi piani. È una congiura, di cui le racconta i particolari, vantandosi del ruolo chiave che lui ricopre.

Non è ingenua, Fulvia. A Roma le voci girano. E persino lei sa che l'elezione dei nuovi consoli è stata vissuta da Lucio Sergio Catilina come un affronto.

Hanno fatto di tutto per danneggiarlo, i suoi colleghi senatori. Maldicenze, accuse infamanti, processi. Mentre gli altri candidati potevano portare avanti la loro campagna elettorale, lui è stato trascinato in tribunale con l'accusa di essere stato complice nell'assassinio del suo ex cognato, Marco Mario Gratidiano, dimenticando che l'omicidio era però stato fisicamente compiuto da Lutazio Catulo, il campione degli *optimates* in Senato. Poi hanno cercato di incastrarlo dicendo che aveva fatto includere nelle liste di proscrizione uomini di cui voleva incamerare il patrimonio. Che è quello che aveva fatto, e su ben più larga scala, anche il campione dei *populares*, Crasso. Ne è uscito assolto, ma marchiato a fuoco come uno schiavo. Due pesi, due misure.

Tutti a Roma sanno che non erano certo i suoi delitti passati a spaventare, e nemmeno la sua vita dissoluta. Quello che spaventa è il suo programma politico, che prevede grandi distribuzioni di terre, ridimensionamento dei poteri degli aristocratici, ridistribuzione di incarichi e ricchezze. Per questo alla fine *populares* e *optimates* si sono accordati sottobanco per dirottare i pacchetti di voti sugli altri due candidati: il parimenti corrotto Ibrida, finito più volte sotto accusa per malversazione ma sostanzialmente troppo stupido per essere davvero pericoloso, e Marco Tullio Cicerone, un *homo novus* senza alcun altolocato antenato alle spalle.

Fulvia conosce abbastanza Catilina, ma anche se si rende conto che nei suoi confronti c'è stato un intento persecutorio, ha ben presente quale sia la fama di quell'uomo e quali le sue abitudini. Da quella cerchia si è sempre tenuta distante. Può essere una donna leggera, una sgualdrina che si fa mantenere dagli amanti, una piccola profittatrice, forse, ma certi giri sono troppo anche per lei. Più volte ha detto a Curio di lasciarlo perdere. Quell'uomo è maligno, pericoloso, marcio dentro.

Così sorride all'amante, gli carezza il volto, lo bacia, giurandogli che ha cambiato idea, che sì, non c'è problema, possono tornare insieme, amarsi di nuovo. Curio la guarda con l'occhio stolido del cane a cui viene concesso di accucciarsi di nuovo ai piedi del padrone. È felice. Ancora di più quando lei lo riaccoglie nel suo letto. Fanno l'amore e poi lui si addormenta, sprofonda nel sonno beato dell'idiota.

Fulvia no. Quello che ha sentito è troppo grosso. Non vuole rischiare di finire ammazzata per le scalmane di quattro pazzi.

Sgattaiola via dal letto lasciando l'amante russare, si butta addosso un mantello ed esce di corsa. Deve assolutamente ottenere un'udienza presso il console Cicerone.

L'INQUILINO DELL'URBE

È furbo, Cicerone. Bisogna esserlo, se, come lui, si viene dalla campagna e si è deciso di far carriera a Roma. Non è facile, nemmeno quando alle spalle si hanno le ricchezze accumulate per generazioni da una famiglia di cavalieri di Arpino. A Roma i soldi sono soldi. Sono rispettati come poche altre cose. E anche il merito è merito, perché la gestione dell'impero richiede costantemente forze nuove e uomini pronti a battersi e a lavorare senza sosta. Ma il sangue è sangue e i legami fra individui, fra famiglie, sono cose impossibili da spezzare e difficilissime da creare *ex novo*. Sono una trama che richiede anni, decenni, in alcuni casi secoli per poter essere intessuta. Cicerone tutto questo alle spalle non ce l'ha. È un uomo nuovo, il primo della sua famiglia a mettere piede in Senato dopo aver completato le cariche del *cursus*.

Ha sputato sangue per riuscirci. Anni di studi, prima, a imparare come costruire discorsi efficaci, come ammaliare il pubblico, come portarlo dalla propria parte. Anni di viaggi in Grecia presso maestri famosi e di giornate passate nel Foro a Roma, acquattato fra il pubblico, ad ascoltare le vecchie volpi che arringavano dai rostri. Ne ha spiato ogni mossa, ha imparato tutti i loro trucchi, avido e ingordo com'era di diventare il migliore.

Ci è riuscito. Alla fine è lui che gli spocchiosi senatori, gli aristocratici eredi di famiglie che siedono nella Curia dai tempi di Romolo hanno eletto alla massima carica dello Stato. Il console Cicerone: ogni volta che le sente pronunciare si stupisce di quanto quelle due parole stiano bene insieme. Paiono fatte l'una per l'altra.

Ma è un uomo pratico anche, Cicerone. Così quando Fulvia gli racconta quello che sa della congiura, non perde tempo. Va subito a chiamare una guardia personale, giovanotti svegli che vengono anche loro da Arpino e hanno l'ordine di seguirlo ovunque, per evitare sorprese. Poi fa prendere Curio, lo mette sotto torchio e gli fa confessare anche quel poco che si era tenuto per sé. Quindi pone sotto sorveglianza con discrezione Catilina e tutta la sua combriccola. Mappa i complici. Scopre i nomi di chi, in Etruria, sta di nuovo sobillando i contadini come ai tempi di Lepido, di chi è stato inviato in Puglia per sollevare le masse e di chi nell'Urbe attende nell'ombra un segnale. È una congiura vasta stavolta, e l'organigramma è complesso. Ma Cicerone è avvocato di formazione, è abituato a istruire pratiche e ha fiuto per le trame complicate. Sguazza nel malaffare come altri sguazzano beati nelle piscine delle terme.

Catilina si agita tantissimo, ma spesso a vuoto. È un vulcano di idee, e i suoi fanno fatica a stargli dietro. Progetta colpi di mano nella città, attacchi ai consoli in concomitanza con incendi dolosi che dovrebbero seminare il panico e scatenare sommosse. Ma gli uomini che dovrebbero eseguire gli ordini non sono all'altezza. Cincischiano, si perdono o, come Curio, sono capaci solo di parlare. Esasperato li chiama di nuovo a rapporto, ordinando loro di agire. Ha intuito che il console ha sospetti, vuole la testa di Cicerone. Cornelio e Vargunteio promettono di portargliela e la sera si presentano a casa del console, con la scusa di porgergli un saluto. Cicerone però sa già cosa deve aspettarsi e nemmeno li fa entrare.

Una porta chiusa è la barriera invalicabile contro cui si infrangono i piani dei congiurati.

LA RIVOLTA

Roma, Senato, 8 novembre 63 a.C.

No, non è più tempo di attendere. Cicerone ha in mano tutto ciò che gli serve. Così la mattina si presenta in Senato, dove la seduta è aperta e Catilina è fra gli altri, come se nulla fosse. Lo guarda ed esplode: «Fino a quando abuserai della nostra pazienza?».

E giù, come una cascata, gli rovescia addosso tutto ciò che sa ed è riuscito a ricostruire con le sue indagini minuziose.

Da lì gli eventi precipitano.

Catilina non può replicare alle accuse e lascia in fretta l'Urbe per andare verso Fiesole. A Roma restano i suoi fidi, Cetego e Lentulo Sura, mentre altri congiurati, in Etruria, si preparano a combattere e marciare contro la città. Antonio Ibrida, il collega di consolato di Cicerone, viene mandato con l'esercito a tenere sotto controllo la situazione. È un vecchio amico di Catilina ed è anche il senatore corrotto che Cesare ha cercato di far condannare qualche anno addietro, ma Cicerone lo ha convinto a rimanere fedele allo Stato cedendogli dopo la fine del mandato una provincia ricca dove rubare in pace. La politica è l'arte di costruire con i mattoni che si hanno a disposizione.

La Repubblica vive la sensazione di essere in bilico su un baratro, e nessuno è davvero in grado di affermare se si schianterà o riuscirà a rimanere in piedi.

Niente è scontato o sicuro. Gran parte dei senatori sembra completamente basita e sconvolta dalle rivelazioni di Cicerone, come se davvero non avesse mai sospettato nulla. Difficile sapere se sia vero o se sia una mossa ad arte per sviare i sospetti da sé. Le voci girano, però. Si cominciano a fare nomi e a lanciare sospetti su alcuni che da sempre hanno avuto contatti, più o meno stretti, con Catilina e i suoi. Come Cesare, per esempio. Che però tace, prudente. In quell'anno esercita la carica di pretore, che è una figura cardine per il mantenimento dell'ordine in città: amministra la giustizia e garantisce l'ordine pubblico. I pretori sono magistrati curuli e vengono immediatamente dopo i consoli, di cui sono stretti collaboratori. Hanno anche l'*imperium*, cioè la facoltà, se necessario, di mettersi a capo dell'esercito e comandare campagne militari. Non è strano che si pensi a un coinvolgimento di Cesare nella congiura, o lo si tema. Antonio Ibrida è una figura priva di nervo e ambigua, non aliena da contatti con la cerchia di Catilina. Se a Cicerone capitasse qualcosa, sarebbe Cesare ad avere non solo il carisma ma anche l'autorità legale per dettare legge sull'Urbe.

Cesare, per altro, si è mosso con spavalda determinazione nei primi mesi della sua pretura. Ha messo sotto accusa Catulo, suo concorrente sconfitto per il pontificato, accusandolo di malversazioni per la ricostruzione del tempio sul Campidoglio ai tempi di Silla. Ha poi spinto il tribuno della plebe, Quinto Cecilio Metello Nepote, a presentare e far approvare leggi considerate sovversive, affini a quelle che lo stesso Catilina aveva messo nel suo programma elettorale. Lo scontro con il Senato è stato così forte che per qualche giorno Cesare e Metello sono stati addirittura sollevati dai loro incarichi, e solo la decisione di Cesare di fare un passo indietro e calmare la folla inferocita che chiedeva il suo reintegro ha evitato una rivolta. In cambio, il Senato ha elogiato la sua condotta e lui è potuto tornare a esercitare le sue funzioni. Chi abbia vinto o perso in questo braccio di ferro non risulta facile da stabilire: entrambi però hanno salvato in apparenza la faccia, e questo in politica può essere il guadagno migliore.

Stavolta invece non si muove, non muove nemmeno i suoi numerosi clienti e sodali, rimane silenziosamente nei ranghi, a fianco del console, come gli compete. Forse è rimasto spiazzato dall'improvviso evolversi della situazione, o la sta studiando, o aspetta un segnale. Eppure lui, di solito così presente sulla scena, mantiene in questa occasione un profilo incredibilmente defilato. Chissà se è perché è un leale sostenitore della Repubblica, un traditore che non vuole compromettersi prima del tempo, o un opportunista che studia la situazione lasciandosi aperta ogni possibilità. Cesare, in questi mesi, è una sfinge.

Lentulo Sura intanto in città fa proseliti, soprattutto fra i giovani e i più disperati. Insospettabili lasciano Roma di nascosto e si uniscono alle truppe rivoltose in Etruria, ma anche nell'Urbe ci sono maneggi poco chiari da entrambe le parti. Catilina invia delle lettere per scagionarsi a Lutazio Catulo, ma questi legge in Senato una missiva che invece è una dichiarazione di guerra.

Lentulo, intanto, tenta una mossa imprevista. Contatta tramite Publio Umbreno, un mercante di schiavi che traffica oltre le Alpi, gli ambasciatori dei Galli Allobrogi, bellicosa tribù di barbari stanziata fra il Rodano e l'Elvezia, che si sentono vessati da troppi tributi e gabelle e sono venuti a Roma per trattare condizioni migliori. Li porta a casa di Sempronia e offre loro appoggio e amicizia in cambio di aiuto militare. Gli Allobrogi sono barbari, ma non per questo sono anche ingenui. Non si fidano delle promesse e ancor meno di chi le fa. Vanno quindi dal loro *patronus* ufficiale, il senatore Quinto Fabio Sanga. Spifferano tutto e Sanga, immediatamente, riferisce ogni cosa a Cicerone.

È una doppia trappola quella che scatta il 3 dicembre del 63. I congiurati pensano che sia il giorno della resa dei conti, quando faranno fuori una volta per tutte il loro grande nemico, il console Cicerone. Statilio e Gabinio sono pronti, con un manipolo di uomini al seguito, a far scoppiare un tumulto incendiando alcuni luoghi chiave della città. Approfittando della confusione, Lentulo e altri si getteranno addosso a Cicerone, uccidendolo. Gli Allobrogi hanno apparentemente accettato di appoggiare il colpo di mano, ma hanno preteso che il patto venisse messo per iscritto. Il contratto viene mandato proprio a Cicerone, che così conosce tutti i particolari del piano sedizioso. Infatti l'assalto va a vuoto e ad essere arrestati dal console, in pieno Senato, sono i congiurati.

Ora bisogna decidere cosa farne.

SCONTRO IN SENATO

Roma, Senato, 5 dicembre 63 a.C.

Perché? Se lo stanno chiedendo tutti in quell'aula. Lo si intuisce dagli sguardi che si scambiano, da uno scranno all'altro, i senatori. Sono occhiate furtive, perplesse, alcune piene di fastidio, altre di disagio. A scatenarle è il discorso che sta tenendo il pretore in carica e pontefice massimo, Giulio Cesare.

Tutti sanno perché sono lì. Il console Cicerone ha convocato la seduta per decidere la sorte dei complici di Catilina. Ma era pacifico che si trattasse di un puro atto formale. Quale sia la pena che i catilinari meritano è chiaro a tutti: la morte.

La questione per il console è semplice. I congiurati sono un pericolo per lo Stato, la loro stessa esistenza in vita è un rischio. Le loro colpe sono manifeste e non ci sono possibili attenuanti. E del resto, come resistere alla forza argomentativa di Cicerone? Quando apre bocca sembra riuscire a plasmare la realtà con le parole, come un vasaio fa con la creta. Muto, è un ometto abbastanza insignificante, ma quando parla la sua lingua è più potente di qualsiasi esercito. Smuove, trascina, travolge. Infatti, dopo la sua requisitoria, coloro che hanno preso la parola lo hanno fatto per concordare con lui. Decimo Silano, già designato console per l'anno a venire, invoca la massima pena per coloro che risultano coinvolti. I catilinari vanno uccisi.

Tutti d'accordo, già. Tranne uno: Cesare.

Quando si è alzato, Marco Porcio Catone e Lutazio Catulo hanno serrato gli occhi fino a ridurli a due fessure malevole. Se c'è un uomo in grado di rovesciare le carte quando una partita sembra ormai chiusa, è lui. Se quando parla Cicerone è travolgente come un esercito, Cesare è affilato come una lama.

Infatti taglia. Anzi sfronda a una a una le argomentazioni del console e dei suoi sodali. Mandare a morte subito i complici di Catilina? Perché mai? Le leggi correnti lo vietano e loro non sono un pericolo per lo Stato, ora che sono prigionieri nelle case di autorevoli membri del Senato, come lo stesso Cesare, e potranno essere custoditi nelle prigioni di qualche lontano municipio fintanto che la rivolta non sarà sedata del tutto. Quando Catilina sarà definitivamente sconfitto, ci sarà tempo per dare loro ciò che Roma esige sia dato: un processo equo, in cui le loro azioni siano esaminate e un tribunale decida quale sia la giusta condanna. Che potrebbe non essere nemmeno la morte, la quale in fondo pone fine alle sofferenze, mentre per un cittadino la perdita dei beni e della libertà possono essere disgrazie ben peggiori. Roma è Roma e loro sono Romani, sottoposti alla sua legge nel bene e nel male. Non possono violarla, ma non possono nemmeno essere condannati se non in nome suo.

L'aula rumoreggia. I padri coscritti sono colpiti. Cesare ha fatto balenare davanti ai loro occhi una nuova inquietante prospettiva. Appoggiare Cicerone vorrebbe dire mettersi al di sopra e al di fuori della legge. Un atto che un domani potrebbe ritorcersi contro chi lo ha permesso.

A uno a uno, veloci, i senatori si sfilano, lo stesso console appare imparpagliato. Chi non ha ancora parlato evita di farlo. Chi ha già dato il suo appoggio alla mozione di Cicerone, come Silano, chiede di nuovo di intervenire, di puntualizzare, di attutire il senso. Persino Quinto Tullio Cicerone, il fratello del console, pare conquistato dal discorso di Cesare e deciso ad appoggiarlo.

Perché non è stato zitto? Catone se lo chiede. Avrebbe avuto ogni convenienza a tacere, contando i rapporti stretti di amicizia e di parentela che ha con alcuni dei sospettati: Lentulo Sura, Autronio, i due Silla. Catulo e lui stesso gli hanno fatto capire che sarebbe bastata una loro parola per coinvolgerlo, per convincere gli Allobrogi a fare anche il suo nome insieme a quello degli altri e rovinarlo per sempre.

Cesare, al solito, ha scelto la strada più pericolosa, ma a lui più congeniale: la provocazione. Non ha mai permesso che altri decidano la sua condotta al posto suo, e anche stavolta non lo accetta. È stato un complice? Forse. Forse più semplicemente ha saputo qualcosa e altro ha intuito senza difficoltà. Roma è una città piccola, in cui tutto succede sempre all'interno di una ristretta cerchia di conoscenti. Un politico scafato come lui non può non aver fiutato cosa si tramasse in certi banchetti privati, che parole d'ordine venivano sussurrate fra avventori nelle taverne della Suburra, come alcuni personaggi mobilitavano e sobillavano gruppi di uomini disposti a tutto. Il suo mondo è lo stesso di Catilina. Sono due animali che vivono nel medesimo habitat. E proprio per questo sa anche valutare, con l'occhio accorto del politico e dello stratega, che se è opportuno ora sfilarsi da una congiura fallita, non è invece opportuno abbandonare al proprio destino uomini che hanno saputo suscitare nelle masse speranze ed entusiasmo. Il suo è un gioco di equilibrio difficile: deve tracciare una netta distinzione fra sé e i congiurati, ma non dare l'impressione di essere uno spregevole opportunista.

Così pronuncia il suo discorso e poi sorride, sedendosi mollemente sullo scranno accanto al suo nemico, con l'altero distacco con cui gli dèi sorridono degli affanni umani.

Catone lo odia. Fra tutti coloro che gli si oppongono a Roma lo considera il più pericoloso, perché il più subdolo, il più astuto, il più corrotto. Un uomo che non ha rispetto per alcun valore della tradizione, che non ha alcuna dignità. È un serpente, pronto a insinuarsi in ogni crepa, a strisciare in ogni anfratto per raggiungere ciò che desidera, così come si è insinuato nelle pieghe della sua stessa famiglia, seducendo la sua sorellastra Servilia e diventando un punto di riferimento per il figlio di lei, il giovane Bruto.

Non può permettergli di vincere, non può permettergli di manipolare ancora una volta le anime deboli e corrotte degli altri senatori, impedendo che sia fatta giustizia. Così Catone prende la parola, si scaglia contro Cesare, insinuando che sia anche lui un complice di Catilina. Con una veemenza che fa impallidire la passione dello stesso Cicerone, minaccia, implora, blandisce, richiama. Si riprende tutti i suoi, facendo votare la mozione che autorizza il console a far uccidere in carcere i sospetti congiurati senza processo.

Alla fine della requisitoria Catone si volta verso il suo nemico, furente, sicuro di coglierlo annichilito e finalmente vinto.

Cesare, però, sembra quasi non aver ascoltato il suo discorso. Ha in mano un biglietto che un servo gli ha recapitato e ha dipinta sul volto la solita espressione divertita.

«Che cosa hai la spudoratezza di leggere?» esplode Catone. «Forse un messaggio dei tuoi complici?»

Cesare gli porge in silenzio, con aria beffarda, lo scritto. «Leggilo pure a voce alta, se vuoi.»

Catone scorre le righe e impallidisce. È una lettera di Servilia che invita Cesare a raggiungerla a casa sua, dopo la seduta.

«Ubriacone!» sibila, arrossendo.

L'aula è un marasma. Il discorso di Catone ha fatto breccia, surriscaldato gli animi. Un gruppo di giovani cavalieri, che fino a ora erano rimasti accanto a Cicerone per proteggerlo, si sposta, spinge, va verso Cesare, lo accerchia, nella calca viene agitato qualcosa che sembra un coltello o una spada.

Catone sogghigna, pregusta la fine del suo nemico. Ma poi intercetta un cenno improvviso e furtivo di Cicerone, che richiama i suoi all'ordine. Si ritirano, mentre alcuni dei *populares* si frappongono, per fare da scudo. Cesare, per quanto strattonato, è incolume e passa fra due ali di senatori, lasciando la sala.

Ha vinto lui. Come sempre.

CONSEGUENZE

Non è finita. Catilina viene travolto sul campo dalle armate di Antonio Ibrida. Muore combattendo, con la rabbia di una furia che vuole trascinare il mondo agli inferi con sé. Prudentemente Cesare non si presenta in Senato per alcuni mesi, continuando a svolgere la sua attività di pretore da casa. Ma Lutazio Catulo e Catone non hanno terminato con lui. Rinfacciano a Cicerone di aver gestito male tutta la faccenda, a cominciare da ancora prima della congiura, quando non si è battuto a sufficienza per evitare che Cesare divenisse pontefice massimo. Ma non ancora tutto è perduto. I due hanno in mano qualcosa da giocarsi. Due ex catilinari, tanto per cominciare: Lucio Vettio e Quinto Curio, che hanno tradito Catilina svelando i suoi piani e ora sono alla disperata ricerca di redenzione per riacquistare una parvenza di onore.

Vettio si presenta una sera dal questore in carica, Novio Nigro. Sostiene di avere una serie di lettere scritte da Cesare e indirizzate a Catilina in cui i due discutono i piani per sovvertire lo Stato. Novio è un questore, cioè occupa il grado più basso e iniziale del *cursus honorum*. Tecnicamente è sottoposto a Cesare, che è pretore, e pertanto si ritrova a gestire un'accusa che coinvolge un suo diretto superiore. Dovrebbe rigettarla, o per lo meno indirizzare Vettio verso qualcuno di più qualificato e alto in carica per gestire la faccenda, come un console. Ma non lo fa. Forse perché Catulo e Catone sanno che né Ibrida né Cicerone appoggerebbero mai un processo contro Cesare. Sfruttano dunque l'ambizioso questore che non ha di questi scrupoli, pur di mettersi in luce.

Intanto Curio, che è stato la vera gola profonda della congiura, viene portato in Senato e invitato a fare in pubblico i nomi di coloro che avevano aderito al complotto. Li snocciola, senza però riuscire a portare prove di quanto afferma, dice solo di averli sentiti fare da Catilina. Il nome di Cesare viene citato fra costoro.

Cesare è troppo furbo per non capire cosa stia succedendo. Sente il cappio che piano piano gli si stringe attorno al collo. Non sta rischiando solo la carriera, ma probabilmente la vita. Lutazio e Catone lo vedono in difficoltà e isolato e sono decisi a coinvolgerlo per vendicarsi delle sconfitte passate. Purtroppo stavolta non può fidarsi nemmeno dei suoi. La massa, silenziosa, ha registrato la sconfitta di Catilina e non è certo disposta a mobilitarsi così presto per qualcun altro. I *populares* non hanno capito la sua tignosa difesa dei catilinari, che è parsa come una mezza ammissione di complicità. Crasso è appannato, probabilmente perché teme a sua volta di essere coinvolto. Insomma, è come se sul suo capo si stesse addensando la tempesta perfetta. Ed è una tempesta che potrebbe spazzarlo via.

Ma se i suoi avversari lo pensano con le spalle al muro, si sbagliano. Al solito, è quando tutto sembra ritorcerglisi contro che Cesare scova le soluzioni più inaspettate. Chi è il più grande nemico di Catilina? L'uomo che sta usando la congiura per fare di sé stesso un mito? Cicerone. E Cesare si presenta proprio da lui, per trattare.

Cosa si dicano non si sa. Per tutta la vita il rapporto fra i due sarà pieno di zone d'ombra. Se sulla scena pubblica spesso sono presentati come contrapposti, nella vita privata gli intrecci e gli scambi sono continui e reciproci. Non è un'alleanza incomprensibile, dato il momento. Cicerone sa bene di potersi fidare solo fino a un certo punto dei suoi amici Catulo e Catone, che hanno dimostrato di voler giocare in proprio la partita e di essere disposti ad abbandonare chiunque non sia più necessario ai loro scopi. Cesare è forse guardato ora con un certo sospetto da tutti, ma ha pur sempre le sue masse e i suoi uomini, che sono determinanti per evitare che a Roma scoppino tumulti. Entrambi sono i migliori politici di Roma e quindi non è strano che si capiscano alla perfezione, quando serve, e sappiano quando è utile appoggiarsi reciprocamente.

Sta di fatto che in Senato la manovra di Catulo e Catone perde forza. Cesare chiama a testimonio proprio Cicerone per certificare che lui ha dato la massima collaborazione al console

e lo ha aiutato, raccontando ciò che gli era noto della congiura. Il che però lascia intendere che Cesare qualcosa sapesse fin
dall'inizio. Cicerone conferma, sorvolando sulla palese con-
traddizione. Fa quindi mettere sotto accusa per spergiuro Curio, mentre l'ambizioso e troppo solerte Novio viene punito da
Cesare stesso. Accusato di aver diffamato un superiore, viene
condannato con ignominia.

Poteva essere la sua fine, politica e personale, ma dalla congiura di Catilina Cesare esce pulito.

A che prezzo e a quali patti lo sa solo lui.

LA VITA PRIVATA DI GIULIO CESARE

Roma, 62 a.C.

Scandalizzare i benpensanti è per lui una dote innata. Gli riesce facile, come respirare. Fin dai tempi lontani della sua avventura con Nicomede di Bitinia, i pettegolezzi e le chiacchiere sulla vita privata di Cesare non si sono mai fermati. La lista delle sue conquiste amorose è più lunga di quella dei popoli tributari di Roma. La relazione con Servilia è talmente nota e conosciuta che i due non hanno nemmeno più bisogno di nasconderla, e a dire il vero non se ne sono neppure mai preoccupati molto. Persino il marito di lei, Decimo Silano, si è rassegnato e la accetta come un dato di fatto. Ma Servilia è l'amante preferita, non certo l'unica. Quando non è impegnato a costruire la sua carriera politica, Cesare si dedica alle tresche con indefesso entusiasmo. Ama sedurre, stando alle voci, chiunque solletichi il suo interesse. Non solo donne della buona società, ma anche, occasionalmente, uomini e persino compassati senatori, anche se i nomi di questi amanti non sono noti. Gli sono invece attribuite storie con le mogli di mezzo Senato: Tertulla moglie di Crasso, Muzia moglie di Pompeo, quella del tribuno della plebe Aulo Gabinio, di Servio Sulpicio Rufo e un numero imprecisato di altre matrone di gran lignaggio.

Ma per quanto sia trasgressivo e disinibito fuori casa, dentro le mura domestiche Cesare appare invece alquanto conservatore. Grazie al nuovo incarico ha lasciato la *domus* dei Giuli nella Suburra e si è trasferito al centro di Roma, nella casa del pontefice massimo. Qui la madre Aurelia è una severa guardiana delle tradizioni e lo stesso Cesare si guarda bene dal praticare eccessi di alcun tipo. Ciò che di sfrenato c'è nella sua vita resta fuori da quelle mura, dove persino i servi sono tenuti a mantenere rigorosamente comportamenti ineccepibili, o scattano punizioni tremende.

La vita familiare di Cesare è tranquilla, quasi noiosa. Venera la madre Aurelia, ama la figlia Giulia, ricorda con affetto la moglie defunta, Cornelia. Invece i rapporti con la moglie attuale, Pompea Silla, appaiono freddi. La donna è entrata in casa sua probabilmente per un calcolo politico rivelatosi errato, e ora forse per la sua parentela con due catilinari è persino fonte di imbarazzo. Però la nuova carica di pontefice impone un certo rigore di facciata, quindi Pompea e Cesare convivono, ignorandosi a vicenda.

Ma il destino alle volte ha un perverso senso dell'umorismo. E così il grande seduttore che si è sempre divertito a scandalizzare i perbenisti con la sua vita sessualmente disinibita viene travolto da uno scandalo sessuale di cui, per una volta, non è il protagonista, ma la vittima. Il più celebre traditore di Roma si ritrova a vestire gli scomodi panni del tradito.

LE FESTE DELLA BONA DEA

Roma, dicembre 62 a.C., domus *del pontefice massimo*
La casa è in subbuglio, come sempre quando si sta per celebrare una festività. Il trambusto è ovunque. Ci sono serve che
spazzano, altre che intrecciano corone, altre che portano drappi
e cuscini, altre ancora che sistemano il cibo e il necessario per
i riti: il vaso del miele, la brocca per il vino e i paramenti per
l'altare su cui sarà sacrificato un porcellino. Ma tutte le donne
sono occupate a controllare soprattutto che i maschi di qualsiasi
specie abbandonino in fretta la casa. Perché le feste della Bona
Dea sono l'unico giorno dell'anno in cui le donne stanno sole
fra loro e gli uomini devono lasciare il campo.

Cesare se ne è già andato nel pomeriggio, insieme a tutti i
suoi servi. Le chiavi di casa sono state consegnate alla donna
che ama e di cui si fida da sempre. No, non la moglie: la madre,
Aurelia. L'anziana signora ha il piglio di una Penelope che deve
sorvegliare la casa di Ulisse dalle insidie. Le più nobili matrone
di Roma, con il corteggio di ancelle, cameriere e schiave, tra-
scorreranno la notte fra quelle mura sacre. Nulla deve andare
storto, ne va del prestigio dei Giuli.

C'è un andirivieni continuo di donne che entrano, escono,
parlottano, ridacchiano, cantano. Nugoli di giovinette, gruppetti
di matrone si incrociano nel peristilio. Una delle schiave di
Aurelia però, con l'istinto fulmineo che hanno i servitori di
lunga esperienza, nota qualcosa di strano. In un crocchio di
ragazze ce n'è una, più alta e robusta delle altre, con il capo
velato, che si stacca e si infila furtiva nel corridoio che conduce
alla parte più privata della casa, quella delle stanze padronali.
La schiava la segue di soppiatto. La giovane si muove veloce
come se conoscesse bene il percorso. Quando vede che sta per

entrare nella camera di Pompea Silla, la serva di Aurelia capisce che è il momento di intervenire. Ferma la giovane, le chiede chi sia. La ragazza prima fa finta di non udirla, poi biascica il nome dell'ancella di Pompea, con una voce troppo profonda per essere davvero femminile. La schiava di Aurelia, insospettita e spazientita, con un gesto brusco le toglie il velo. E davanti si ritrova non il volto di una ragazza, ma quello di un uomo. Che assomiglia come una goccia d'acqua a Publio Clodio Pulcro, discendente della nobile famiglia dei Claudi.

Urla, strepiti, grida. L'uomo spinge la serva e scappa, cercando rifugio nei meandri della casa. Non appena sente tutto quel trambusto Aurelia accorre. Viene fuori da una schiatta di condottieri e si vede. Ordina che vengano subito chiuse tutte le porte per prendere l'intruso in trappola e poi, lucerna in mano, perquisisce a una a una le stanze. Trova il giovane rannicchiato nel cubicolo dell'ancella di Pompea, mentre quest'ultima, scarmigliata e sull'orlo di una crisi isterica, strepita e spergiura di non sapere cosa stia accadendo. L'intruso spinge Aurelia di lato e scappa via.

Attorno capannelli di matrone e ragazze che ridacchiano, commentano salaci, sono o si fingono scandalizzate. Ci vuole poco a prevedere che quella storia l'indomani a Roma sarà sulle bocche di tutti. Aurelia è conscia che non si tratta solo di uno scandalo, ma di un vero e proprio sacrilegio. I riti sono riti, la casa del pontefice è stata profanata. L'anziana signora non sente ragioni: caccia tutti e manda a chiamare suo figlio.

Un atto dovuto, certo. Ma anche un motivo di grande imbarazzo per Cesare. E un imbarazzo in cui le possibili corna non c'entrano nulla.

CLODIO, IL CATTIVO RAGAZZO DI ROMA ANTICA

Dire che Clodio gode di pessima fama a Roma è riduttivo. Persino nell'ambiente della scapricciata e corrotta aristocrazia abituata agli eccessi le gesta del rampollo dei Claudi risultano eccessive.

Publio Clodio Pulcro è più giovane di Cesare di una decina d'anni e ha molti tratti in comune con lui. Come Cesare discende da una famiglia nobilissima. I Claudi arrivarono a Roma ai tempi di Romolo e Numa Pompilio, con un tale stuolo di clienti da guadagnarsi fin da subito l'ingresso nel patriziato. A differenza dei Giuli, però, oltre alla nobiltà hanno sempre avuto anche potere e soldi. Molto potere e molti soldi, per la precisione, tanto che in ogni generazione dall'inizio della Repubblica ci sono sempre stati consoli Claudi.

Clodio è *Pulcher* di nome e di fatto: è un bellissimo ragazzo dalle forme efebiche e dal volto perfetto. Come Cesare, ama sedurre e scandalizzare, ma lo fa con un'arroganza e una determinazione assai maggiori. Cesare ha sempre avuto il senso del limite, Clodio no.

La famiglia non lo aiuta a migliorare la sua nomea. Sua sorella, Clodia, è una delle matrone più sfrenate dell'Urbe. In prime nozze è stata moglie di Licinio Lucullo, sodale di Silla, ora conservatore e grande amico di Cicerone, che come generale si è fatto un nome in Oriente combattendo contro Mitridate. A rovinargli la carriera è stato proprio il cognato Clodio, che ha sobillato le truppe contro di lui fino quasi a causare una rivolta, forse per favorire il suo amico Pompeo.

Ora Clodia è moglie di Quinto Cecilio Metello Celere, ma ha uno stuolo di amanti che coprono tutte le classi sociali, dai senatori ai cavalieri, ai giovani poeti alla moda, come un certo

Caio Valerio Catullo, che si consuma di passione per lei. Forse lo stesso Cesare fa parte saltuariamente della schiera, che si rinnova del resto a ritmo vorticoso. Le malelingue dicono che in realtà tutto questo turbinio di relazioni serva solo a nascondere l'unico uomo della sua vita: il fratello Clodio. Quale che sia il rapporto fra i due, fratello e sorella sono inscindibili, irrefrenabili e ambigui quanto basta per suscitare ogni genere di fantasie. Un insieme di qualità che li rende molto pericolosi, ma anche terribilmente affascinanti.

Vista la sua fama, nessuno dubita che Clodio sia colpevole. È proprio nelle sue corde intrecciare una relazione con una matrona sposata, introdursi in casa di lei e rendere cornuto il marito nel suo stesso letto. Il fatto che il marito sia il pontefice massimo e che la tresca si dovesse consumare durante una festa sacra per un giovinastro simile sarebbe stato un ulteriore stimolo, non certo un freno. Cesare agisce in fretta per bloccare lo scandalo sul nascere, perché Roma già ghigna la mattina dopo. In men che non si dica Pompea Silla viene ripudiata. Non fa altro, però, o almeno non sembra. Che sia infuriato o meno per essere finito sulla bocca di tutti, pare trattare la vicenda con la nonchalance dell'uomo di mondo. Non è un delitto, è un pettegolezzo salace.

Ma lo strascico giudiziario c'è comunque. La faccenda non è un banale adulterio che possa essere sanato in privato. C'è di mezzo un sacrilegio e l'interruzione di un rito sacro della città. Clodio finisce sotto processo.

UN PROCESSO CONTRASTATO

Il reato è quello di *incestum*, vale a dire un delitto sessuale che va contro le leggi della natura e della religione. Non è cosa da prendere sottogamba, perché la pena prevista è la morte.

Ma se la legge è ben chiara sulle possibili conseguenze di una condanna, non lo è altrettanto su come debba essere celebrato il processo. Trattandosi di un delitto contro la religione, si decide di costituire un tribunale straordinario e i consoli in carica devono stabilire regole e modalità per selezionare i giurati. Il Senato vuole che se ne occupi il pretore urbano, il che consentirebbe agli *optimates* di controllare meglio la scelta; il console in carica, Marco Pupio Pisone Frugi Calpurniano, che è uno dei *populares*, presenta però una proposta di legge così confusa e carente che nessuno la condivide, e forse è stata scritta proprio perché sia respinta.

L'impressione è che i *populares* e Cesare facciano melina perché lo scandalo scemi da solo e cada piano piano nel dimenticatoio. Se si arriva a marzo, Clodio infatti sarà coperto da immunità, perché deve entrare in carica come questore e partire per la provincia che gli sarà assegnata. E al suo ritorno, dopo un anno lontano da Roma, altri scandali sessuali e politici avranno reso il suo un pettegolezzo stantio.

Nel gennaio del 61, quando si deve votare la legge di Calpurniano nei comizi, è lo stesso console che in pratica impallina la sua proposta, mentre i seguaci di Clodio riescono a invalidare la votazione con un colpo di mano, perché intercettano le schede prima ancora che finiscano nelle urne.

A questo punto Catone mobilita i suoi. Fa approvare dal Senato una legge per cui le province ai nuovi pretori e questori saranno assegnate solo dopo la celebrazione del processo contro Clodio, e sempre solo dopo il processo si potranno esaminare le proposte di Pompeo sulla ratifica dei trattati di pace che ha stipulato in Oriente e sul suo trionfo da celebrare. In pratica o si affronta il problema Clodio o l'intera vita politica della Repubblica è bloccata.

Clodio sbraita, strepita, minaccia, si dichiara un perseguitato politico come Catilina, tenta di commuovere con un'accorata arringa i comizi, cerca l'appoggio di Pompeo che gli deve riconoscenza, perché è grazie a lui se è riuscito a togliere a Lucullo il comando in Oriente. Ma non c'è niente da fare. A metà aprile comincia il processo e si ritrova sul banco degli accusati.

È una posizione scomodissima, perché a Roma nei tribunali non vengono accettate solo le prove riguardanti il reato contestato. Gli avvocati possono fare riferimento a tutta la vita del reo per contestarne la credibilità. E su Clodio hanno materiale a iosa. Lucullo, l'ex cognato contro cui ha fatto scatenare una rivolta, non vede l'ora di raccontare tutto ciò che sa sullo strano ménage che ha sempre legato l'ex moglie Clodia a suo fratello. Altri vengono chiamati per confermare la vicinanza a Catilina, altri ancora per narrare i tanti casi in cui Clodio ha esercitato la corruzione elettorale per garantire l'elezione alle cariche dello Stato a se stesso o a suoi amici. Pompea non viene nemmeno convocata, perché si dà per scontato che sia stata sua complice; Aurelia e Giulia, la sorella di Cesare, confermano la storia dell'intrusione in casa.

Per l'imputato si mette male. Ma il suo avvocato, Caio Scribonio Curione, pensa di avere ancora un asso nella manica. Un alibi, confermato da un cavaliere stimato e irreprensibile, Caio Causino Schola: la notte dei fatti Clodio si trovava con lui nella sua villa di Interamna sul Liri, a svariati chilometri dall'Urbe. Impossibile dunque che si trovasse nella *domus* di Cesare al tramonto: per essere a Interamna la sera doveva essere partito da Roma la mattina. Sembra la svolta capace di garantire l'assoluzione.

E invece, all'improvviso, il disastro. Quando Cicerone viene chiamato al banco dei testimoni per confermare l'alibi, l'ex console fa una dichiarazione assolutamente inaspettata. Testimonia sotto giuramento che Clodio, poche ore prima dell'intrusione in casa di Cesare, era con lui. Non era dunque sulla strada per Interamna, era a Roma.

Sconcerto, rabbia. Nessuno capisce le ragioni della mossa di Cicerone, nemmeno Clodio, che fino a ora lo ha considerato quasi un amico. Le malelingue dicono che dietro all'improvviso voltafaccia ci sia un ricatto, o per lo meno una forte pressione, esercitata su Cicerone da qualcuno che gli è molto vicino. Non un sodale politico, ma la moglie, Terenzia. Che ha sempre amato poco Clodio, e soprattutto non ama la sorella di lui, Clodia, che più e più volte negli ultimi mesi è venuta nella loro *domus* per parlare del processo e per la quale Terenzia teme che il marito abbia preso una sbandata. Affossare l'alibi di Clodio è dunque il prezzo che Cicerone paga per non veder naufragare il suo matrimonio.

La faccenda però ora rischia davvero di andare fuori controllo.

Clodio non è solo un ricchissimo scavezzacollo. A Roma ha grande seguito fra il popolo. La plebe considera una specie di eroe quel ragazzaccio che di notte gira per la città con un corteggio di gladiatori, schiavi e gentaglia poco raccomandabile. Sono tizi lesti di mano e con il coltello, tutte le risse sono loro. Ma sono anche generosi e abituati a spendere molto per i loro capricci. Pagano in contanti, proteggono chi fa parte della loro schiera, danno una mano a chi si trova nei guai, risolvono in modo spiccio controversie, rispettano le leggi non scritte che valgono nelle suburre di ogni tempo: sii leale con gli amici, implacabile con gli avversari.

Per i *populares* è vitale che non venga condannato. E per Cesare anche. Se Clodio dovesse finire in esilio, o peggio ancora sotto la scure del boia, per un fattaccio successo a casa sua, la sua carriera politica potrebbe risultare distrutta. Che gli aristocratici portino in tribunale un beniamino della plebe, passi. Ma che a inchiodarlo sia uno dei *populares* no.

Partono così febbrili consultazioni nella fazione. Crasso fa quello che fa di solito: apre i cordoni della borsa. Dodici milioni di sesterzi escono dalle sue casse in pochi giorni e arrivano ai giurati che devono emettere la sentenza. Una delle più grandi operazioni di corruzione che siano mai state realizzate al mondo.

Ma persino questo sarebbe del tutto inutile, se Cesare non compisse anche lui una mossa decisiva. È due volte chiamato in causa, nel processo, come pontefice massimo e come marito tradito. Se chiedesse vendetta in tribunale, nessuna somma potrebbe convincere la giuria a votare per l'assoluzione.

L'orgoglio ferito richiederebbe vendetta, il senso politico no. Ma Cesare, come sempre, è prima di ogni altra cosa un politico.

Non si presenta in tribunale. Non testimonia. Quando gli chiedono perché, fa il vago e svicola. Di quanto sia davvero successo in casa sua quella notte dice di non avere contezza, ma dubita che Clodio o la moglie fossero davvero coinvolti in un sacrilegio o in un adulterio. Ma se ne è così convinto, gli domandano, perché si è affrettato a ripudiare Pompea?

«Perché la moglie di Cesare deve essere al di sopra persino del sospetto.» Risponde lui, con una imperturbabile faccia di tolla.

Clodio viene assolto. Cesare dovrà sopportare per un po' di tempo qualche risatina alle spalle. Nulla rispetto a ciò che ha guadagnato. La più pericolosa testa calda dell'Urbe, adesso, è in debito con lui.

LA SVOLTA DI SPAGNA

12

IL NUMERO DUE

Roma, 62 a.C.

I soldi. Sono sempre i maledetti soldi il problema.

Ai tempi della guerra di Giugurta il re numida aveva affermato che a Roma tutto era in vendita. Aveva ragione. A Roma il prestigio si compra, le cariche politiche si comprano, il potere si compra. Ma per comprare ci vogliono i soldi, quelli che Cesare non ha.

La sua casa è ormai assediata dai creditori. È difficile mantenere l'aplomb aristocratico quando stazionano giorno e notte davanti alle porte e si è praticamente prigionieri. Altro che andare in Spagna, provincia che gli è stata assegnata dopo la pretura. Quei maledetti non lo lasciano arrivare nemmeno al Campo Marzio senza tenerlo d'occhio, perché temono la sua fuga.

Però lui in Spagna ci deve andare. Non è una questione di *cursus* o di carriera. È che se i soldi sono il problema, la Spagna rappresenta la soluzione.

Cesare la conosce bene e sa quanto sia ricca. Ci è già stato da giovane questore. In quella parte dell'impero ha amici e appoggi.

E soprattutto le sue buone fonti gli dicono che la situazione è fluida e fra le tribù di confine ci sono scontri e defezioni. L'occasione perfetta per dare il via a nuove conquiste, che significano tre cose: gloria per aver allargato il dominio di Roma, riconoscenza da parte dei soldati e bottino.

I creditori però vogliono i denari, subito, sull'unghia. E Cesare, ancora una volta, deve chiedere l'aiuto di Crasso.

Non è certo una novità, casomai un'abitudine inveterata. Si resta basiti guardando il fiume di denaro che in pochi anni Crasso ha messo in mano a Cesare, apparentemente senza una contropartita. Talenti su talenti, investiti per far votare Cesare dalle masse, consentirgli elargizioni munifiche ai suoi clienti e alla rete di informatori, guardaspalle, fiancheggiatori di cui un politico abbisogna per sapere sempre cosa si muove nella pancia di una grande capitale.

Però stavolta c'è qualcosa di diverso, che rende la cosa più pesante. Cesare è stanco. Ha quarant'anni ormai. È la massima carica religiosa dello Stato. In politica ha dimostrato di essere furbo, accorto, intuitivo. È amato dalle masse, dalle donne, sa muoversi in ogni ambiente, dalle taverne al Senato. È riuscito persino a venire fuori indenne da quella trappola mortale che poteva essere la congiura di Catilina. Ma è ancora un numero due. Persino l'amico Cicerone, che è un *homo novus*, ha avuto il suo momento da protagonista sulla scena, ed è stato console. Lui invece è lì, infognato a chiedere prestiti, a supplicare favori.

Il viaggio verso la Spagna è costellato di momenti di malumore. Gli amici che lo accompagnano fanno fatica a capirne i motivi, perché di solito Cesare ama indossare la maschera dell'elegante uomo di mondo, ironico e indifferente. Ma quando passano per un misero villaggio barbaro sulle Alpi, dove non c'è altro che freddo e miseria e nulla, loro con sarcasmo dileggiano i capi che lottano per ottenere il potere su quei quattro straccioni e lui, invece, amaro, commenta: «Preferirei essere il primo qui che il secondo a Roma».

Lo pensa veramente. Anche perché sa quanto la lotta per la supremazia nell'Urbe stia per farsi dura. Non ci sono più soltanto Catone e Crasso e Clodio e Cicerone e Lucullo a contendersi la città. Sta tornando dall'Oriente un altro grande protagonista: Pompeo.

LA SPAGNA

Spagna, 61 a.C.

La partenza è stata di quelle che si fanno in gran fretta, quasi come un ladro. Un giorno Cesare è ancora a Roma, il giorno dopo non c'è più. A spronarlo a essere veloce è la necessità di approfittare del fatto che i debitori hanno avuto da Crasso assicurazioni che saranno liquidati. Ma Crasso, si sa, presta e dopo rivuole. Quindi la missione di Cesare è muoversi in fretta e mettere le mani sulle ricchezze della provincia.

In qualche modo è un ritorno a casa, in una terra che gli è sempre stata congeniale e che lo ha accolto quando era giovane e alle prime armi. Ma essere pretore vuol dire che stavolta in Spagna non si deve occupare solo di questioni amministrative. Ha il comando anche delle unità militari, venti coorti, di stanza nella provincia.

Che non è così tranquilla come potrebbe sembrare.

Le tribù del Nord Ovest, Calaici e Lusitani, non sono mai state completamente assoggettate. Sono genti fiere, di origine celtibera. Vivono nel vasto territorio ancora in parte inesplorato dai Romani che si estende fino all'Oceano. Sono insofferenti a ogni imposizione esterna e maestri nella sottile arte della guerriglia. Combattere con loro significa essere bersaglio di veloci ritorsioni, attacchi improvvisi, imboscate. Ai tempi di Annibale hanno costituito una delle unità più pericolose del suo esercito, e poi il loro duce indigeno, Variato, ha tenuto testa alle legioni a lungo e con determinazione. Persino Mario è stato messo in difficoltà quando ha provato a sottometterli, e solo Sertorio è riuscito a venire a patti con loro, trattandoli come alleati e amici. Ma, finita l'avventura sertoriana, le tribù si sono sentite svincolate da ogni patto e sono tornate a considerarsi nemiche di Roma.

Cesare valuta la situazione con la consueta freddezza. Anche se parzialmente inesplorata, sa bene che quella regione è ricca e offre innumerevoli possibilità di guadagno. Fin dai tempi degli antichi e della mitica città di Tartesso, il cui re scambiava merci e doni con i Greci, è un luogo rinomato per la presenza di miniere di preziosi metalli e per essere una porta sulle rotte che vanno verso la Britannia e il Nord. Inoltre una vittoria contro le bellicose tribù di Lusitani e Calaici sarebbe quel successo militare che ancora gli manca per potersi considerare pari a Crasso e Pompeo: la strada per ottenere il trionfo a Roma e una seria ipoteca per dare la scalata alla carica più importante, il consolato.

Così, appena arrivato in Spagna, raduna altre dieci coorti da aggiungere alle venti che già sono di stanza nella provincia. E decide di attaccare i Lusitani.

LA NASCITA DI UN LEADER

È la prima volta da generale. Cambia del tutto la prospettiva, quando sei al comando. Finora Cesare, come tutti i giovani romani della classe dirigente della sua epoca, ha avuto esperienze militari, ma sempre come ufficiale agli ordini di altri. Per quanto abbia dimostrato carattere, tempra e intuizione, non ha mai avuto l'intera responsabilità di una campagna e si è mosso sotto l'egida di comandanti esperti. Stavolta è solo, le decisioni sono tutte sue, nel bene e nel male. Se vince, la gloria sarà solo sua, ma se i suoi calcoli sono errati, dovrà fare i conti con una pesante sconfitta, che si sarà cercato.

È tutto in gran parte nuovo, per lui, anche i rapporti con la truppa. Non c'è niente di scontato o di semplice quando devi comandare centinaia di uomini con alle spalle esperienze e storie personali differenti. Bisogna non farsi schiacciare dall'ansia, imparare a gestire quella altrui, tenere sotto controllo i troppo entusiasti, spronare i troppo prudenti, rassicurare le reclute, non permettere ai veterani di trattarti con sufficienza.

Lui e il suo esercito si studiano, si mettono alla prova. Pare impossibile che quel damerino venuto fuori dai salotti di Roma, abituato alle schermaglie in Senato o nell'alcova delle matrone, possa adattarsi a una campagna militare dura e senza sconti, contro tribù che si nascondono nella boscaglia, vivono all'addiaccio, mangiano quello che trovano, ti danno la caccia come il predatore segue la selvaggina. Pare impossibile che il raffinato rampollo dei Giuli, solito depilarsi, profumarsi, indossare toghe che cadono perfettamente e acconciare con pazienza ogni ricciolo per nascondere la calvizie, far decorare la sua tenda da campo con mosaici e opere d'arte, possa decidere di marciare per giorni, senza una pausa, nella desolazione di una terra brulla e battuta dal vento. Che sia in grado di ordinare con freddezza rappresaglie bruciando villaggi, di dare ordini secchi in battaglia anche quando tutto appare perduto, che non molli, non si rassegni, tenga duro.

Eppure Cesare è così, un Giano bifronte, un fascio di nervi in perenne allerta, determinato, testardo, impulsivo e prudente al tempo stesso. Non fa mosse azzardate, impara a studiare bene il campo e le risorse disponibili, a mandare esploratori e spie per tastare il terreno, a pianificare lasciandosi però sempre un margine per l'improvvisazione. È veloce, tagliente, quando serve spietato. Come lo zio Mario, è nato per stare su un campo di battaglia: l'azione è ciò che lo fa sentire vivo. Ma rispetto a Mario, che era pur sempre un duro contadino laziale, ha qualcosa in più, che lo rende l'idolo dei suoi uomini. Cesare è sempre Cesare, capace dopo il più cruento dei combattimenti di offrire un banchetto, divertirsi in una taverna, consentire loro di festeggiare profumandosi, vestendosi eleganti, andando a donne. Sa stemperare le situazioni più tese con una battuta, richiamare all'ordine con severità ma senza indulgere in inutili punizioni. Sa essere, come ogni comandante che si rispetti, uno di loro, a fianco a loro, senza però usare mezzucci per arruffianarsi il rispetto della truppa. Non è da tutti, e infatti riesce solo ai migliori.

Anche se non tutto è così trasparente come sembra nei suoi comportamenti. Ci sono voci di città saccheggiate senza che abbiano partecipato alla rivolta, solo per sete di bottino. Cesare è in Spagna anche e soprattutto per fare i suoi interessi: gli servono soldi, non solo la gloria.

Anche nei frangenti più difficili, però, non rinuncia a se stesso, o almeno al personaggio che si è creato. Non è un Verre o un Ibrida, ingordi che depredano le popolazioni con la bava alla bocca. È un governatore romano. Se deve fare cassa, la fa con la guerra e con il bottino. Il *mos maiorum* considera questa la via onorevole per la ricchezza. Cesare, da questo punto di vista, è un severo custode della tradizione. E, tornato nei quartieri invernali, dimostra di essere buon amministratore oltre che buon comandante militare.

Riconferma i legami di amicizia già stretti in passato, con Balbo e altri pompeiani, che diventano uomini suoi, ne stringe di nuovi e di utili. Usa il denaro sonante spagnolo e la nuova gloria militare acquisita per influenzare uomini vicini e lontani, non trascurando di aggiornarsi costantemente su quanto avviene a Roma. È diventato ricco, è sempre stato furbo: adesso può entrare nel gioco da vero protagonista.

In terra di Spagna non è nato solo un bravo generale: è nato un leader.

IL MOSTRO A TRE TESTE

13

CONSULATUM PETERE

Roma, 60 a.C.

E siamo di nuovo lì, con un esercito accampato alle porte di Roma, che bivacca e attende. Stavolta sono i legionari spagnoli di Cesare. Sono in Italia al suo seguito perché dopo le straordinarie vittorie ottenute per il loro comandante meritano tutti un riconoscimento: il trionfo.

Un trionfo è una cosa grossa, molto più che una parata. È un momento di gioia collettiva in cui saltano tutte le barriere sociali e di partito, per celebrare insieme chi ha ampliato i confini, sottomesso nuovi popoli, reso Roma ancora più grande ed eterna. Significa entrare per sempre nella storia, acquisire una fama imperitura. I soldati vincitori possono concedersi ogni licenza e sono ovunque bene accolti, lodati, serviti e riveriti. Il trionfatore per un giorno è il padrone dell'Urbe, circonfuso dall'aura dell'invincibilità come gli eroi del mito. Non a caso ha accanto uno schiavo che, reggendo la corona, gli continua a sussurrare durante il percorso: «Ricordati che sei un mortale». Perché lì, mentre avanza sul carro, con la folla che grida il suo nome e i

soldati che lo invocano, il Senato che lo omaggia e persino il
cielo che fa da silenzioso testimone, è facile sentirsi un dio. E
figurarsi quanto è più facile per Cesare, ghignano i suoi nemici,
che si è sempre creduto un dio, anche prima.

Gli *optimates* non vogliono Cesare trionfatore, ma ancora
meno lo vogliono console. Tornato dalla Spagna è molto più
pericoloso in politica di quando era partito. Si è coperto di gloria, ha dimostrato di saper conquistare i soldati più ancora che
i barbari. I suoi legionari lo idolatrano.

Ma forse, pensano, proprio il trionfo può essere usato come
un'arma contro di lui. Fintanto che è accampato in attesa, fuori
dalle mura, dal momento che nessun esercito in armi può entrare
in città se non appunto il giorno del corteo, Cesare non può candidarsi al consolato, perché la legge prevede che il candidato sia
nell'Urbe. Delle due deve sceglierne una: o il consolato o la gloria.

Gli *optimates* sperano che la vanità faccia fare a Cesare un
calcolo errato, o che non voglia o non possa deludere i suoi
soldati, a cui ha promesso la baldoria, il vino e le donne che
spettano ai trionfatori. Negarli è un rischio, perché si sa quanto
bizzosi siano i legionari romani. E quegli uomini sono poco suoi,
in fondo: hanno combattuto con lui solo alcuni mesi. Se non
si accorda loro ciò che è stato promesso, potrebbero cambiare
facilmente idea sul loro comandante.

Ma il gioco non riesce. Cesare sa che può fidarsi e rinuncia
all'onore e alla parata. Quello che vuole è il potere, non una
corona d'alloro. Si candida.

TUTTI GLI UOMINI DELLA REPUBBLICA

Quando Cesare rimette piede in città, la situazione però è
magmatica e confusa. Roma è così: basta assentarsi pochi mesi

perché lo scenario sia mutato, le alleanze si ribaltino, gli amici e i nemici abbiano cambiato posizione. E tutto necessiti di essere ristudiato a fondo.

Pompeo, tanto per cominciare. È tornato dall'Asia circonfuso dall'aura del vincitore. No, è qualcosa di più che un semplice vincitore. In Asia si è comportato come un vero monarca. Grazie all'amplissimo mandato ottenuto, ha conquistato terre, modificato confini, gestito i suoi legionari come un esercito personale, fatto e disfatto alleanze, preso decisioni strategiche e politiche senza consultare o rendere conto a nessuno. Non ha avuto argini né concorrenti. Ciò che decideva diventava legge, sul campo di battaglia e fuori. Ma, rientrato a Roma, la faccenda cambia. Nell'Urbe c'è il Senato, che non è particolarmente entusiasta di avergli affidato una missione con così grandi poteri e ora ha intenzione di sottolineare come Pompeo sia pur sempre un semplice suo emissario, per quanto con ampio mandato. Appena varcata la soglia della Curia, gli *optimates* gli fanno presente che ogni sua decisione va ratificata e senza un avallo da parte loro è lettera morta. Non solo gli viene richiesta una tignosa rendicontazione, ma anche fatto velatamente intendere che non è per nulla scontato che le sue proposte vengano accettate *in toto*.

Gli *optimates* cercano di creargli il vuoto attorno. Il loro uomo di punta è Licinio Lucullo, che nei confronti di Pompeo nutre un rancore vecchio e personale. In origine l'esercito in Asia era stato affidato a lui, lui è stato il comandante che ha cominciato a mietere i primi successi sul campo contro Mitridate. Ha perso tutto, il comando, la possibilità di conquistare la gloria, non per una sconfitta militare, ma per un'insurrezione scoppiata fra i suoi stessi soldati, che lo hanno esautorato rifiutandosi di obbedire ai suoi ordini. Le cause di questa rivolta sono state, almeno secondo i rendiconti ufficiali, la sua eccessiva severità e la sua incapacità di farsi amare dalle truppe. Lucullo è un aristocratico di antica stirpe, abituato a comandare gli altri come si comandano gli schiavi di casa. In realtà la rivolta però è stata aizzata da uno dei suoi tribuni, che per altro all'epoca era anche il suo giovane cognato, Publio Clodio Pulcro. Sì, sempre lui, lo scavezzacollo libertino che ha causato lo scandalo della Bona Dea a casa di Cesare. Ma che all'epoca della rivolta era molto, molto, molto amico proprio di Pompeo. Ed è stato proprio a causa di questa sedizione che Pompeo ha potuto ottenere il comando. Senza Clodio, non sarebbe mai diventato l'eroe trionfatore in Oriente. E Lucullo non glielo perdona.

Decide di vendicarsi dell'antico sgambetto subito impallando ogni discussione. Contesta l'assetto politico dell'Oriente, non vuole che i veterani delle campagne d'Asia siano ricompensati con terre e denari. E se non può premiare i suoi, Pompeo è un uomo che politicamente non vale nulla.

Per parare il colpo, ha tentato di stringere un'alleanza con Catone, offrendosi di sposarne la nipote. Ma ha ricevuto un secco no. Lui, che è stato genero persino di Silla, ora per gli *optimates* non è abbastanza. Lo considerano un burattino che hanno usato e di cui adesso vogliono disfarsi.

Si sa che tipo di carattere ha Pompeo. Orgoglioso, testardo. Quando pensa di essere stato offeso, si chiude a riccio in un malumore silenzioso, una rabbia sorda che gli impedisce di pianificare ogni azione.

Anche Crasso è appannato e deluso. In questi anni ha sborsato una quantità di denaro impressionante, ma sembra non aver ottenuto granché sul piano personale. È sempre il più ricco, ma fatica a ottenere un vero riconoscimento. Gli *optimates* lo snobbano e non si fidano di lui, i *populares* hanno bisogno dei suoi soldi, ma il suo ascendente sulle grandi masse in città è sempre limitato: se non la compra con denaro sonante, la plebe non lo segue. Il suo fiuto, celeberrimo negli affari, non funziona in politica. Quando deve prendere una decisione, scegliere uno schieramento, cincischia, si perde, si fa cogliere da mille dubbi, segue l'impulso del momento o si fa traviare dai risentimenti personali. Il vecchio complesso d'inferiorità che sempre è stato il suo tallone di Achille fa il resto. Quando Pompeo è ricomparso sulla scena, si è fatto prendere dalla stizza e ha persino appoggiato Lucullo in Senato, per lo sfizio di dare fastidio al vecchio rivale.

Cesare, appena rimesso piede a casa, si rende conto che la situazione è difficile, ma intuisce anche che ci sono ampi margini di manovra. Già in passato era riuscito a riappacificare i due scontenti, e si affida alle sue doti di mediatore. Ma stavolta la faccenda è più complicata, richiede tempo e cautela. Cesare, per di più, oltre a ricucire i rapporti fra Crasso e Pompeo, ha anche qualcos'altro da tenere sotto controllo in fretta. La sua campagna elettorale per il consolato si annuncia una lotta all'ultimo sangue. Perché gli *optimates* hanno deciso di mettergli contro un vecchio avversario: Bibulo.

L'ETERNO RIVALE

Calpurnio Bibulo vuole il consolato. Gli spetta di diritto, è roba sua. Merita di ricoprire la massima carica dello Stato per il prestigio della sua stirpe e per la sua rettitudine personale. È un fulgido esempio di *mos maiorum*, un uomo temprato dalla filosofia stoica, severo custode dei valori romani. Il suocero Catone non fa che ripeterglielo, ne è convinto. Per questo ha imposto il nome di Bibulo come candidato degli *optimates*, in un anno in cui non ci si aspettava per altro candidature di spicco, visto che Crasso e Pompeo erano ai ferri corti e Cesare, destinato al trionfo, pareva fuori dai giochi.

Il destino ha scombinato le carte, ma Catone e la sua cerchia sono ancora convintissimi di potercela fare. Pur di ottenere la vittoria del loro candidato sono disposti a tutto: mobilitare vaste clientele, anche a suon di quattrini, perché quando si tratta di vincere persino i più severi moralisti custodi della tradizione non provano alcun imbarazzo a corrompere potenziali elettori a forza di mazzette.

È quello, sono convinti, il metodo sicuro per sconfiggere Cesare, stavolta. Perché al contrario di quanto è avvenuto sempre negli anni precedenti, in questa elezione Cesare non può contare sul suo finanziatore di sempre: Crasso gli ha voltato le spalle.

I motivi del dissapore non sono chiari. Si vocifera che Crasso non abbia per nulla apprezzato l'avvicinamento fra Cesare e Pompeo, avvenuto per i buoni uffici del miglior amico di entrambi, Cicerone. Fatto sta che stavolta i cordoni della borsa di Crasso sono chiusi, e questo dà a Catone e ai suoi quasi la certezza che Bibulo, per quanto opaco, ce la possa fare.

Ma. Con Cesare in lizza c'è sempre un ma. Nessuno come lui ha la capacità di rivoltare le carte quando il gioco sembra chiuso.

E infatti anche stavolta succede l'inaspettato. Oltre a Cesare e Bibulo c'è un altro candidato nell'agone: Lucio Lucceio. In politica non ha mai contato granché, e forse nemmeno gli interessa davvero. È un gran signore, scandalosamente ricco, che ama interessarsi di retorica e di letteratura e trascorrere lunghi periodi di studio e riposo in Grecia, tanto è vero che è grande amico di Tito Pomponio Attico, a sua volta grande amico di Cicerone. Probabilmente è proprio quest'ultimo a fare da *trait d'union* e presentarlo a Cesare. Cesare sfodera tutto il suo fascino e convince Lucceio a presentarsi alle elezioni come una sorta di ticket inscindibile: chi riceve i soldi per votare l'uno voterà anche l'altro. Va da sé che i soldi li deve cacciare fuori Lucceio, ma per lui non sono certo un problema. Probabilmente divertito da questa scommessa o forse convinto davvero che i clienti di Cesare lo voteranno, Lucceio accetta. Una quantità inimmaginabile di denaro viene investita in elargizioni, regale, mazzette sottobanco. Non è una campagna all'ultimo voto, è una campagna all'ultimo soldo, in cui i candidati e i loro "supporter" spendono e spandono senza freno. Alla fine i risultati lasciano parecchi con l'amaro in bocca. Cesare ce la fa di misura, perché le sue clientele sono salde e non lo tradiscono. Lucceio impara una lezione fondamentale della politica: per vincere non bastano i soldi e una fama da intellettuale raffinato. Indispettito, si ritirerà a scrivere una noiosissima storia delle guerre civili. Bibulo ottiene il tanto desiderato consolato. Ma si ritrova come collega proprio Cesare, che già lo aveva completamente eclissato come edile.

Gli dèi, se esistono, dimostrano nei suoi confronti di avere un perverso senso dell'umorismo.

L'ACCORDO

La tavola è imbandita, gli ospiti sono a loro agio distesi sui triclini, le coppe di vino resinoso pronte per il brindisi che sancirà l'accordo.

È stato un lavoro lungo, meticoloso, a tratti ingrato riuscire a portarli lì, rilassati, sorridenti e pronti a legarsi l'un l'altro. Per la prima volta in vita sua, Cesare ha dubitato di farcela. Ma ora i due uomini che a Roma meno si sopportano, Crasso e Pompeo, sono l'uno accanto all'altro, per diventare alleati. E il gran cerimoniere e la mente di questo accordo è lui, Giulio Cesare.

Cesare ha seguito le loro vicende e ha quelle doti che a Pompeo e Crasso mancano. La visione d'insieme, la capacità di sintesi e soprattutto l'abilità politica nella mediazione. C'è sempre stato in lui un animo doppio che forse è ciò che lo rende così enigmatico e affascinante. È un Proteo capace di reinventarsi e adattarsi alle circostanze. È il giovinetto che tiene testa a Silla e l'ufficiale che serve sotto comandanti sillani, il miscredente epicureo che però è pontefice massimo, l'aristocratico fiero delle sue divine ascendenze che milita nei *populares*, il discendente di re che è nipote di Mario, il "marito di tutte le mogli e la moglie di tutti i mariti". Non solo nell'alcova, verrebbe da dire. Le sue frequentazioni sono trasversali quanto le sue amicizie. I pompeiani Balbo e Labieno, Marco Tullio Cicerone e suo fratello Quinto nella sua casa si alternano con Publio Clodio Pulcro, Caio Memmio e con il severo Marco Giunio Bruto: più che una *domus* è un laboratorio, o un porto franco. E proprio perché lui è questo ospite e *dominus* ha potuto organizzare quella cena e ora è lì a fare a Crasso e Pompeo la sua proposta. Per questo è il perfetto mediatore e quello più adatto a tenere, senza che se ne rendano loro stessi conto, le fila della trama.

Pompeo e Crasso sono due teste parziali. Nei loro settori specifici nessuno li può battere. Ma quando poi devono muoversi in politica e in scenari più ampi i due grandi uomini risultano impacciati, incerti, e divengono manipolabili. Il Senato è un covo di vecchie volpi abituate a sfruttare tutti i cavilli e tutti i meschini difetti dell'animo umano. Il gioco è mettere i campioni l'uno contro l'altro, per spingerli ad annullarsi, come in un duello al circo fra gladiatori. Sono imprigionati fin dalla giovinezza nei loro ruoli. Insieme però non sono in grado di reggere senza un paciere. Il paciere è lui, Cesare.

Ha lavorato per giorni, febbrilmente, tessendo una tela di relazioni, recuperando contatti. Cesare, quando serve, è un ragno paziente. Per rimettere insieme i due contendenti ha usato amici comuni come tramite e come ambasciatori, ha lavorato ai fianchi e dietro le quinte. Cicerone è stato fondamentale, da questo punto di vista, per riuscire a convincere Pompeo a sedersi al tavolo. Doveva essere anche lui presente, a brindare con loro, ma non c'è. All'ultimo si è tirato indietro, ha declinato l'invito. Finché si trattava di dare una mano all'amico Pompeo a ritornare sulla scena, era contento di dare un contributo. Ma via via che le trattative proseguivano, si è reso conto che la cosa stava andando molto più in là e lo avrebbe costretto a prendere una posizione in contrasto con tutto ciò in cui ha sempre creduto e in cui crede. Quella Repubblica romana di cui lui, Cicerone, si è sempre considerato leale difensore, avrebbe subito un attacco devastante e finale, tale da scuoterla fin dalle fondamenta.

Quello che stipulano Cesare, Crasso e Pompeo in realtà non è un accordo, e nemmeno un semplice patto politico fra alleati. È un piano per un colpo di Stato. Il brindisi che suggella il loro incontro è una libagione funebre alla Repubblica. Il piano prevede che da ora in poi tutte le cariche e tutte le magistrature vengano assegnate a uomini di fiducia e a prestanomi compiacenti, in grado di controllare i gangli dello Stato e indirizzare ogni decisione. Non sono previsti colpi di mano, attacchi, scontri violenti. Tutto sarà fatto nel rispetto apparente della legalità, alla luce del sole e sfruttando prassi consolidate e approvate. Cesare, Pompeo e Crasso non sono rivoluzionari improvvisati o scenografici come lo sprovveduto Lepido o il sinistro Catilina. Sono politici così perfettamente integrati nel sistema da conoscerne tutte le zone d'ombra. Per questo non hanno bisogno di abbatterlo. Possono svuotarlo da dentro, continuando in apparenza a farlo funzionare. Come se nulla fosse: il grande inganno del diavolo è da sempre far credere che non esiste. E Cesare in questo caso è un diavolo terribilmente efficiente.

DUE MATRIMONI E UN AMORE FINITO

«*Ubi tu Gaius, ibi ego Gaia.*»
La casa dei Pisoni è piena di gente, che festeggia, si diverte, brinda. Sembra un *déjà-vu* quello che Cesare vive il giorno del suo nuovo matrimonio. Di fronte ha una giovane timida e imbarazzata, che al suo sguardo arrossisce e non sa come replicare alle battute salaci degli ospiti. Ma se la sposa non ha ancora diciott'anni, lui ne ha ormai quaranta, ed è il console in carica.

Calpurnia è una ragazza schiva, che il padre, il ricco e nobile Calpurnio Pisone, ha allevato nel rispetto della tradizione romana. Quella delle Lucrezie che restano a casa a filare, allevano i figli, non causano ai mariti alcun motivo di imbarazzo. Delle ombre, più che delle compagne. Ma non è per le virtù di Calpurnia che Cesare ha deciso di sposarla. È la nuova pedina nel gioco della scalata al potere. Il neosuocero di Cesare è uomo potente e ben ammanicato in Senato e altrove: in ogni congiura, maneggio o intrigo della Repubblica i Pisoni sono sempre coinvolti.

Che Cesare non abbia per la nuova moglie alcun particolare trasporto amoroso è chiaro. La donna che lui ha sempre considerato la sua vera compagna di vita è Servilia, a cui, pochi giorni prima delle nuove nozze, ha fatto recapitare come omaggio una perla che vale milioni di sesterzi, e che fa spettegolare tutta Roma.

In realtà è un tentativo di farsi perdonare. Non tanto, a dire il vero, le nuove nozze, perché Servilia sa bene che la schiva e

scialba Calpurnia non potrà mai essere una vera rivale nel cuore
o nel letto di Cesare. Lo sgarbo che l'amante le fa non riguarda
la loro relazione, ma la politica. E tira in ballo Giulia. La figlia
di Cesare era fidanzata con un parente di Servilia, Servilio Ce-
pione. Era un modo per legare attraverso i loro discendenti
loro due, che non avrebbero potuto unirsi mai. Ma Cesare ha
deciso di infrangere la promessa e di commettere nei confronti
di Servilia quello che lei ritiene il più terribile dei tradimenti.
Giulia sarà la moglie del suo nuovo socio nel triumvirato: Pompeo. L'uomo che a Servilia ha ucciso il primo marito rendendo
orfano suo figlio.

Pompeo delle nozze è entusiasta. Dopo il rifiuto di Catone
di imparentarsi con lui, l'offerta di Cesare lo riammette definitivamente nella cerchia delle grandi famiglie della nobiltà. È
sempre stato sensibile al prestigio sociale e tormentato da un
silenzioso complesso di inferiorità. È buffo come questo sia
incistato nei suoi pensieri e in quelli di altri grandi personaggi
del tempo. Lui, come Cicerone, e come anche lo stesso Mario
prima di loro, nutre nei confronti della *nobilitas* questo assurdo
senso di inadeguatezza, che non si placa mai. È il campione di
Roma, ma quando entra in Senato non si sente a suo agio e anela
l'approvazione di uomini che spesso sono solo nullità ricoperte
di inutile presunzione.

Per questo il matrimonio proposto da Cesare per lui è un
traguardo: è la conferma che non può più essere considerato
un bifolco venuto dal Piceno che ha fatto carriera per la sua
capacità di menar le mani in battaglia. L'*adulescens carnifex* è
ora un membro stimato dell'establishment.

Giulia inoltre per sedurlo ha tutto: ha preso dalla madre la
bellezza e dal padre fascino, eleganza, intelligenza. Non si sa cosa
pensi del matrimonio, o del marito. Tecnicamente Pompeo ha

l'età per essere suo padre, anzi del padre è persino di qualche anno più anziano. Ma lei è la figlia di Cesare e fin dalla culla sa bene cosa ci si aspetta da una matrona romana. Come la zia Giulia fu data a Mario, il suo compito è quello di fare da *trait d'union*, cementare un patto e un'alleanza. Non c'è bisogno di spiegare, per una giovane patrizia certi obblighi sono impliciti. Persino lo stesso Cesare, che pure la ama teneramente, non ha alcuno scrupolo a usarla come una pedina nel suo gioco. Del resto nelle grandi casate romane tutti i rampolli lo sono. Lui stesso ha dovuto rinunciare alle nozze con Servilia per gli stessi motivi: la politica detta legge su tutto.

E forse anche in questo si misura la differenza di educazione fra Cesare e Pompeo, fra il grande aristocratico smaliziato e l'uomo nuovo ancora ruspante, e per certi tratti ingenuo. Per la nuova giovanissima moglie il grande condottiero perde letteralmente la testa. Come un ragazzino innamorato, la vuole sempre accanto, fa di tutto per compiacerla, discute con lei, ne segue i consigli. Che lei è perfettamente in grado di dargli, perché come tutti i Giuli ha respirato politica da quando è venuta al mondo. In Senato la "cotta" di Pompeo per la moglie diviene oggetto di salaci battute, persino da parte dei *populares*. Ma questo innamoramento quasi adolescenziale contribuisce a far funzionare il triumvirato: non è più un accordo politico, per Pompeo e Cesare è un'impresa di famiglia.

A Servilia tocca assistere alla nuova felicità e alla rinnovata fortuna politica dell'uomo che odia più di tutti. E a dare a Pompeo tutto questo è stato colui che lei amava di più.

Nessuna perla da milioni di sesterzi può compensare questa offesa. Nessuna scusa da parte di Cesare può essere accettata. E infatti la lunga storia fra i due finisce: ci vorranno anni perché gli ex amanti tornino persino a parlarsi.

IL CONSOLATO DI GIULIO E DI CESARE

14

IL MOSTRO SI PRESENTA AL PUBBLICO

Roma, Senato, 59 a.C.

Urla, gesti scomposti, minacce. L'aula del Senato è una baraonda. *Optimates* e *populares* sono a un passo dal picchiarsi. Lì, dentro la Curia. Il console Bibulo ha preso la parola. Strepita, nel marasma, che le votazioni sulla legge agraria presentata da Cesare, che dovrebbe distribuire terre e fondare colonie, non si possono tenere perché lui, in qualità di console, ha proclamato quel giorno infausto, cioè una di quelle giornate in cui gli dèi non permettono che si svolgano pubblici uffici.

I *populares* lo beffano, ridono sguaiatamente, ricordandogli che è al pontefice massimo che spetta decretare i giorni fausti e infausti, e il pontefice non è lui, è Cesare.

Cesare è dall'altro capo dell'aula, in piedi, attorniato dai suoi fedeli, come un Giove adirato che sta per scagliare il suo fulmine. Fuori, dietro le porte, si ode il frastuono di una folla in tumulto.

«Siete voi, con il vostro comportamento, che mi spingete fra le braccia del popolo!» tuona.

Si gira di scatto. Con un gesto plateale ordina ai suoi di seguirlo verso la porta. Bibulo per un attimo sorride, come si trattasse di una ritirata. Ma il riso si trasforma in smorfia quando vede che al segno di Cesare non si muovono solo i suoi. Si alzano anche Crasso e Pompeo. I due gli si mettono accanto, come i demoni protettori sanguinari e terribili degli Etruschi che ancora ornano i più antichi templi di Roma, mentre i loro sodali sparsi per l'aula si compattano in un unico gruppo.

Bibulo è stordito dal quel mare di volti e di teste in corteo. Si volta verso i suoi. Persino alcuni di loro si stanno alzando per raggiungere i cesariani. Solo Catone, Lucullo, Catulo e pochi loro amici sono al loro posto, fermi, ma sembrano ancora più basiti di lui. Anche Cicerone è seduto, ma sul volto ha un'espressione indecifrabile, come di chi vede purtroppo emergere qualcosa che ben conosce.

Le porte si aprono, fuori dalla Curia c'è gente dappertutto, in piedi, seduta sulle gradinate dei templi, accampata negli anfratti come se fosse stata convocata per l'inizio di uno spettacolo.

Cesare non sembra più lui. L'aristocratico distaccato che è solito affrontare le lunghe sedute in Senato con un sorriso annoiato sulle labbra è scomparso, e ora al suo posto vi è un uomo dallo sguardo terribile, il volto torvo come quello di un dio furente. Si affaccia, rivolgendosi direttamente alla folla. La incita come un tribuno, la aizza. Ricorda tutte le angherie a cui l'hanno sottoposta gli *optimates*, fino a quest'ultima: impedire l'approvazione di una nuova legge agraria che ridistribuisca le terre del demanio per consentire a cittadini impoveriti di trovare sostentamento. Sono gli *optimates* che vogliono lasciarli nella miseria e nell'indigenza. Sono loro che vogliono accumulare terre e denari senza curarsi di altro che non sia il loro profitto. Loro tre, i tre triumviri, sono invece lì per difendere il popolo.

Sono usciti dall'ombra perché ora è il momento di porre fine alla violenza esercitata con leggi ingiuste. Invita a salire accanto a lui Pompeo, suo genero, e questi, di fronte alla folla perplessa perché lo sapeva vicino agli *optimates*, scandisce: «Perché se loro verranno contro di me con le spade, io risponderò con le spade e gli scudi!».

Un boato di acclamazioni.

Da dietro arrivano Catone, Lucullo e Bibulo. Sembrano sempre più esterrefatti. Capiscono solo ora che quella non era una seduta del Senato, era una trappola. Che è scattata con perfetto tempismo, e ora sta per stritolarli.

Bibulo e Catone tentano di prendere la parola. Ma il capannello dei loro fedeli è circondato da quello dei seguaci di Cesare, di Pompeo, di Crasso. Li spintonano. Li pressano. Qualcuno lancia contro di loro delle manciate di terra impastata con letame. Cesare non dice una parola, non fa un gesto per aiutarli.

Bibulo e i suoi trovano a fatica un varco per guadagnare una via di fuga. Arrivano alle loro case ansanti e spaventati. La città è piena di soldati di Pompeo, che fanno ronde improvvisate, insieme alla marmaglia di Clodio. A ogni cantone hanno temuto di venire intercettati e uccisi.

Bibulo si barrica nella sua *domus* e inizia a scrivere un ricorso al Senato in cui lamenta l'accaduto e afferma che tutte le decisioni prese dal collega console sono illegali in quanto la votazione non si può svolgere in un giorno decretato infausto dal console. Un cavillo giuridico che date le circostanze appare ancora più ridicolo. Quando l'indomani prova a cercare qualcuno che appoggi la sua mozione o apra un'inchiesta sull'accaduto, vede attorno a sé gente che scantona e si eclissa, come se fosse un paria a cui è pericoloso persino rivolgere la parola.

Torna a casa. Non uscirà più di lì fino alla fine del suo mandato.

I poeti scherzano sulla vicenda: dicono che Roma quell'anno ha due consoli, ma si tratta di Giulio e di Cesare.

Cesare trova il verso arguto. In effetti per arrivare al consolato ha sacrificato molto: vecchi amici, compagni, figlia, persino la sua amante. Ma Roma lo ha ricompensato. Il potere è suo.

VENDETTE

L'elenco dei nemici è lungo. Ma i triumviri decidono che non è necessario colpire tutti. La loro non è una presa del potere sanguinaria, un colpo di mano alla Silla. Per cui non ci saranno omicidi, non ci saranno violenze eclatanti o liste di proscrizione pubbliche. Bastano pochi attacchi mirati e chirurgici.

La prima vittima è Catone. È ora di far capire a quello spocchioso sputasentenze che i tempi in cui era protetto da Servilia e coperto dall'appoggio silenzioso di Pompeo e Crasso sono finiti. Quando in Senato osa chiedere conto in piena seduta del comportamento del console che ormai governa da solo, ignorando persino l'esistenza del povero Bibulo, Cesare nemmeno gli risponde. Lo fa arrestare dai littori e portare in prigione. Basta una notte in gattabuia per chiarire che i tempi sono cambiati e fargli accettare di corsa una missione diplomatica in Oriente.

L'umiliazione può più della conclamata violenza. È un'arma potentissima contro i nobili senatori romani. Li mette di fronte a qualcosa di inaspettato: sono vulnerabili. Gli anni degli scontri all'ultimo sangue fra Silla e Mario li hanno abituati a un gioco duro in cui la posta era la vita. Ma se si perdeva, si moriva comunque da eroi, mantenendo il rispetto dei pari, e la propria autorità non veniva messa in discussione, semmai aumentava e rimaneva patrimonio della *gens* e della stirpe. Cesare e i triumviri invece seguono altre regole. Minano la fiducia che i senatori hanno in se stessi. Li mettono di fronte al fatto che basta un cenno dei triumviri per essere trascinati in carcere come delinquenti qualsiasi, ritrovarsi in un attimo privi di quel prestigio morale che ritengono connaturato allo *status*. E che invece può scomparire in un soffio, a una parola di Cesare. È spiazzante, è terribile. È una guerra psicologica, peggiore di qualsiasi guerra sul campo. E Cesare nel combatterla ha la freddezza di un cecchino.

L'altro che deve pagare è Lucullo. Pompeo vuole piena soddisfazione contro l'uomo che lo ha umiliato in Senato e in pubblico.

Lucullo ufficialmente è un privato cittadino. Non ha cariche, non ha ambizioni. È un gaudente che ama la bella vita, la buona tavola, le feste e gli agi, ma è legato al suo prestigio di nobile romano di antica schiatta. È un alfiere dei valori della Repubblica e dell'aristocrazia, e per questo, nonostante la differenza abissale nei costumi, fa parte della fazione di Catone. E proprio nell'onore Cesare e Pompeo decidono di colpirlo.

Un tizio, Vezio, che nessuno ha mai sentito nominare prima, viene arrestato dalle ronde dei pompeiani perché gira armato e si sospetta che stia tramando qualcosa. Quando lo interrogano, dichiara di essere stato assoldato per uccidere a tradimento Pompeo e forse anche Cesare. Indica Lucullo come mandante dell'attentato.

È uno scandalo. Si tratterebbe di un omicidio commissionato a sangue freddo, apparentemente senza alcun motivo se non l'odio personale. Un atto vile e inaccettabile.

Cesare come console chiede che Vezio sia sentito in una pubblica audizione, in cui farà i nomi degli altri coinvolti nella presunta congiura. Il "pentito" però in aula risulta poco efficace, addirittura imbarazzante. Si contraddice, sbaglia alcuni nomi dei presunti complici e si comporta in maniera così goffa da far capire a tutti che è stato imboccato. Da chi? Tutti pensano subito agli uomini della fazione di Pompeo che lo hanno tratto in arresto, non si sa su che basi. Cesare, infastidito, rinvia l'udienza al giorno successivo, ma lascia intendere di essere intenzionato ad andare fino in fondo. Forse è un bluff, ma nessuno in quel momento può essere certo che non abbia altre carte in mano.

Nella notte, però, Lucullo si reca da Cesare. Ha perso tutta la sua alterigia. È terrorizzato. Messo di fronte alla prospettiva di perdere con una condanna tutto ciò che ama, il suo *status*, le sue ricchezze, le sue splendide ville in cui adora ritirarsi per organizzare feste e cene per gli amici, l'aristocratico Lucullo si dimostra un gigante dai piedi d'argilla. È disposto a ritirarsi per sempre, davvero, purché lo lascino in pace. Scongiura Cesare, addirittura inginocchiandosi ai suoi piedi. È un colpevole che sente vicina la resa dei conti e cerca una scappatoia? È un innocente impaurito? È una vittima che chiede pietà al suo carnefice?

La mattina successiva il colpo di scena finale. Quando i littori vengono a prenderlo in carcere per portarlo in tribunale, Vezio è morto, soffocato nella sua cella. Nessuno indaga su chi abbia ordinato alle guardie di distrarsi, chi abbia armato la mano dei sicari, chi abbia dato l'ordine e garantito l'impunibilità agli assassini. Tutto viene velocemente insabbiato, Lucullo si ritira in fretta dalla scena politica. Passerà il resto della vita a dedicarsi alla sua grande passione, l'arte di ricevere gli amici e organizzare per loro indimenticabili banchetti pieni di succulente e sontuose portate. Luculliani, appunto, visto che l'aggettivo viene da lui.

Di Vezio e delle sue accuse non si parlerà più.

Il mostro a tre teste, il triumvirato, ha richiesto la sua prima vittima sacrificale.

L'AMICO CICERONE

«Quando hai una biblioteca e un giardino hai tutto per essere felice.» In questi mesi turbolenti, Marco Tullio Cicerone si è ritirato nella sua biblioteca e nei suoi giardini. L'ascesa del triumvirato lo ha spiazzato, seppure non può dire che per lui sia stata una sorpresa.

Cicerone è un personaggio complesso. Appare come un trombone retorico e pieno di sé, in politica un insopportabile egocentrico che non smette di vantarsi di aver salvato la Repubblica da Catilina, in privato un pedante erudito che chiosa opere filosofiche e si circonda di amici intellettuali ricchi e abbastanza inutili, imitando i circoli dei grandi signori di un tempo.

In effetti è tutto questo. Ma non solo.

Bisogna capirlo, Cicerone. Capire l'immensa venerazione e reverenza che questo *homo novus* venuto dalla campagna ha per Roma, per le sue leggi, per le sue biblioteche, per la sua cultura. Essere nato in provincia è un marchio che ti porti dietro per sempre, ti condiziona. Ti spinge a non sentirti mai a tuo agio nella grande metropoli, mai all'altezza dei veri cittadini, e allo stesso tempo a voler dimostrare che nonostante questo puoi emergere, batterli tutti al loro stesso gioco e diventare qualcuno.

È uno straordinario impasto di intelligenza, ambizione, insicurezza e ingenuità, Cicerone. Pur conoscendo tutti i più sordidi segreti della Repubblica, non può fare a meno di idealizzarla. Perché è grazie alla Repubblica e alle sue leggi che un uomo come lui è potuto diventare ciò che è, e lui le è grato. Per tutta la vita cercherà di dimostrarsi degno di Roma, ma una Roma che esiste soltanto nella sua immaginazione.

Si è legato a Pompeo perché lo ha riconosciuto come affine. Nessuno dei due ha alle spalle una grande famiglia aristocratica, non hanno storia. Però entrambi hanno rispetto per le istituzioni e per le gerarchie. È l'ordine che tiene insieme il mondo e lo rende un posto vivibile: per Pompeo è l'esercito, per Cicerone è la legge. In fondo il loro essere provinciali si manifesta così: vincere il sistema significa riuscire a integrarsi in esso, non abbatterlo.

Tutti e due sono i migliori in ciò che fanno, e grazie a questo si sono ritenuti indispensabili. Poi però è successo qualcosa, almeno nel caso di Pompeo. Un brusco risveglio. Alla resa dei conti, i Catone, i Catulo, persino i Lucullo lo hanno trattato come un'insignificante pedina. Pompeo si picca di essere un uomo di mondo dal carattere aperto e bonario, ma la sua indole è sempre quella dell'antico *adulescens carnifex*. Non tollera gli intoppi e ancor meno le offese.

L'adesione al progetto del triumvirato è questo: un gesto piccato di rivalsa su coloro che gli hanno promesso molto e poi non hanno mantenuto. Non ne fa una questione di ideologia. È una mossa pratica per rispondere a uno sgarro. Pompeo non è del resto un filosofo. Ragiona per azioni, non per astrazioni.

E Cicerone invece no. Il solco fra i due si scava perché a questo punto emerge la differenza di carattere, di sensibilità, di intelligenza. Cicerone è un intellettuale, un uomo che ama le idee. Per lui la scelta di campo non è il prodotto di una convenienza personale, o non solo, ma di un ragionamento e di una scelta basata su valori in cui si crede. Per questo la sua amicizia con Cesare è stata possibile. Sono simili, si capiscono. Per quanto siano ideologicamente distanti, credono entrambi che la politica debba avere un obiettivo che vada al di là della semplice ambizione personale. Ottenere il potere non è lo scopo, è un mezzo. Per questo Cesare al momento di progettare il triumvirato ne ha discusso con Cicerone, ha cercato la sua mediazione per arrivare a Pompeo. Parlano la stessa lingua e hanno gli stessi riferimenti culturali.

Ma proprio per questo alla fine Cicerone si è tirato fuori. Gli è chiaro, proprio perché è intelligente e coerente con le sue idee, che Cesare vuole portare alla ribalta nuove classi sociali, rompere secolari consuetudini, rivoluzionare tutto, cambiare l'assetto della Repubblica. Quella Repubblica che invece Cicerone ama e vuole conservare così com'è, o almeno come crede che sia.

Quindi si sfila. Non in modo brusco, e comunque mantenendo il silenzio sulle confidenze di coloro che sono coinvolti. È pur sempre un avvocato. Quando il triumvirato si svela nell'aula del Senato, gli *optimates* sono presi di sprovvista, lui no. Sapeva esattamente cosa stesse per accadere, anche se non ha voluto prendere materialmente parte alla congiura. Spera di poter mantenere la neutralità per preservare ciò a cui in fondo anche lui tiene più di tutto: la fedeltà a se stesso.

Ma a Roma non sono tempi in cui si possa rimanere in disparte. Cesare gli lascia qualche mese di tranquillità, sperando in un ripensamento, o magari in un completo ritiro, sulle orme di Lucullo.

Ma Cicerone è Cicerone. Come per Cesare, anche per lui la politica è la vita. Non riesce a starne fuori, persino quando sa che gli converrebbe. È una falena attratta fatalmente dalla fiamma.

Dalla biblioteca e dal giardino in cui si è ritirato esce per difendere in tribunale un amico, il collega di consolato Caio Antonio Ibrida, quel personaggio ambiguo che già Cesare in passato aveva portato a processo. Nel corso del dibattimento filtrano critiche velate all'operato del console. Il console non apprezza. Forse si sente tradito, o per lo meno infastidito. Cicerone è un uomo di potere, un punto di riferimento per tanti. Non si può tollerare il suo atteggiamento, perché il suo non appoggio manifesto equivale a una manifesta opposizione.

Cesare forse a malincuore si rende conto che c'è bisogno di un segnale nei confronti del vecchio amico, che per altro nella sua carriera ha infastidito tanti, troppi. Uno in particolare: Publio Clodio Pulcro, il re della Suburra, colui che ormai controlla con le sue bande di reietti i quartieri più poveri di Roma e governa la feccia della capitale.

Cesare lo ha tenuto a freno finora, anche perché Clodio gli doveva un favore dai tempi dello scandalo della Bona Dea.

Ma è tempo di allentare le briglie e lasciare che si scateni.

CLODIO, LA SCHEGGIA IMPAZZITA

Roma, Palatino, 58 a.C.
Una torma avanza come una marea scura che monta e divora la battigia. Esce dalla Suburra, dai vicoli bui dei quartieri popolari, dall'intrico di *insulae* aggrovigliate le une sulle altre che si rubano luce e aria. Ha in mano fiaccole accese e bastoni ed è preda di una rabbia sorda e perciò pericolosa, perché fredda e organizzata. Sa benissimo dove deve dirigersi. La guida il suo leader, Clodio.

La folla lo seguirebbe fino agli inferi, se glielo chiedesse. Lo ama. Come può non amarlo, lui che, da rampollo dei Claudi, ha rinunciato ai suoi natali aristocratici facendosi adottare da una famiglia povera per candidarsi a tribuno della plebe? Per diventare così il difensore del popolo, colui che la costituzione romana indica come patrono dei plebei e unica carica che può proporre leggi o bloccare con il veto quelle dei patrizi? Come non seguirlo ora che li sta portando verso la casa di Cicerone, il servo del Senato, il maledetto che ha abusato della sua autorità per condannare a morte i catilinari, in modo che i ricchi *optimates* potessero continuare a rubare e angariare la povera gente indisturbati, come hanno sempre fatto?

Si è costruito una villa sul Palatino, quel lurido venduto. I poveri non hanno nemmeno una casa e lui invece ha terre e palazzi. O meglio, li aveva, perché Clodio ha rimesso le cose a posto. È dovuto scappare in esilio, l'ex console, per salvare la pelle, dopo che il tribuno ha fatto approvare una legge che condanna a morte e priva dei beni chi abbia ucciso un altro cittadino romano senza che questi fosse stato condannato in un processo. Ciò che Cesare all'epoca della discussione in Senato aveva evocato, Clodio lo ha realizzato. I giudici sono diventati imputati, chi ha invocato il patibolo ora lo rischia.

Cesare e Clodio. Fra i due si è formato un asse, un legame, durante l'anno del consolato. Il triumvirato indirizza lo Stato, Clodio controlla le piazze. I disperati, i reietti, gli schiavi, gli uomini e le donne di malaffare, tutti quelli che non hanno più nulla da perdere o non l'hanno mai avuto sono con lui. Ha orecchie che ascoltano in ogni cantone della Suburra, in ogni angolo di Roma c'è chi a un suo cenno è pronto a precipitarsi in strada per menare le mani. Un esercito in armi sempre disposto a scendere in campo, più veloce di qualsiasi legione.

Cesare ha deciso di avvalersi di lui per i suoi progetti, anche se avere a che fare con Clodio non è semplice. C'è qualcosa di profondamente distruttivo e autodistruttivo in lui. È un fuoco che brucia tutto ciò che gli si para davanti, una variabile che non si lascia ingabbiare in nessuna equazione. Non solo semina il caos attorno a sé: ne gode.

Ma Cesare ha bisogno di muoversi alla pari con agli altri due triumviri. Pompeo ha i suoi soldati, Crasso il suo denaro, Cesare ha le masse. E Clodio è l'uomo perfetto per gestirle. La sua imprevedibilità e la sua vena di follia possono essere irritanti ma utili: le mosse più arrischiate, gli azzardi peggiori gli possono essere attribuiti facilmente. Con Clodio Cesare può lanciare il sasso e nascondere la mano, usarlo come un ariete contro i nemici restando al sicuro in una retrovia.

Cesare se lo è reso amico e debitore assecondando i suoi capricci. Per sancire il suo legame con la massa, Clodio voleva candidarsi a tribuno della plebe, cosa impossibile per un patrizio. A meno che il pontefice massimo non autorizzi la complessa procedura che consente l'abbandono della propria *gens*. E Cesare è appunto il pontefice massimo. Una volta eletto al tribunato, Clodio si è sdebitato, promuovendo una serie di leggi che Cesare non poteva, nemmeno come console, presentare al Senato perché troppo favorevoli al popolo. Del pacchetto fanno parte la legge che ripristina i collegi compitici, ovvero le commissioni formate da persone di ogni estrazione sociale che organizzano feste per le divinità protettrici dei crocicchi, abolite anni prima perché spesso covo di sovversivi. Poi Clodio ha allargato le *frumentationes*, le distribuzioni gratuite di grano alla plebe. È un colpo per le casse dello Stato, ma il popolo lo acclama.

Quindi ha ridotto i poteri dei censori, i magistrati che hanno il compito di stilare ogni anno la lista dei senatori, espungendo e allontanando quanti, a loro insindacabile giudizio, non sono più degni di rimanere nell'assemblea in quanto colpevoli di un contegno moralmente discutibile. La censura è un incarico con una vastissima discrezionalità, perché l'espulsione del reo è legata a una decisione unilaterale del censore. È una fenomenale arma di ricatto contro gli avversari, la censura. In politica chiunque ha qualche scheletro nell'armadio, perché frequentare ambienti poco raccomandabili è spesso per un capopopolo una necessità, quando non è una vocazione. Certo, non sono più i tempi del buon vecchio Catone, quando per essere espulsi dal Senato bastava aver osato baciare la propria moglie in pubblico, ma sono molti i politici sessualmente disinibiti della Repubblica che rischiano di ritrovarsi cacciati con ignominia per qualche avventura erotica di troppo. Così sono grati a Clodio, che impone ai censori di istruire un processo e aprire un pubblico dibattito prima di espellere chiunque.

Il favore nei confronti del tribuno quindi cresce ed è sempre più trasversale. I suoi "supporter" sono via via più scalmanati e privi di freni. Quando viene messo sotto accusa il tribuno della plebe dell'anno precedente, Publio Vatinio, portato a processo dall'inconcludente Bibulo, Clodio li mobilita in piazza e costringe gli accusatori a fare una precipitosa marcia indietro.

E finalmente decide di regolare i conti con l'uomo che odia di più: Cicerone.

Non gli ha perdonato la delazione ai tempi del processo per lo scandalo alla festa della Bona Dea. Ora Clodio può finalmente vendicarsi. Colpisce, durissimo.

Clodio può essere un mestatore, ma non per questo è incapace di individuare un cavillo giuridico. Per quanto l'abbia rinnegata, viene fuori da una famiglia che per secoli ha scritto le leggi di Roma e le conosce a menadito. Così ripesca la vecchia legge dei Gracchi che garantisce a ogni cittadino romano la garanzia costituzionale di un processo. E chiede che su questa base Cicerone venga condannato.

Cicerone si trova preso fra due fuochi. Cesare non muove un dito, finge di avere le mani legate. Ma pure gran parte dei senatori si dimostrano tiepidi in suo appoggio. Spaventati dai triumviri, chiedono solo che Clodio non faccia esplicita menzione del nome di Cicerone, ma lasciano intendere di essere dispostissimi a lasciarlo processare e condannare subito dopo. Si mobilitano invece alcuni giovani, fra cui lo stesso figlio di Crasso, che di Cicerone sono amici di lunga data perché frequentano il suo cenacolo filosofico, e parecchi cavalieri di origine italica. Una mattina organizzano una manifestazione spontanea, presentandosi vestiti a lutto in corteo e cercando di occupare pacificamente il Campidoglio. Il console Gabinio li fa però disperdere prima che i seguaci di Clodio passino a vie più spicce.

Cicerone a questo punto non se la sente di rischiare. È chiaro che è divenuto per tutti un capro espiatorio, l'anello debole che deve essere sacrificato. Rimanere a Roma significherebbe consegnarsi alle mani del boia.

Fugge, lascia l'Italia, abbandona la sua carriera politica, la famiglia, i suoi beni. Non sa se potrà mai tornare.

Per Clodio non è ancora abbastanza. A capo delle sue schiere si presenta con le torce davanti alla lussuosa casa di Cicerone sul Palatino e la assalta. La torma entra nell'edificio come l'onda di un fiume in piena, che travolge tutto quanto le si para davanti. Spaccano mobili, buttano a terra statue, imbrattano affreschi e mosaici, strappano tende preziose. Il giardino e la biblioteca in cui Cicerone amava ritirarsi per pensare e scrivere, quei due luoghi che per lui rappresentavano un'oasi di pace e una difesa contro le brutture del mondo, vengono devastati e ridotti in macerie.

Clodio, arrampicatosi su un mucchio di detriti mentre i suoi con le fiaccole danno fuoco a cataste di arredi e manoscritti, ghigna e annuncia che farà radere al suolo quell'edificio e sopra ci farà costruire un tempio, dedicato alla Libertà, la dea che lui onora più di tutte. Anche se la confonde, spesso, con la più sfrenata anarchia.

MARCERÒ SOPRA LE VOSTRE TESTE

Roma, Senato, 59 a.C.

«La regina di Bitinia, adesso, vuole un esercito per comandare il mondo?»

Risate, teste che annuiscono, sguardi di complice ammirazione verso il senatore che ha pronunciato la battuta.

La Curia è sempre un nido di vipere. Ogni volta che ci entra, ogni volta che deve tenere un discorso, presentare una legge, Cesare sa di muoversi in un ambiente a lui ostile, in un luogo che può essere a seconda dei periodi una prima linea, una trappola o una palude.

Persino adesso che il triumvirato è una realtà con cui i senatori hanno imparato a fare i conti, le sacche di resistenza rimangono e resta sempre la possibilità di imboscate e attacchi di guerriglia nelle retrovie. Soprattutto ora che, terminato l'anno come console, chiede forze militari per gestire al meglio le province che gli hanno dato: le Gallie, a cui si è fatto aggiungere l'Illirico.

Gliele hanno assegnate come uno sgarro. Non c'è nulla, in Gallia, a parte selve, pascoli, buoi, e più a nord uno sconfinato vuoto in cui i barbari vagano inebetiti e donne sgraziate dai fianchi larghi scodellano loro minestre immangiabili e figli.

I senatori ghignano pensando al bel Cesare in mezzo a quel niente. Lui è un animale politico, abituato a controllare e organizzare le grandi masse della città. È un predatore, ma metropolitano. Non lo riescono proprio a immaginare a bestemmiare gli dèi in mezzo al fango o a innalzare una palizzata per fortificare un *castrum* di notte, col freddo, ai confini del mondo, mentre da dietro le fronde degli alberi una tribù di barbari lo spia per decidere quando sferrare un attacco. Non ce lo vedono, lui, che ogni giorno si sbarba, si depila e si profuma come una donna, a stare fianco a fianco con soldati che puzzano come capre, marciano per giorni sotto il sole o la pioggia, ingurgitano il rancio strozzandosi per la fretta, si lavano quando capita, dormono dove si può. A gestire veterani che bevono vino scadente, ruttano, si azzuffano, sperperano la paga nelle taverne da due assi, maledicono i loro comandanti e si ribellano quando qualcuno prova a ristabilire la disciplina.

Cinque anni? In quell'inferno non durerà cinque mesi. Poi o si ritirerà in qualche cittadina semibarbara, a morire di noia, con la coda fra le gambe, magari scopandosi la moglie di un notabile provinciale, oppure verrà rovesciato dai soldati stessi, come è capitato a Lucullo, che pure aveva ben maggiore esperienza sul campo.

Sghignazzano, i senatori. Si aspettavano quasi che, ora che il triumvirato è venuto allo scoperto, maneggiasse per farsi riassegnare un'altra provincia, qualcosa di più adatto a lui. O almeno di più civile.

Ma Cesare non vuole un'altra provincia. La Gallia è davvero una sua scelta. O la sfida che sente di dover affrontare, ora che i suoi nemici sono in rotta e i suoi amici sono al comando.

Ha poco più di quarant'anni. A Roma ha un potere assoluto. Il fatto di doverlo spartire con i due soci, più che una debolezza, è una forza: un uomo solo è facile da abbattere, tre no.

È un uomo razionale, lo è sempre stato. E razionalmente è soddisfatto del triumvirato. È una sua creatura, e sta funzionando benissimo. Eppure è come se gli mancasse qualcosa. Sepolto in lui sente che c'è un aspetto del suo carattere ancora latente, ma che spinge per emergere. È l'insoddisfazione che lo macera dentro e che di tanto in tanto è comparsa in alcuni periodi bui della sua vita: il pianto dirotto che lo ha colto quando trentenne ha pensato alla grandezza di Alessandro, l'amarezza inspiegabile provata quando è passato nell'oscuro villaggio gallico dove due capi si contendevano con furia il potere su poche capanne. Ha bisogno di azione. Di quel brivido che ha provato da giovane in Asia, e ancora sul mare, contro i pirati, che ha assaporato in Spagna contro i Lusitani. Quell'attimo in cui il pensiero si annulla e c'è solo il momento in cui si vive, in cui si tende un agguato, si scruta, si trattiene il respiro, si reagisce al pericolo, ci si butta nella mischia. In cui la vita e la morte si toccano e diventano tutt'uno. Senza, è come se i suoi successi rimanessero in superficie. Come se non fosse mai riuscito a dimostrare davvero il suo valore.

Le risatine sarcastiche che i senatori si permettono di fare quando commentano la sua assegnazione in Gallia sono la dimostrazione di ciò. Nessuno metterebbe mai in dubbio le doti militari di Pompeo, ben pochi avanzerebbero perplessità sulla capacità di Crasso di affrontare una campagna. E invece su di lui si ghigna. La "regina di Bitinia". Potrebbe farli uccidere tutti e ancora gli danno della donnicciola.

«Se parliamo di donne, vi ricordo che Semiramide ha regnato in Siria e le Amazzoni hanno conquistato mezza Asia» replica a voce alta e scandendo bene le parole. «E quando avrò le mie legioni marcerò sulle vostre teste» aggiunge, a mezza bocca, in maniera che lo sentano solo quelli che gli stanno accanto.

LA GALLIA

15

I BARBARI E IL NULLA

La Gallia per i Romani è un immenso vuoto oscuro e indecifrabile. È un intrico di foreste non percorse da alcuna strada, di pianure che si estendono a perdita d'occhio verso il nulla, di paludi tagliate da fiumi larghi come rami dell'Oceano che sfociano alla fine in un mare infinito e tempestoso, in mezzo al quale si erge l'ultima terra conosciuta, l'isola dei Britanni.

Le notizie che si hanno sugli abitanti di queste lande sono poche e confuse, e sconfinano nella leggenda. I mercanti transpadani che si avventurano a nord raccontano di tribù quasi sempre in guerra fra loro per spartirsi le risorse disponibili. È una terra di uomini forti, orgogliosi. Spietati come belve e superstiziosi come bambini, credono in una religione sanguinaria, amministrata da sacerdoti che praticano riti magici oscuri. Sul campo di battaglia non sono guerrieri, sono veri e propri demoni.

Le schiere di quei selvaggi sono state, secoli prima, le uniche capaci di saccheggiare l'Urbe, espugnare la città, entrare nelle case sgozzando i senatori, umiliare i cittadini, mentre il loro capo, Brenno, gridava il suo monito: «*Vae victis!*».

Persino ora che i Romani sono padroni del Mediterraneo, la loro sicurezza vacilla quando si affacciano in quel mondo, in cui l'aria è gelatinosa e opalescente per la nebbia, i contorni delle cose si confondono e si sfumano e tutte le regole consolidate paiono saltare. Si sentono spersi. Con i barbari di quelle terre giocano in difesa. Non li molestano, non li sfidano. Dai tempi di Mario e di Silla si limitano a ignorarli quando possono e a contenerli quando non c'è alternativa. Perché i Romani degli uomini del Nord hanno paura.

Cesare no. Ha letto i resoconti dei geografi greci che parlano di quelle lande sconfinate: ostili, certo, ma affascinanti. Ne ha intravisto squarci quando si è recato in Spagna, traversando la Transpadana e la parte costiera della Gallia. Non ha avuto il tempo o l'occasione di addentrarsi in quell'ambiente così diverso da tutto quanto ha conosciuto in precedenza. È un animale fatto per il rischio, Cesare, nato per affrontare l'ignoto. Prima ancora che un militare e forse prima ancora che un politico, dentro al suo animo è un esploratore. Come il suo eroe Alessandro, il suo sogno sarebbe arrivare là dove nessun altro ha ancora messo mai piede, raggiungere ciò che nessuno ha ancora mai descritto. C'è questo anelito in lui di voler essere il primo in tutti i sensi. Non tanto per dimostrarsi superiore, quanto per provare quello che nessuno ha ancora mai provato. Il quotidiano lo annoia, non ci sa fare pace, l'imprevisto e l'imprevedibile lo fanno sentire vivo. Mettono alla prova il suo coraggio, il suo intuito, la sua intelligenza. Lo costringono a una continua gara con se stesso, che è ciò che più lo intriga. Superare i propri limiti, smentire i pregiudizi, ribaltare le aspettative. La Gallia per lui non è solo una terra, è una sfida.

Dove gli altri vedono il nulla lui intuisce una possibilità. I suoi concittadini sottovalutano quei luoghi. Per loro l'impero è formato dalle terre che si affacciano sul Mediterraneo: l'Africa, la Grecia e l'Oriente. Le sentono familiari, abitate da genti con cui da millenni si hanno frequentazioni. In una taverna del Pireo o persino della vecchia nemica Cartagine un romano è a casa: stiracchiandosi al sole beve vino, mastica olive, invoca o bestemmia gli stessi dèi, magari in greco. Cesare invece ha fiutato le grandi risorse di quel Nord che sembra così diverso e ostile, ma in cui ci sono miniere, e boschi, e terre, e schiavi. Ricchezze ancora intatte che basta avere il fegato di andarsi a prendere e la testa per far fruttare. E lui ha fegato, testa e gusto per il rischio. Vuole aprire una nuova strada, in cui non abbia concorrenti. E quando gli Edui gli chiedono aiuto perché gli Elvezi si sono messi in marcia e vogliono varcare i confini della provincia in armi, terrorizzando i vicini, è come se la Gallia lo stesse chiamando al suo destino.

Parte.

I MIGRANTI ELVETICI

Territori degli Elvezi, 60-58 a.C.

Fiamme, ovunque. Si sprigionano dai tetti di paglia delle capanne, colonne ardenti che si tramutano in fumo nero, oscurando il cielo. Tutta la pianura è un immenso lago di fuoco.

Dall'interno dei loro carri gli Elvezi guardano quell'inferno. Nessun nemico ha bruciato le loro case. Sono loro stessi, torce alla mano, che hanno scatenato le fiamme, dato il via agli incendi. Hanno stipato provviste e farina per tre mesi sui carri, caricato le donne, i figli. Hanno deciso di migrare e di distruggere dietro a sé ogni cosa, per non avere la tentazione, mai, di tornare indietro.

Sono i più forti guerrieri fra tutti i Galli. Confinati però fra il Reno e il monte Giura si sentono in trappola, chiusi fra le altre tribù e i Germani che premono. Hanno bisogno di nuove terre. Hanno bisogno di un futuro.

Ma fra loro e quello che vogliono ci sono i Romani. La strada la controllano loro, e gli Allobrogi, che dei Romani sono alleati. Per gli Elvezi la cosa non costituisce un problema. Gli Allobrogi possono essere convinti o costretti a consentire il passaggio. E il nuovo proconsole, tale Caio Giulio Cesare, è ancora nell'Urbe, miglia e miglia lontano. Quando arriverà in Gallia loro avranno già trovato il modo per raggiungere la loro meta. Con le buone o con le cattive.

Partono. Un'infinita colonna di carri, animali, guerrieri, masserizie. Ci hanno messo due anni a organizzarsi. Hanno cooptato nell'impresa i loro vicini, i Rauraci, i Tulingi, i Latovici e i Boi. La loro meta è Genava (Ginevra), un'importante città degli Allobrogi. Lì il Rodano è meno profondo e si può guadare quasi senza pericolo.

Ma quando arrivano al fiume, la prima sorpresa. Cesare è già lì. A marce forzate, senza perdere una sola ora, si è precipitato loro incontro.

Maledetto romano. Non se lo aspettavano così veloce e così furbo. Bisogna trattare. Gli ambasciatori elvetici giurano di avere intenzioni pacifiche. Chiedono solo il passaggio, non vogliono fare razzie.

Cesare prende tempo, siamo ai primi di aprile. Usa tutti gli uomini che ha e quelli che arrivano alla spicciolata. Non è facile coordinarli, ma lui è determinato e deciso e non ammette intralci. Ha un suo piano, non deflette. Li mette a scavare trincee ed erigere un muro. Dal lago Lemano al monte Giura, diciannove miglia di palizzate: un bastione che separa le terre dei Sequani dagli Elvezi. Sul terrapieno a intervalli regolari presidi e punti di osservazione: una barriera invalicabile.

Taglia il ponte. Nega il permesso di passare per la provincia o altrove. Se ci provano avranno a che fare con lui.

Gli Elvezi sono spiazzati. Avevano detto loro che quel Cesare era un damerino, invece si ritrovano di fronte un molosso. Cercano di fregarlo. Di notte, a piccoli gruppi, in silenzio, con barche legate le une alle altre, o a piedi dove l'acqua è più bassa nei guadi, provano a passare di nascosto. Ma i presidi funzionano, i legionari controllano come falchi dall'alto delle torrette, danno l'allarme, li intercettano. Vengono bloccati e respinti. Maledetto, maledetto romano. Non è solo veloce, è anche paurosamente efficiente.

Ma non tutto è perduto. Quello che la forza non ottiene si può avere con l'astuzia. Gli Elvezi hanno le loro entrature. Presso i Sequani è molto potente l'eduo Dumnorige, che ha una moglie elvetica e una sconfinata sete di potere. Lo contattano, lo blandiscono. Lui, per altro, pare che non veda l'ora di farsi blandire. Aspira a guadagnarsi un ruolo di leader nella sua tribù e in quelle vicine e questa può essere l'occasione per ottenerlo. Grazie alla sua mediazione gli Elvezi possono attraversare il paese dei Sequani.

Cesare non può permetterlo. Non li ha tenuti lontani con le fortificazioni per poi ritrovarseli dentro casa. Gli servono uomini. Scende di corsa in Italia, ad Aquileia, arruola truppe fresche, cinque legioni. In poche decine di giorni torna dagli Allobrogi, che sono ormai alle strette. Tutti gli equilibri della regione stanno saltando. Gli Edui, gli Ambarri, gli stessi Allobrogi si ritrovano con i campi devastati dai nuovi vicini, che pensano di essere diventati padroni. Nessun terrapieno e nessun muro eretto dal damerino romano possono più fermarli.

Il damerino se la prende a male. Alla confluenza del Rodano con l'Arar (l'attuale Saona) gli Elvezi costruiscono un ponte di barche. Cesare li raggiunge lì. I suoi esploratori spiano il campo nemico. Tre quarti delle truppe sono già passate, ma rimane l'ultima retroguardia, formata da una delle tribù aggregatesi alla migrazione, i Tugurini.

Sono la stessa tribù che anni prima ha inflitto ai Romani, a Tolosa, una solenne sconfitta. Il proconsole Lucio Cassio Longino era stato colto di sorpresa e il suo esercito annientato. I sopravvissuti, presi prigionieri, per aver salva la vita avevano dovuto assoggettarsi a passare strisciando sotto un giogo, mentre l'intera tribù li umiliava dileggiandoli e bersagliandoli con sassi e sputi. Chi si era rifiutato era stato trucidato sul posto. Un'onta incancellabile per i soldati di Roma. E ora la tribù dei Tugurini è lì, ferma, appesantita da vettovaglie e bagagli. Cesare decide di prendersi la sua vendetta: piomba su di loro inaspettato, all'alba.

È una strage. I Tugurini vengono travolti, tentano di fuggire scappando fra le selve o buttandosi a nuoto nel fiume. Ma non è ancora abbastanza. Dà ordine di costruire un ponte per inseguire gli altri. Gli Elvezi lo guardano dall'altra parte della riva, sempre più preoccupati. Ci hanno messo venti giorni per costruire il loro ponte. Quello di Cesare è pronto in un baleno. Maledetto, maledetto romano.

Mandano ambasciatori: bisogna provare a trattare.

TRATTATIVE FALLITE, ALLEATI AMBIGUI

Seduto nella sua tenda al centro dell'accampamento, Cesare è furioso, di una rabbia fredda che solo la sua educazione aristocratica gli impedisce di esternare. È un politico smaliziato, ma non servirebbe nemmeno esserlo per capire che i Galli lo stanno menando per il naso.

La campagna contro gli Elvezi non sta dando i frutti sperati. Ci si è impantanati in una situazione di stallo, che però è più pericolosa per Cesare che per i suoi nemici. Loro giocano pur sempre in casa, lui no. Quando hanno inviato i loro ambasciatori sperava in una svolta. Invece si sono limitati a chiedere ancora di passare, minacciandolo velatamente perché in passato, hanno ricordato, quando si è arrivati allo scontro frontale, sono stati sempre i Romani ad avere la peggio. Come a Roma in Senato, anche i Galli sembrano considerarlo nulla più che un dilettante ambizioso e pieno di boria.

Il guaio è che i primi scontri paiono dare loro ragione. I confronti sul campo sono inconcludenti, scaramucce senza veri vinti ma soprattutto senza vincitori. Logorano i nervi, ma non risolvono nulla. Più che altro per Cesare, che invece avrebbe bisogno di una vittoria eclatante, per mettere bene in chiaro chi comanda.

A un certo punto gli Elvezi tolgono il campo e sembrano ritirarsi. È una trappola: la cavalleria romana li insegue e viene attirata in un'imboscata. Poche perdite, ma la batosta è inaspettata e abbatte ancora di più il morale della truppa. Per altro la dinamica di quanto accaduto è poco chiara, e questo contribuisce a creare sospetti e incertezza.

Cesare non è stupido, e decide di seguire una strategia più prudente. Tallona i nemici, li controlla, evitando scontri aperti. Che è una tattica ammirevole se ti chiami Fabio Massimo, però messa in atto da un oscuro proconsole sembra indecisione.

Ma sono gli alleati che lo irritano. Si è cacciato in questa situazione perché gli Allobrogi, e soprattutto gli Edui, lo hanno pregato di intervenire. Ora, invece che supportarlo, si comportano in modo ambiguo. Lo scontro con la cavalleria elvetica è stato rovinoso perché gli Edui sono scappati. E adesso che dovrebbero fornire grano all'esercito, ogni giorno accampano una nuova scusa. Il grano non è maturo… No, lo devono ancora

raccogliere… No, lo hanno raccolto ma non ancora inviato…
No, è in viaggio e sta per arrivare… E intanto i suoi soldati
inseguono fantasmi inoltrandosi nelle selve, affamati e senza
appoggi. Per questo ha convocato i capi degli Edui nella sua
tenda: vuole vederci chiaro.

Quando arrivano, i principi appaiono circospetti e imbarazza-
ti. Accennano, si lasciano scappare mezze ammissioni, restano sul
vago. Dicono che alcuni fra loro stanno sobillando gli altri, nella
speranza di ottenere il potere. Ma in mezzo all'assemblea nessuno
osa fare nomi o dire chiaramente cosa stia succedendo. Cesare sta
per perdere la pazienza. Di mezze ammissioni e incomprensibili
farfugliamenti non sa che farsene. Così, irritato, congeda in fretta
l'assemblea e decide di parlare a quattr'occhi con Lisco, che è il
vergobreto, il massimo magistrato in carica. Lontano da orecchie
indiscrete, forse, si potrà finalmente parlare apertamente.

A quattr'occhi va per le spicce. Dice esplicitamente che vuole
sapere come stanno le cose o farà marcia indietro con i suoi
uomini, e che Edui, Allobrogi e le altre tribù se la vedano da
soli con i loro nemici, senza l'appoggio di Roma.

Messo alle strette, Lisco capitola. La verità emerge. Dumnorige, che è il fratello di Diviziaco, principe degli Edui e amico
personale di Cesare e di Roma, da tempo sta tramando contro i
Romani. Non ha cariche ufficiali, ma possiede soldi e prestigio.
Da anni ha l'appalto per riscuotere le tasse nella regione, può
pagarsi una guardia personale e ha stretto una serie di parentele con i capi delle altre tribù. È Dumnorige che nell'ombra sta
sobillando gli Edui e li invita alla ribellione. Il nemico occulto
contro cui Cesare combatte è lui.

Ed è qui la svolta vera nella campagna. Cesare è partito da
Roma convinto di doversi affrancare dal suo passato di politico,
come se per acquistare definitivamente il carisma del vincente

fosse necessario dimostrare sul campo il suo valore come comandante militare. Ma gli intrighi degli Edui gli fanno scoprire
un'inattesa verità. Per vincere in Gallia non ci vuole un generale,
ci vuole un mediatore sgamato come può esserlo solo chi, come
lui, è abituato agli intrighi di Roma. È nel suo elemento.

Va a parlare con Diviziaco. Da solo a solo. Si conoscono da
tempo. Diviziaco, che presso i suoi è tenuto in grande considerazione per le sue ampie conoscenze astronomiche e viene onorato
come un druido, è stato inviato come ambasciatore a Roma
anni prima, quando gli Edui sono stati attaccati dal re germano
Ariovisto. Nell'Urbe ha stretto contatti con molti personaggi di
spicco. È stato ospite di Cicerone e Cesare lo considera non solo
un alleato del popolo romano, ma un amico personale. Ha tutto
il diritto quindi di pretendere da lui spiegazioni chiare.

L'Eduo capitola. È imbarazzato. Ha tentato di tenere sotto
controllo una situazione che però ammette essergli ormai sfug-
gita di mano. Sa che il fratello è un poco di buono, ma non può
sbarazzarsene. È lui che lo ha associato al potere, e non può
ora permettere che venga condannato con ignominia, o tutti
riterrebbero lui responsabile della situazione. Cesare capisce
perfettamente il problema: è uno di quei casi in cui l'unica via
di uscita è un compromesso onorevole per entrambe le parti.
Umiliare e indebolire Diviziaco non servirebbe a nulla, quindi
deve trovare un altro modo di risolvere la questione. Del resto
non vuole vendetta, vuole mano libera.

Convoca Dumnorige e gli dà un ultimatum. È disposto a
perdonare, purché si tolga di mezzo. Se non lo farà, sia lui che
il fratello dovranno renderne conto e stavolta non ci sarebbe
per lui alcun margine di salvezza.

Dumnorige è un vigliacco. Messo di fronte alle sue responsabilità, prima cerca di negare, poi spaventato giura di comportarsi

d'ora in poi come il più fedele degli alleati. Cesare non gli crede, ma ha ottenuto quello che gli serve: una formale sottomissione e la cessazione delle attività di disturbo.

Quando il principe eduo, con la coda fra le gambe, esce dalla sua tenda, Cesare ordina ai suoi di metterlo sotto sorveglianza, con discrezione. Farà i conti con lui a tempo debito. Deve occuparsi di altro, adesso: gli Elvezi vanno puniti.

LA RESA DEI CONTI

Le frecce piovono dall'alto dei carri ammassati gli uni sugli altri, come scrosci di pioggia. Fra le ruote spuntano le matare, le lunghe picche celtiche. Dagli interstizi lasciati in mezzo fra un veicolo e l'altro alcune mani lanciano le tragule, i giavellotti gallici che possono essere recuperati, dopo essere stati scagliati, grazie a un cordone di cuoio.

Si stanno difendendo come furie, gli Elvezi. Ma sono in rotta. Quelli che resistono asserragliati nel cerchio dei carri sanno di non avere scampo. I Romani avanzano, palmo a palmo, sistematicamente. È solo questione di tempo.

È ormai notte. Combattono dall'una. Come demoni dell'inferno, da una parte e dall'altra. Cesare è in mezzo a loro, a piedi. Ha rinunciato al suo cavallo, come ha ordinato di fare a tutti gli altri ufficiali. «Mi servirà per inseguire i nemici, quando avremo vinto!» ha detto. E poi, alla testa dei suoi uomini, la spada sguainata, si è lanciato nella mischia.

Sono un terribile rullo compressore, i Romani, quando avanzano. Chiusi nella formazione a testuggine, che li trasforma in un compatto parallelepipedo di scudi, marciano con la perfetta sincronia che solo ore e ore di allenamento possono garantire. Non c'è nulla che li possa fermare o arginare a lungo, e vedere il comandante a piedi che combatte in mezzo a loro li motiva ancora di più. È lì, gomito a gomito, che schiva colpi, affonda i piedi nel fango, guarda la morte in faccia. Per un attimo, in battaglia, tutte le distinzioni di classe, di educazione, di età scompaiono. Il nobile Cesare e l'ultimo dei suoi legionari sono l'uno accanto all'altro, affrontano lo stesso pericolo, bestemmiano gli stessi dèi, rischiano la stessa sorte. E si compie quello strano miracolo che è l'esercito romano: un corpo unico che si muove come governato da una sola mente, per raggiungere l'obiettivo prefissato.

Gli Elvezi vengono travolti. Una pioggia di pili, i terribili giavellotti romani che una volta lanciati si piegano e non possono più essere divelti, rende inservibili i loro scudi. Sono costretti a combattere senza protezione, mentre i Romani, abbandonata la testuggine, si lanciano su di loro e li sventrano a colpi di gladio.

Urla indistinte, di vittoria. Un ultimo assalto fa traballare e cadere uno dei carri. I legionari si arrampicano veloci sulle ruote, irrompono nell'accampamento elvetico, dilagano sgozzando chiunque si frapponga, anche se nel campo ci sono vecchi, donne, bambini.

Quando entra nell'accampamento espugnato, Cesare prende come ostaggi i figli dei capi elvetici, ordina di curare i soldati e contare i prigionieri.

Ma non tutti si sono arresi. Centotrentamila barbari tentano la fuga. Per tre notti e tre giorni avanzano, senza sosta, senza requie, verso le terre dei Lingoni. Arrivano stremati, ma i Lingoni li rifiutano. Cesare li ha avvertiti che dare asilo ai fuggitivi significherebbe diventare suoi nemici. Non c'è scampo. Mandano ambasciatori, chiedendo pietà.

Il damerino si è trasformato in un dio della guerra.

LA GERMANIA

16

ARIOVISTO

Gallia, 58 a.C.
C'è un nuovo padrone in Gallia, o almeno così sembra.

Ora che gli Elvezi sono stati sconfitti, i capi delle tribù galliche sembrano intenzionati a riconoscere in tutta fretta e senza grandi opposizioni a Cesare il ruolo di supervisore sul loro territorio, una sorta di arbitro di ogni questione.

Hanno chiesto formale autorizzazione di indire un'assemblea generale. Cesare acconsente, in parte perché è utile ai suoi piani e alla sua legittimazione, e in parte perché è curioso di capire da vicino come ragionino e come si muovano questi Galli, che deve ancora studiare bene. Di primo acchito è subito evidente che fra loro le varie genti sono divise, e al di là di qualche generico proclama di fratellanza dovuto alla comune origine, in realtà ogni principe e ogni capotribù cerca di avere udienza da Cesare in privato, per poter trattare direttamente con lui, stipulare alleanze, ottenere privilegi e possibilmente fregare i vicini.

Ma tutta questa apparente disponibilità e questa eccessiva arrendevolezza lasciano Cesare perplesso. Sono sospette. Il suo istinto gli dice che i Galli stanno tacendogli qualcosa. In ogni conversazione, in ogni incontro privato c'è un'aura pesante di non detto. Non mentono, forse, ma sono sfuggenti ed elusivi. Sembrano avere una dannata fretta che lui accetti di divenire il loro protettore perché sanno bene di essere esposti a un pericolo incombente. Cesare, prima di accettare responsabilità, vuole capire a cosa sta andando incontro.

Si affida a Diviziaco, che è il suo uomo di fiducia quando si tratta di mettere ordine nel confuso guazzabuglio politico che è la Gallia. L'Eduo, con il tatto e la furbizia da grande diplomatico che lo contraddistinguono, organizza un incontro riservato fra Cesare e principi più influenti.

È un gioco a due perfettamente orchestrato. Rassicurati dalla presenza di un ospite benevolo e generoso e forse anche dal buon cibo e dalle libagioni di un banchetto, i Galli, pian piano, incalzati da Diviziaco che sa sempre esattamente quali corde vanno toccate, allentano le difese e iniziano a parlare.

Il quadro della situazione che gli presentano è assai diverso da quanto immaginava. Sono terrorizzati. Cesare scopre così che nel gioco a cui sta giocando c'è una variabile imprevista, un convitato di pietra. Non erano gli Elvezi il vero problema della regione. Il problema sono i Germani e il loro ambizioso re, Ariovisto.

È un uomo furbo, scaltro e ben ammanicato. Anche se non si sono mai incontrati di persona, per Cesare non è uno sconosciuto. Quando era console gli ha fatto riconoscere dal Senato il titolo di amico del popolo romano, perché era riuscito a pacificare e riunire sotto al suo comando diverse tribù al di là del Reno, garantendo a Roma un confine più tranquillo. Ma allora appunto Cesare era console a Roma e la spiccia brutalità con cui Ariovisto si era fatto strada fra i suoi assoggettando i vicini e minacciando i confinanti poteva essere tollerata o tralasciata del tutto. Ora che si ritrova faccia a faccia con chi da Ariovisto viene tiranneggiato e minacciato, la faccenda cambia, perché il responsabile dell'ordine in quell'angolo del mondo è lui.

Ariovisto è intelligente, e subdolo. Ha capito come sfruttare a suo vantaggio le lotte intestine e le invidie che dividono le tribù galliche. Edui e Arverni per anni si sono combattuti creando due fronti contrapposti. Quando gli Edui stavano per avere la meglio, gli Arverni e i Sequani hanno cercato un nuovo alleato. Ariovisto ha colto l'occasione. I suoi guerrieri germanici sembravano la soluzione perfetta. Li ha fatti passare il Reno per dare man forte agli Arverni. Ma poi, una volta entrati, ha stabilito che i suoi avevano il diritto di restare. Si è preso i campi e il territorio dei Sequani, decidendo che erano roba sua. Che poi è quello che vorrebbe fare anche Cesare in nome di Roma. Per questo capisce che Ariovisto è qualcosa di più che un semplice avversario: è un concorrente pericoloso.

Sono due politici scaltri quelli che si trovano di fronte alla stessa scacchiera ad affrontare una partita. Cesare chiama Ariovisto a un incontro, ma il germano non accetta: se Cesare gli vuole parlare, che venga lui. Il messaggio è chiaro: Ariovisto tratta da pari a pari, non si sente in obbligo con Roma, e tanto meno con Cesare. Quella parte di Gallia è sua, non ha bisogno di supervisori e nemmeno di alleati per gestirla. Se Cesare vuole comandare, prima deve batterlo sul campo.

È guerra. E Cesare sa che ciò che gli permetterà di vincere non sarà la forza, ma la velocità. Ariovisto sta mobilitando i suoi perché passino in fretta il Reno: lui deve arrivare prima. A marce forzate spinge i suoi uomini fino a Vesonzio, l'ultimo baluardo dei Sequani. E qui si acquartiera, per conoscere meglio il suo nemico.

L'OMBRA DI UNA RIVOLTA

Vesonzio, 58 a.C.

Intelligence, la sottile arte dello spionaggio. Tendiamo a considerarla una pratica moderna, ma in realtà è antica. Greci e Romani l'hanno inventata ed esercitata fin dalla notte dei tempi. Cesare la conosce. E la ama.

La piazza di Vesonzio è un pullulare di mercanti. Il suo essere l'ultimo avamposto dei Sequani, città di confine, la rende il luogo ideale per scambiare merci e fare provviste prima di addentrarsi verso le terre ignote del Nord. Cesare si mischia alla folla di viaggiatori, li invita a cena, vuole ascoltare le loro storie, indagare i costumi dei Germani che si appresta a combattere. Rapidità e fretta sono cose ben distinte: Cesare pratica la prima e diffida dell'altra. I suoi blitz sono fulminei, mai improvvisati. Saper cogliere l'attimo implica studiare attentamente quando si presenta l'occasione giusta.

Purtroppo le informazioni viaggiano nei due sensi. I mercanti raccontano dei Germani, questi giganti biondi e muscolosi che passano la vita a combattere e non hanno paura di nulla. Cesare li ascolta attentamente per capire chi ha di fronte. Ma i suoi uomini, invece, a quei racconti vengono presi dal terrore.

Dapprima non se ne rende ben conto. Si stupisce solo di troppe strane richieste di permessi. Alcuni tribuni militari e prefetti, i più giovani, che si sono arruolati sull'onda dell'entusiasmo o per amore dell'avventura, ma senza avere alle spalle grandi esperienze di guerra, paiono accorgersi tutti di avere urgentissimi affari di famiglia da seguire a Roma. È incredibile come due o tre giorni a Vesonzio facciano improvvisamente tornare loro in mente quanto anziani siano i padri, bisognose di cure le madri malate, o quanto necessitino di guida i fratelli minori. Quelli che non chiedono permessi sono comunque frastornati e nervosi. Si ritirano spesso nelle tende, sospirano, qualcuno piange. Si scopre che molti inviano a casa lettere struggenti o scrivono di nascosto testamenti che affidano ai compagni in partenza.

Piano piano però troppe cose non tornano. Le voci serpeggiano, si diffondono, montano. In tanti si fanno domande angoscianti. Chi potrà mai fronteggiare queste montagne di uomini abituati a muoversi come demoni nelle selve? E dove li sta portando, Cesare, per la sua sete di gloria?

Non sono più soltanto le giovani reclute a essere spaventate. Anche i legionari, i centurioni con più esperienza, i primipili cominciano ad avere perplessità e a mostrarsi insicuri. Non dicono di avere paura dei Germani, no. Ma esprimono seri dubbi su come sia stata organizzata la campagna, sugli Edui che hanno già tradito in passato, sul grano e sui rifornimenti che potrebbero tardare. È una spirale che si autoalimenta: l'incertezza si trasforma in paura, la paura in panico. Nel campo tutti si guardano con sospetto. Non vogliono essere i primi a parlare, ma neppure vogliono rimanere zitti. E qualcuno parla, infatti. Una sera uno degli ufficiali decide che il comandante deve essere avvertito di quanto si sente dire a mezza bocca in giro nel campo: «Se dai l'ordine di levare le tende, potrebbero rifiutarsi di obbedire. Devi fare qualcosa». Cesare forse fino a quel momento non ha valutato appieno quanto la situazione sia degenerata. Ma reagire velocemente è una delle sue caratteristiche.

Fa qualcosa. Convoca immediatamente una riunione del suo stato maggiore.

SOLDATI DI CESARE

Guardarsi negli occhi. Come si fa tra membri della stessa famiglia, come si fa tra pari. Cesare li ha riuniti tutti, lì, davanti a lui, nella sua tenda. Non solo lo staff ristretto, ma anche gli ufficiali di rango minore e i centurioni, quelli che danno direttamente gli ordini alla truppa. È raro che un *imperator* allarghi così tanto una riunione. Di solito solo i collaboratori più stretti ricevono ordini diretti dal comandante, e gli altri ne hanno comunicazione a ricaduta. Ma quella non è una riunione. È uno snodo. Uno di quei punti di svolta che bisogna gestire e superare, se si vuole andare avanti.

Cesare non è uno sprovveduto. Sa benissimo quali possono essere le implicazioni per un comandante che non sappia tenere a freno le sue truppe. Il Senato romano non è indulgente con i generali incapaci di imporre la disciplina ai propri uomini. Ma una destituzione potrebbe essere un problema secondario. La fine di suo suocero Cinna ai tempi della guerra civile con Silla gli fornisce un esempio ben più inquietante. Non rischia solo di perdere il comando: se l'esercito decide di rivoltarglisi contro, rischia la vita.

Cesare però non è Cinna. Non si chiude a riccio, non si presenta attorniato dalla sua guardia personale. Non si nasconde, non ignora. Si mette di fronte a loro, senza mediazioni.

Sa che deve fare i conti con un nemico difficile da fronteggiare: la paura. È un sentimento irrazionale che può essere arginato solo da una cosa: il carisma. La straordinaria efficiente macchina dell'esercito romano si basa su questo: che i soldati abbiano una cieca fiducia in chi li guida. Il rapporto con il comandante è esclusivo, totalizzante: lui è uno di loro, loro sono suoi. Gli affidano la loro vita, per questo sono disposti a combattere fino alla morte. La strategia e l'abilità tattica sono secondarie se non scatta questo rapporto di totale immedesimazione. Comandante ed esercito agiscono come una cosa sola perché lo sono. Lo ha visto accadere tante volte: con Mario, con Silla, con Pompeo. Ora sta a lui dimostrare di essere in grado di creare con i suoi soldati questo legame.

Ma per costruirlo non ha intenzione di cedere a ricatti o a compromessi. Lui è Cesare, loro sono i suoi soldati. Quando se li ritrova davanti non fa sconti e non accetta scuse. Li sferza, li provoca. Ha bisogno di militari, non di vigliacchi. Ricorda loro quante volte i Romani hanno già sconfitto quegli stessi Germani in battaglia, vincendo i Cimbri e i Teutoni ai tempi di Mario, e come loro stessi abbiano travolto gli Elvezi e le altre tribù sotto il suo comando. Non si fidano più di lui? Mettono in dubbio il suo giudizio?

«Volete andarvene? Andate!» tuona. «Io domani mattina toglierò il campo, a costo di andare a combattere da solo, con la Decima legione, che è la mia scorta personale. Sta a voi dimostrarmi se in voi c'è ancora il senso del dovere, o solo paura e vergogna.»

Loro arrossiscono, balbettano, restano imparpagliati. Si vergognano anche solo di aver pensato di poterlo abbandonare.

Nella notte, alle tre, quando ancora l'alba non è sorta, Cesare li sveglia e fa levare il campo. Si va a inseguire Ariovisto.

Nessuno diserta.

NEMICI

Vicinanze di Vesonzio, 58 a.C.
La collina è brulla, quasi priva di vegetazione. L'hanno scelta apposta, perché così è facile, per i soldati che si sono fermati a poca distanza, controllare da lontano che le cose vadano come

si è stabilito. Cesare sale, attorniato dalla sua scorta. Spera che Ariovisto non si accorga di quanto siano barcollanti i suoi uomini sui cavalli. Non sono cavalieri, sono i legionari della Decima, che considera la sua guardia personale. Sono abituati a combattere ovunque, però a piedi, e con sotto al sedere un animale si sentono insicuri. Ma ha voluto loro perché della cavalleria edua alleata ormai non si fida. Se deve andare a parlamentare con Ariovisto, vuole essere in compagnia dei suoi.

Uno dei legionari sommessamente bestemmia tentando di rimanere in equilibrio.

«Di che ti lamenti?» dice uno dei compagni. «Cesare aveva solo promesso di promuoverci centurioni, e ci ha addirittura fatto diventare *equites*!»

Ridono tutti.

Ariovisto li attende, anch'esso scortato dai suoi fedeli. Lui e Cesare non si sono mai incontrati di persona. E forse è per questo che entrambi hanno voluto un abboccamento. Vogliono guardarsi in faccia prima di combattersi sul campo. Sono uomini fatti della stessa pasta. Chissà, in altre circostanze avrebbero persino potuto divenire amici. Ma entrambi stanno cacciando la stessa preda: la Gallia.

L'incontro è veloce. Non hanno in realtà molto da dirsi. Cesare ricorda ad Ariovisto che i Romani gli hanno riconosciuto grandi benefici, e altri sono disposti a riconoscergliene in futuro. Ma gli Edui sono alleati e i Sequani anche: deve lasciare le loro terre e ritirarsi.

Ariovisto sogghigna. Non è lì per farsi dire da un romano come gestire le terre che ha conquistato. Tantomeno da un romano come Cesare. Anche Ariovisto ama conoscere tutto sui suoi avversari. E le sue spie lo hanno informato che nell'Urbe molti sarebbero ben felici se il proconsole in Gallia trovasse la

sua fine. Cesare farebbe meglio a pensarci bene a scendere in
guerra. Se Ariovisto lo uccidesse, anziché essere punito, potrebbe persino ricevere un premio da Roma. Si premia sempre, in
fondo, chi risolve un problema.

Le due delegazioni si accomiatano. L'incontro è stato apparentemente inutile. Ma non per Cesare. Ariovisto gli ha confermato che nell'Urbe qualcuno spera nel suo insuccesso, forse
potrebbe addirittura tramare per favorirlo. Ora sa che deve
vincere questa guerra.

E non per Roma. Per rimanere vivo.

LO SCONTRO

Pianura nei pressi dei monti Vosgi, 58 a.C.

Una goccia, due gocce, tre gocce di albume. Lentamente
cadono dalle punte delle dita dentro alla ciotola d'acqua. Le
donne silenziose scrutano quale forma si intraveda nel liquido
intorbidito. Da sempre le mogli dei Germani compiono questo
rito per sapere cosa riservi al loro popolo il futuro.

Una luna. Così interpretano quello che vedono depositarsi
sul fondo della ciotola. Annuiscono, poi danno il responso ad
Ariovisto. Non bisogna accettare battaglia prima di un mese.

Il re dei Germani ama rispettare le tradizioni del suo popolo.
Per questo prima di attaccare i Romani ha chiesto alle donne di
consultare gli dèi e ottenere un vaticinio. E ci si attiene.

I Romani sono spiazzati. I Germani sono lì, accanto a loro,
ma non attaccano battaglia. Per giorni li provocano, senza ottenere altro che qualche risibile scaramuccia. Persino quando
sembrano essere in vantaggio, i Germani si limitano a qualche
breve incursione e si ritirano immediatamente, lasciando che alcuni di loro restino in mano nemica pur di non venire coinvolti

in uno scontro campale. Cesare odia essere tenuto in sospeso, soprattutto perché non ne conosce il motivo. Scatena le sue spie, interroga i prigionieri. Così viene a sapere dell'oracolo. Decide che la superstizione deve essere sfruttata a suo vantaggio. Se Ariovisto non vuole attaccare, bisogna costringerlo.

Ha meno uomini di lui, ma non importa: la tattica e l'addestramento dei legionari possono ben supplire una leggera inferiorità numerica sul campo. I Germani vanno stanati. Lascia negli accampamenti solo gli uomini strettamente necessari per garantire una minima difesa e fa avanzare gli altri con lui. Li dispone su tre file, a ranghi serrati. Si muovono silenziosi e determinati, come l'onda di un'enorme marea che erode la battigia.

Li schiera di fronte all'accampamento germano. Stavolta Ariovisto e i suoi non hanno scelta. *Non posso più rinviare.* Escono dal campo, lasciandosi alle spalle le donne che sui carri li incitano e gridano loro di uccidere i nemici se non vogliono vederle morire o essere prese prigioniere.

Cesare valuta la massa di guerrieri che ha di fronte. I barbari sono numericamente di più, certo, ma sono disorganizzati e dispersi. Sono disposti a gruppi, in base alla tribù di appartenenza o al clan. Non formano una schiera compatta, ma capannelli e macchie. Ogni capo tribù controlla i suoi, ma non ha alcuna autorità sugli altri uomini, e nessuno può coordinare le azioni o passare gli ordini. Comanda ai soldati di serrare i ranghi e si assicura che gli ufficiali siano a capo di ogni settore, per garantire un controllo puntuale di ogni manipolo di uomini. Poi si mette a capo dell'ala destra, perché lì ha individuato il punto debole nello schieramento nemico.

Dà il segnale. L'attacco è così veloce che non si fa nemmeno in tempo a lanciare i giavellotti. È subito mischia. I Romani inizialmente sfondano travolgendo le prime file, poi proseguono, determinati, spingono, si arrampicano sugli scudi dei nemici chiusi in falange e glieli strappano dalle mani, per poterli colpire con i gladi dall'alto, a morte. I barbari non riescono a resistere. La confusione prende il sopravvento, la mancanza di organizzazione scatena il panico.

Si mettono in fuga verso il Reno. Quando arrivano alle acque gonfie del fiume, cercano disperatamente qualche mezzo per attraversarlo. I Romani li incalzano. Disperati, molti si gettano a nuoto e i gorghi della corrente li trascinano sul fondo. Anche Ariovisto si è volto alla fuga. È ansante, frastornato, sconfitto, e non può fare altro che impadronirsi di una delle barche e cercare scampo sull'altra riva.

Quando arriva dall'altra parte la luna illumina il campo di battaglia su cui trionfano i Romani.

È piena, gli dèi hanno mantenuto la loro parola.

È un effetto domino quello che travolge i barbari. Gli Svevi a seguito della sconfitta di Ariovisto vengono presi dal terrore. Ubi e Sequani ne approfittano per regolare vecchi conti in sospeso. È un altro massacro. Cesare è ben contento di lasciare loro il lavoro sporco. Lui è senza dubbio il vincitore assoluto della partita. Lascia gli eserciti negli accampamenti invernali presso i Sequani, sotto il comando di Tito Labieno, e torna nella Transalpina, a svernare.

I BELGI

Le missive, mese dopo mese, si fanno sempre più serrate e preoccupate. Dagli accampamenti in Gallia Tito Labieno, che Cesare ha lasciato a controllare la situazione mentre lui sverna a Sud, non è per niente tranquillo. I Galli del Nord, i Belgi, tramano qualcosa.

Al contrario degli altri Celti, sono di origine germanica, e ben fieri di questo. Sono bellicosi, chiusi ai commerci, più rozzi dei vicini, e anche se da sempre sono in rotta con i Germani e coinvolti con loro in continue guerre per il controllo della sponda del Reno, si considerano loro affini, legati dalla comunanza di stirpe, e non hanno ben accettato la sconfitta di Ariovisto. I Romani intercettano missive, le spie riferiscono di incontri segreti e scambi di ostaggi fra le tribù, come se stessero costruendo una grande alleanza per un attacco comune. Un quadro confuso e incerto, che però non lascia presagire nulla di buono.

Cesare conosce troppo bene Labieno per dubitare delle sue valutazioni. Sono coetanei. Si frequentano da più di vent'anni, da quando, ragazzi, hanno militato insieme al comando di Servilio Vatia, nella campagna contro i pirati in Cilicia. A Roma hanno collaborato in politica, perché Labieno è sempre stato uno dei *populares*, ed è anche uno dei più fidi amici di Pompeo. Ma in Gallia il loro rapporto si è stretto. Cesare ha di Labieno piena fiducia, quasi fosse un altro se stesso. Lo stima e lo ascolta. Non è un uomo che si faccia prendere dal panico senza motivo e ha un istinto sopraffino quando si tratta di capire cosa nascondano i nemici. Se dice che qualcosa non torna, Cesare non dubita che la faccenda sia grave. Ora i due, lettera dopo lettera, studiano assieme l'evolversi della situazione.

Da quando Cesare è arrivato, gli equilibri della regione sono stati stravolti. I Galli possono essere barbari, ma non sono certo stupidi. Hanno capito che il vero obiettivo di Cesare non è più una sorta di supervisione, ma la conquista. Adesso poi conosce meglio il territorio e le genti che lo abitano, e si è fatto un'idea delle popolazioni e delle risorse presenti: metalli, oro, uomini, vaste pianure coltivabili dove stanziare coloni, fiumi da trasformare in vie di comunicazione e arterie commerciali, *oppida* indigeni da commutare in avamposti. Perché dovrebbe rimanere un arbitro quando può diventare un padrone? La sua grande abilità è sempre stata quella di adattarsi alle circostanze, intuire possibilità, saper sfruttare quelle che gli si presentano o, quando non si presentano, crearle. La Gallia è il campo perfetto in cui esercitare queste doti.

Ma per lui si rivela anche altro: è lo scenario ideale per esaltare le sue capacità e trasformarlo in qualcosa di più che un semplice comandante fortunato. Solletica la sua curiosità, lo spiazza, lo sfida, lo affascina come nessun'altra terra ha fatto prima. Eccita la sua fantasia e la stimola.

Ha tutto per risultare esotica e misteriosa: le selve, i barbari, i riti magici dei druidi, il sottile terrore che nei Romani ha sempre instillato il misterioso ed oscuro Nord. È una magnifica quinta teatrale sulla quale stagliarsi come un eroe.

I grandi condottieri del passato, da Alessandro agli Scipioni, si sono sempre portati al seguito i loro storiografi ufficiali, perché nel mondo antico, da Omero in poi, una cosa è stata chiara ai conquistatori: che vincere una guerra non conta nulla se nessuno rende immortali le tue imprese. Cesare non ha al suo seguito uno storiografo. Quando è partito per la Gallia nessuno pensava che il suo mandato proconsolare si sarebbe trasformato in un'impresa degna di essere ricordata e trascinarsi dietro un narratore sarebbe sembrata l'ennesima sbruffonata di un damerino vanesio.

Ma non ha bisogno di un cantore o di un cronista. Lui stesso è un intellettuale, uno scrittore, un uomo abile nel comporre opere letterarie con gusto raffinato. Fin dai tempi in cui come giovane avvocato perorava cause nel Foro, ha compreso a fondo la grande potenza delle parole. Sono loro che smuovono gli animi, li convincono, li persuadono, li aizzano o li tranquillizzano. Le ha usate per vincere nei tribunali, per perseguire i nemici, per controllare a suo piacimento le masse a Roma. Ora decide di utilizzarle per raccontarsi in terza persona e costruire attraverso di esse il suo mito. Si sdoppia, in narratore e narrato: voce che registra e protagonista delle sue stesse imprese. La Gallia ha davvero un potere magico e arcano. È come se all'improvviso tutti i volti di Cesare, i molteplici aspetti della sua personalità che in qualche modo erano rimasti fra loro disconnessi, in quella terra si ricongiungessero e cominciassero a lavorare insieme in meravigliosa armonia. Il politico, il militare, il diplomatico, il geografo e infine il narratore si amalgamano e si fondono e finalmente appare sulla scena un uomo nuovo, un protagonista a tutto tondo: Cesare.

Roma infatti pende dalle sue labbra. Fin dai primi mesi del proconsolato ha abituato i senatori e il popolo a seguire la sua campagna quasi in presa diretta, tramite i dispacci puntuali inviati come rendiconto. Sono qualcosa di più che semplici resoconti militari. I suoi commentari sono sintetici, stringati, ma eleganti, pensati per sedurre le folle con un linguaggio in apparenza semplice e diretto, ma in realtà studiato in ogni singolo dettaglio. Sembrano un resoconto oggettivo e distaccato degli eventi, scivolano via come l'acqua, ma sono i mattoni con cui Cesare costruisce il suo mito. Una narrazione sorvegliatissima in cui lui è l'eroe di un'impresa epica, un'epopea romana. Divengono il suo strumento per far accettare l'idea di una campagna di vera e propria conquista militare, che quando il Senato aveva assegnato a Cesare le province nessuno avrebbe lontanamente potuto ipotizzare. Una terra di boschi e di selve, dove l'unico rischio era la noia, avevano pensato. Il posto giusto per affossare ogni velleità di guadagnarsi fama sul campo.

Come al solito, messo alle strette, Cesare ha ribaltato il tavolo e preso di sprovvista tutti i giocatori. Ora lui racconta invece una Gallia in subbuglio, fonte di possibili pericoli per l'Urbe e per gli interessi di Roma, un confuso magma di tribù agitate, di popoli pronti allo scontro o di alleati indifesi che non si possono abbandonare al loro destino, di barbari furbi, crudeli e subdoli che vanno domati per impedire loro un domani di attaccare l'Italia. È abile, accorto nel costruire dispacci che si susseguono come puntate di un romanzo, in cui la suspense cresce a poco a poco, i protagonisti si svelano attraverso accenni e richiami da un episodio all'altro. E anche se tutto sembra raccontato in maniera piana, fredda, obiettiva, in realtà quella di Cesare è una grandiosa architettura propagandistica volta a disegnare se stesso come un provvidenziale salvatore.

Si è presentato con la maschera del protettore e del pacificatore in Gallia e a Roma con quella del ligio proconsole mandato solo a mantenere l'ordine. Ora è tempo di toglierle entrambe e dimostrare chi è veramente.

BIBRACTE

Quindici giorni: in due settimane Cesare con le nuove legioni che ha arruolato arriva a marce forzate nel Nord e chiama a raccolta alleati e amici. I Belgi, sotto il comando del loro re Galba, hanno costruito una coalizione estesa, una massa formata da tribù affini: Bellovaci, Atrebati, Ambiani, Morini, Nervii. Fra i loro vicini, solo i Remi si rifiutano di aderire e restano fedeli ai Romani. La pagano cara. Bibracte, la loro capitale, viene messa sotto assedio.

Cesare affida a Diviziaco, come sempre fedele, una manovra diversiva. Deve devastare il territorio dei Belgi. Poi si muove. Arriva a Bibracte di notte, con il suo esercito composto, formato da frombolieri delle Baleari, cavalieri numidi, legionari. Bibracte è allo stremo, ha resistito a stento agli assalti, ma vedendo arrivare i Romani respira.

Comincia una guerra di nervi, perché Cesare come al solito non ama la fretta. Studia il terreno. Pianifica. Se c'è una cosa che i Romani sanno fare bene è organizzarsi. Il genio militare è il vero nerbo del loro esercito, ancor prima che la legione. Sono uomini addestrati non tanto a combattere, quanto a preparare tutte le infrastrutture necessarie al successo in battaglia. Hanno esperienza nella costruzione di ogni tipo di macchina da guerra, torre, catapulta, ariete, ponte, e la capacità di adattarle o di inventarne di nuove alla bisogna. Gli ingegneri militari romani sono più caparbi dei veterani delle prime linee: in guerra per loro non esistono problemi, esistono soltanto soluzioni.

Fidandosi dei loro consigli, Cesare scava trincee, posiziona le macchine, studia la strategia, prepara il campo di battaglia e gli uomini. Poi, quando è pronto, dà il segnale. Sfrutta a suo vantaggio la conformazione fisica, chiudendo il nemico fra il fiume e una palude. E quando è lì, fa scattare la trappola. Il grosso dei Belgi viene sconfitto mentre cerca di passare il fiume, gli altri si rendono conto di essere bloccati. Vogliono solo tornare in patria. Di notte tentano la sortita. Cesare li sente, dà l'ordine di inseguirli, di braccarli come animali. Non si fa scrupolo se sono ormai una colonna in fuga.

Poi si volge contro i Bellovaci. La faccenda è più delicata. Sono sempre stati vicini agli Edui e Diviziaco preme perché vengano trattati con una qualche clemenza. Si sono schierati contro i Romani perché i loro capi li hanno ingannati e sobillati. La prova è che, ora che la situazione si è fatta critica, quegli stessi capi si danno alla fuga, rifugiandosi in Britannia. È la prima volta che il nome dell'isola viene fatto e che Cesare si rende conto dei legami che quelle genti hanno attraverso la Manica.

Prende nota, tornerà tutto buono a tempo debito.

IL DEMONE DELLA GUERRA

Intanto la sua collera si indirizza contro i Nervii. Sono forse il popolo più barbaro che fa parte della coalizione. Con i Romani non hanno mai avuto rapporti, anche perché vietano l'ingresso nel loro territorio persino ai mercanti, per evitare che possano corrompere con il denaro i loro costumi. Non amano il vino, non amano il lusso. Disprezzano i Belgi per essersi arresi così facilmente a Roma. Non prendono nemmeno in considerazione l'idea di mandare messi a trattare. Se guerra deve essere, con loro sarà all'ultimo sangue.

Cesare non ha alcuna intenzione di tirarsi indietro. La Gallia lo ha cambiato forse più di quanto lui stia cambiando la Gallia. Non è più un novellino, è un conquistatore.

È una campagna dura, violenta. I Nervii conoscono bene il loro territorio, ne sfruttano ogni palmo a loro vantaggio. Non hanno cavalleria, ma sono in grado di bloccare l'avanzata dei cavalieri con trappole, alberi e cespugli che vengono piegati e usati come barriere, veloci incursioni di guerriglia. Si nascondono nei boschi ai piedi dei colli vicino al fiume Sambre e lì attendono i Romani. Quando arrivano, escono all'improvviso dalla selva, travolgono i cavalieri, si lanciano verso il fiume da un lato e contro l'accampamento romano dall'altro, che ancora non ha nemmeno completato le fortificazioni. Tutto sembra perduto.

Cesare stesso rimane spiazzato dall'onda d'urto. Ma è un attimo. Si riprende, comincia a dare ordini. È nella peggior situazione possibile. Le legioni non possono operare di concerto sul campo di battaglia, perché i Nervii lo hanno disseminato con le loro barriere fatte di tronchi piegati e cespugli. La Nona e la Decima legione, sotto il comando di Labieno, però sfondano, travolgendo gli Atrebati, alleati dei Nervii, l'Undicesima e l'Ottava resistono, ma l'accampamento è sguarnito e i Nervii puntano dritti lì, contro Cesare. I suoi sono allo stremo delle forze, nel caos si impacciano a vicenda; qualcuno, rimasto senza comandante e senza ordini, sbanda e si volge alla fuga. Cesare si butta nella mischia, chiama i centurioni per nome a uno a uno, ordina ai manipoli di allargarsi per permettere ai soldati di maneggiare meglio le spade. È una manovra arrischiata, disperata forse. Ma riesce: spezza l'accerchiamento.

Labieno, intanto, con la Decima ha conquistato uno dei colli, vede la situazione, scende in aiuto. La cavalleria che prima era stata dispersa a quel punto riesce a ricompattarsi, torna indietro e travolge i Nervii. Si combatte palmo a palmo, ci si arrampica sui mucchi di cadaveri per colpire meglio i nemici. Non è una battaglia, è un macello, un inferno di frecce, di giavellotti, di grida indistinte e infernali. Quando finisce, le donne e i vecchi che si sono rifugiati nella palude mandano messi a Cesare e chiedono pietà.

Il popolo dei Nervii non esiste più. Si possono solo contare i cadaveri mentre il silenzio ricopre la piana.

GLI ATUATUCI

Gli Atuatuci non se ne capacitano: dall'alto delle loro imponenti stature germaniche non capiscono come quei nanerottoli dei Romani possano aver vinto i Nervii in guerra. Sono discendenti di quei Cimbri e Teutoni che ai tempi di Mario hanno portato la devastazione fino in Italia e solo con grande difficoltà sono stati respinti, e guardano ai Romani con un malcelato disprezzo. Non li reputano alla loro altezza.

Sono arrivati troppo tardi per portare aiuto ai loro alleati e quindi si sono asserragliati nella loro principale roccaforte.

I Romani li assediano, testardi e tignosi. Hanno innalzato un vallo e un terrapieno e ora stanno costruendo una torre per avvicinarsi alle mura, sotto il comando di quel Romano alto e pallido, dallo sguardo nervoso, che cammina su e giù dando ordini ai suoi con freddezza e studia poi in silenzio la situazione per ore e ore.

Tanta determinazione li spiazza. Non si può essere così testardi se non si ha dalla propria gli dèi. Soprattutto è la torre a spaventarli. Temono che, accostata alle loro mura, possa facilmente consentire ai Romani di entrare nella fortezza. Dicono a Cesare di essere disposti ad arrendersi.

Cesare non si fida, chiede che consegnino le armi. Alla mattina, dalle mura della roccaforte, vengono gettate nel fossato spade, lance, scudi. Un tale valanga che la loro altezza ricopre il fossato e quasi raggiunge il terrapieno.

Sembra che sia finita, ma è solo una finta. Nelle case, nascoste, gli Atuatuci hanno tenuto altre spade e intrecciano in fretta scudi di vimini e pelle. Non appena scocca la mezzanotte escono nel buio, si calano come ragni per tentare un assalto contro le fortificazioni e la torre.

Cesare non ha creduto per un attimo alla loro resa. Non appena le vedette li scorgono, un sistema di segnalazioni con i fuochi dalle torrette allerta le guardie romane. I legionari, che avevano avuto l'ordine di rimanere in allerta, reagiscono prontamente. Una pioggia di frecce viene scagliata sui barbari. Quattromila Atuatuci vengono colpiti a morte, gli altri cercano riparo in città. Ma l'ira di Cesare non perdona. Le porte sono abbattute, gli Atuatuci presi prigionieri e venduti. Sono cinquantatremila. Non rivedranno mai più la Gallia.

LA RIVOLTA DEI VENETI

Bretagna, 56 a.C.

Nella sala centrale del *castrum* il giovane cavaliere fa il saluto militare ansando. È senza fiato. Ha cavalcato a rotta di collo per tutta la notte, schivando pericoli e agguati. Si regge in piedi a stento. Quasi balbetta mentre riferisce ciò che deve annunciare. Gli ambasciatori romani mandati presso i Veneti e le altre tribù per chiedere grano e provviste non torneranno: sono stati presi prigionieri.

Publio Licinio Crasso, il figlio del triumviro, ascolta la notizia preoccupato, ma non sorpreso. È un ragazzo intelligente, sveglio, sagace. Cesare, che ha deciso di andare nell'Illirico, l'altra provincia che gli è stata assegnata, lo ha lasciato al comando per presidiare il territorio. In teoria è una terra pacificata. In pratica il fuoco della ribellione cova da mesi.

Sono ricchi, i Veneti, e orgogliosi. Hanno un Senato, e un prestigio tale che consente loro di essere il punto di riferimento politico per tutte le altre tribù vicine. La loro flotta dagli scafi possenti è l'unica che può affrontare la navigazione nell'Oceano e arrivare alla Britannia. I loro porti sono l'ultimo avamposto prima dell'ignoto. Si sono assoggettati a dare ostaggi e appoggio a Cesare quando tutto sembrava perduto per i Galli. Ma ora Cesare è lontano e loro non sono disposti a mantenere l'esercito e ad accettare ordini dal suo giovane tirapiedi. L'arresto degli ambasciatori viola ogni possibile legge: è un aperto atto di ribellione e di guerra.

Crasso avverte Cesare, che si muove verso le Gallie e intanto ordina di costruire una flotta sulla Loira. Sa bene che la situazione è pessima. I Romani sono avvezzi alla guerra terrestre, conoscono poco e male i luoghi e gli approdi, non hanno mai navigato sull'Oceano. Le navi dei Veneti sono grosse, veloci, impossibili da attaccare con i rostri, difficili da colpire con le frecce per via degli scafi alti come mura, pericolose da inseguire sui fondali bassi, perché le loro chiglie piatte scivolano sopra gli scogli e le secche. Tutto in apparenza gioca contro i Romani.

Ma il giovane comandante a cui Cesare ha affidato la flotta, Decimo Giunio Bruto, non si lascia spaventare: studia. Ha imparato a meraviglia la lezione cesariana: quando le circostanze sono impossibili, è inutile combatterle, bisogna rovesciarle.

La forza propulsiva delle navi dei Veneti sono le vele, fatte di pelle perché nessuna stoffa potrebbe reggere la furia delle tempeste sull'Oceano. Se le vele sono rese inutilizzabili, gli scafi veneti non hanno modo di muoversi né di scappare: sono troppo pesanti e massicci per potersi mettere in salvo a remi.

Così i Romani lasciano stare i rostri, i dardi, i rampini, le torri, le catapulte, tutto l'armamentario che di solito utilizzano per le battaglie navali. Costruiscono invece lunghe pertiche con sopra enormi falci. Con quelle si lanciano all'assalto, e tagliano le funi che fissano le vele venete ai pennoni. Senza più controllo, le navi dei Veneti diventano enormi e pesanti chiatte alla deriva. Vengono speronate, abbordate e affondate a una a una.

I Veneti chiedono pace, i loro alleati seguono l'esempio. Cesare e il giovane Crasso restano sul campo e portano avanti ancora delle operazioni militari contro altre tribù minori. Poi Cesare decide di ritornare verso sud, al di là delle Alpi. Non è il consueto riposo invernale che si concede ogni anno. Da Roma i suoi gli mandano lettere sempre più preoccupate. La situazione nell'Urbe è cambiata. In sua assenza la vecchia rivalità fra Crasso e Pompeo si è riacutizzata rischiando di far saltare il triumvirato e Roma stessa. Il generale vittorioso sui Galli deve lasciare il posto al politico e al grande mediatore. O il rischio è che, dopo tante clamorose vittorie, si ritrovi con in mano un pugno di mosche.

LUCCA

17

INTANTO A ROMA...

Roma, 11 agosto 57 a.C.

Uno schiavo si aggira furtivo nello spiazzo antistante il tempio di Castore e Polluce. La mattina è calda, la calca è tanta, la folla pressa da ogni lato. Dalla parte opposta dello slargo un capannello di clienti accompagna Gneo Pompeo, che si sta dirigendo verso la Curia. L'uomo si avvicina, si intrufola nel gruppo, come se dovesse consegnare un messaggio, ma quando è accanto al triumviro, invece di una supplica, quello che tiene in mano si rivela un pugnale. Grida, caos, spintoni. Lo schiavo viene placcato e arrestato. Lo interrogano, vogliono sapere chi lo ha assoldato. Messo alle strette, fa un nome: Publio Clodio Pulcro.

Ci si aspetterebbe una pronta reazione: la condanna del sicario e l'arresto immediato del presunto mandante. Invece non succede niente. Dopo qualche ora lo schiavo viene rilasciato e nessuno si arrischia a chiedere conto a Clodio di nulla. Le masse popolari che lo appoggiano lasciano intendere che se solo venisse accusato scoppierebbe il caos nelle strade. Nessuna autorità, non il Senato, ma nemmeno Crasso o Pompeo, si sentono di sfidarle. C'è un nome specifico per questa mancanza assoluta di reazione: paura.

Roma, al solito, è più complicata di come appare, di come viene raccontata, di come si percepisce. È un organismo complesso, un intreccio indissolubile di livelli e di strati. Il triumvirato ha il potere, ma proprio per la sua natura e per la maniera in cui l'ha ottenuto, è un potere mediato, nascosto, fatto di livelli intermedi, di uomini di paglia inseriti nei posti chiave. In teoria dovrebbero essere coordinati, mettere in atto piani, obbedire a ordini e direttive dei triumviri, come un meccanismo bene oliato, che funziona silenzioso e senza scosse. E nella maggioranza dei casi finora è stato proprio così. Ma. C'è sempre un ma, quando si ha a che fare con gli uomini. C'è chi all'interno del meccanismo si trasforma nel granello di sabbia che ferma gli ingranaggi, o peggio ancora c'è chi dovrebbe essere un docile ingranaggio e invece decide di muoversi in autonomia: non solo bloccare, ma invertire il senso del moto, dare a tutto una nuova direzione.

Ecco, quell'ingranaggio è Clodio. L'obbedienza non è mai stata una sua virtù, non la concepisce. Clodio è un uomo che ama l'anarchia, il disordine, il tumulto. Sa entrare in perfetta sintonia con le folle perché ne capisce l'intimo bisogno di rivolta, di violenza fine a se stessa, di caos. C'è in lui prepotente la necessità di ribellarsi sempre a ogni ordine costituito. Il suo ego non ammette limiti né vincoli, non riconosce legami. Non è una scheggia impazzita, ma è un uomo che non si vuole e non si sa riconoscere a lungo in alcuno schema o partito. Clodio gioca solo per sé.

Cesare sa per esperienza che gli uomini come Clodio non si controllano, al massimo si arginano. Bisogna lasciare loro ampi margini di manovra per evitare contrapposizioni inutili: non c'è mai un'alleanza stabile e definitiva, solo una serie infinita di contrattazioni e di concessioni mirate. Del resto è sempre stato un politico pragmatico: quello che conta non è tanto il percorso, quanto il risultato. Gli ha consentito di perseguire i suoi desideri, il tribunato della plebe e la vendetta contro Cicerone, perché entrambe erano mosse funzionali al triumvirato e al controllo dell'Urbe. Ma ora che è in Gallia, lontano, le notizie che di giorno in giorno arrivano da Roma e dagli altri suoi uomini sono preoccupanti. Il meccanismo cigola in maniera sinistra, gli ingranaggi sono vicini al punto di rottura.

Pompeo dovrebbe essere l'uomo forte della situazione, ma risulta distratto, appannato. Riemerge come in tutti i momenti di crisi la vecchia costante del suo carattere: sa dare ordini, ma non mediare. E quando la realtà prende pieghe che non sono confacenti ai suoi desideri, Pompeo non smussa, non si riallinea, cede all'orgoglio e al puntiglio, piuttosto lascia il campo e si ritira sdegnato. Anche stavolta, quando si rende conto che Clodio non lo ascolta e di sicuro non è disposto a obbedirgli, si chiude a riccio, offeso. Clodio lo canzona, dicendo che come un vecchio bacucco ha perso la testa per la giovane moglie, Giulia, e pensa solo a stare con lei e a farci l'amore. Lo provoca, lo dileggia. E Cesare non può nemmeno intervenire o suggerire al collega triumviro un maggior distacco dalla sua vita privata, perché è proprio l'amore che prova per Giulia a garantire la fedeltà di Pompeo al triumvirato.

Clodio intanto si muove per conto suo, causando danni. Che sia solo incoscienza o volontà di rendersi indipendente da Cesare è impossibile da sapere, ma gli equilibri così faticosamente stabiliti sono a un passo dal rompersi. Si è avvicinato a Crasso e rischia di ravvivare in lui vecchi rancori mai spenti. Pompeo e Crasso ricominciano a guardarsi con sospetto. Gli oligarchi in Senato capiscono che c'è margine di manovra e si ricompattano. È facile far arrivare a Pompeo il messaggio che

sarebbero pronti a riabbracciarlo come uno dei loro. Pompeo
è tentato, riprende anche i contatti con Cicerone, che dall'esilio
freme per essere riabilitato e aspira a quel ruolo di consigliere
di Pompeo che avrebbe dovuto avere già in passato e che non è
riuscito a ottenere per la costituzione del triumvirato.

L'attentato a Pompeo è senza conseguenze fisiche, ma è una
miccia che dà fuoco alle polveri.

IL CONVEGNO

Lucca, aprile 56 a.C.

Se Clodio è intoccabile perché può contare sull'appoggio di
masnade di suoi sodali che ormai per le strade di Roma credono di poter imporre il loro volere in barba alla legge, il fronte
variegato anti Clodio decide di rispondere con la stessa moneta.

A brigante, brigante e mezzo: viene eletto tribuno della plebe
Tito Annio Milone, che è un Clodio degli *optimates*. Anche lui
ama circondarsi di torme di gente poco raccomandabile, e con
quelle controllare le strade e i quartieri malfamati. In pratica
Roma è una terra di nessuno dove due boss si spartiscono le
aree di influenza occupandole con i loro sgherri.

Cicerone ottiene di poter tornare in patria e viene salutato
con tutti gli onori. Pompeo si spinge persino a definirlo un
salvatore della patria, il Senato gli restituisce ville e proprietà e
gli paga i danni per le devastazioni.

Il vento sta cambiando e per Cesare rischia di trasformarsi
in bufera. Crasso, che mai ha amato Cicerone, deve stare zitto e
abbozzare, perché suo figlio Publio (sì, quello che è luogotenente
di Cesare in Gallia) invece esulta, visto che considera Cicerone
un amico e un maestro. Catone intanto, per altro con l'appoggio
di Clodio, è andato in missione diplomatica a Cipro e lì si sta

arricchendo come patrono dell'isola. È riuscito anche a far dare appalti per la riscossione dei tributi a Marco Giunio Bruto, suo nipote, il figlio di Servilia. Quel Bruto che un tempo era una sorta di "protetto" di Cesare, quando lui e la madre stavano insieme, e che ora invece si è trasformato in un seguace della filosofia stoica dello ziastro Catone, il che per altro non gli impedisce di lucrare sui prestiti in Asia praticando tassi da strozzino.

Cesare è in Gallia. Le sue campagne fortunate gli stanno facendo assumere la statura di un dio della guerra. Ma conosce troppo bene Roma per non essere spaventato. I suoi uomini gli mandano dispacci dettagliati e continui, e lui intuisce che i malumori, le invidie, le insofferenze ormai stanno montando. Se vuole evitare che il triumvirato vada in pezzi, deve intervenire di persona.

Già, ma come? È un proconsole, non può abbandonare la provincia e presentarsi nell'Urbe. Così trova una soluzione di compromesso. Invita i colleghi e tutti i suoi a presentarsi a Lucca, per una specie di grande convention dove fare il punto della situazione.

Frotte di senatori si spostano verso le lande dell'Etruria come greggi in transumanza. Tutti i capi della fazione dei *populares*, ma anche molti che non contano nulla e sperano anzi così di farsi notare. Clodio non c'è, e già questo è indicativo.

Sono giorni di banchetti affollatissimi, di pubbliche congratulazioni e di chiacchiere inconcludenti. Ciò che conta davvero sono gli incontri segreti che tengono i tre triumviri, da soli. Cesare e Pompeo sono una vera famiglia. Giulia, la figlia di Cesare, è incinta e presto darà al marito un erede e a Cesare un nipote. Ma anche Crasso, che pure non ha legami di parentela diretti con i due, non può essere considerato un estraneo. Publio Licinio Crasso, suo figlio, in Gallia si è coperto di gloria e Cesare lo considera quasi un erede. Nei suoi commentari per il Senato, che poi vengono fatti circolare in pubblico e vengono letti con avidità dalle masse,

Cesare ne ha magnificato le imprese, facendolo emergere come un eroe, e il padre quindi può esserne fiero e sentirsi rassicurato.

Nella quieta Lucca i tre triumviri si ritrovano e rinnovano la loro amicizia e la reciproca stima. Anzi, approfittano per stilare un nuovo piano di azione per il futuro. Cesare vuole continuare ad avere mano libera in Gallia. Ha subodorato che il Senato vorrebbe non rinnovargli l'incarico e sostituirlo. Ma non ha lavorato anni per poi farsi soffiare all'ultimo la gloria finale. Inoltre la Gallia per lui è una continua fonte di arricchimento. Miniere, grano, schiavi: ogni città espugnata, ogni tribù sottomessa fa affluire nelle casse di Cesare una quantità di oro mai vista in precedenza e forse nemmeno mai sognata. Vivere da ricco gli è sempre piaciuto, ma la differenza è che ora può permetterselo. Può permettersi anche di pagare in denaro sonante chi gli è utile: premi ai suoi soldati, laute prebende agli amici, ai sodali, regali a chi vuole conquistare alla sua causa. È un fiume di quattrini quello che può usare a suo piacimento in politica, senza più essere vincolato ai prestiti di chicchessia.

A Lucca i tre ridefiniscono i loro obiettivi e anche, forse, gli equilibri del mondo. Se Cesare vuole tenersi la Gallia, che è il suo azzardo e la sua conquista, Crasso e Pompeo vogliono tornare i padroni di Roma. A Cesare serve chi gli assicuri la calma nelle retrovie e quindi accetta che diventino consoli. Quanto a loro, chiedono per il proconsolato terre d'Oriente. Pompeo perché le ha sempre considerate roba sua, Crasso perché adesso è lui che vuole dimostrare di essere all'altezza degli altri. Ora che Cesare è ricco quanto lui ed eguaglia per successi militari Pompeo, tocca a Crasso scendere in campo per una grande campagna. Sogna di andare a sconfiggere i Parti. Si lasciano, da buoni amici, sentendosi i padroni del mondo, i signori del destino.

Ma il destino farà presto carta straccia dei loro piani.

CRIMINALE DI GUERRA?

18

IL MASSACRO DI USIPETI E TENTERI

«Non è un comandante, Cesare è un maledetto spergiuro. Va consegnato ai Germani, perché ne facciano ciò che vogliono. Roma non deve rischiare di essere giudicata per le sue azioni!»

Catone è in piedi, nella Curia, pallido. Scandisce le parole a una a una, come fossero coltellate. Attorno a lui un silenzio imbarazzato. Persino i più accesi sostenitori di Cesare abbassano gli occhi. Le voci che vengono dal Reno sono di una tale gravità che trovare una giustificazione è difficile persino per loro, abituati in politica a giustificare quasi tutto. Ma, santi numi, c'è un limite.

Usipeti e Tenteri sono tribù germaniche. Per sfuggire alle vessazioni degli Svevi che premevano sul loro territorio, si sono spinti al di là del Reno. È un atto grave, certo. Ma è quello che le tribù stanziate sulle sponde del fiume fanno da sempre, quando si manifesta un pericolo.

I Galli, vuoi per paura, vuoi per quieto vivere, sarebbero anche disposti a lasciarle passare.

Cesare invece non lo accetta. Lo considera fin da subito un atto di aperta ostilità, un'offesa su cui non si può chiudere un occhio. Vuole la guerra, vuole il massacro. Per la prima volta in vita sua sembra perdere completamente l'abituale compassatezza e trasformarsi in un demone assetato di sangue.

È difficile capire il perché di questa decisione crudele e apparentemente poco razionale. Ma la sua furia ha invece un motivo razionalissimo e geografico. Il Reno è il confine naturale del dominio romano, e lui ha intenzione di consolidarlo e di istituzionalizzarlo. Di qua Roma, di là la barbarie. I Germani continuano invece a considerarlo un punto di passaggio facile da utilizzare e soprattutto legittimo. Nella loro percezione è un elemento del loro paesaggio naturale, familiare come le selve, le montagne, l'orizzonte in cui sono nati. Per loro, suddivisi in tribù, nomadi nelle abitudini e nell'animo, il concetto di confine è astruso. Tutta la terra è un *continuum*, un'enorme vasta landa in cui muoversi liberamente, a seconda delle circostanze e delle necessità, e in cui non esistono barriere.

Ora che hanno a che fare con Roma devono imparare invece che quel fiume è un limite e rappresenta una frattura, la separazione di due mondi: è invalicabile. Se decidono di oltrepassarlo per qualsiasi motivo, devono ricordarsi che rischiano tremende conseguenze. E devono subirle nei loro territori, sulla loro pelle. Niente si ricorda così bene come una lezione che ti viene impartita a casa tua. Gli Usipeti sono gli uomini sbagliati nel momento sbagliato: non sono pericolosi in sé, ma per Cesare devono divenire un monito per tutti.

Nega dunque loro il permesso di rimanere in Gallia, dicendo che non ci sono terre, a meno che gli Ubi, che li hanno chiamati, non cedano parte delle proprie. I Germani domandano tre giorni per inviare ambasciatori. Cesare li promette, ma non mantiene. Non vuole che gli Ubi risolvano con un atto di buon cuore una crisi che a lui serve aperta. Avanza con la cavalleria. I

Germani, preoccupati, attaccano una scaramuccia, più che altro per autodifesa. Ma non vogliono la guerra. Per dimostrare la loro buona volontà si presentano poco dopo al campo di Cesare, su suo invito, in massa, per trattare.

Lui però non vuole trattare, ha predisposto una trappola. Quando sono lì li massacra e poi piomba sul loro campo facendo strage di donne e bambini. Freddamente, scientemente. Senza un motivo, senza una giustificazione. Tutto ciò che il diritto romano prevede e garantisce persino ai nemici viene dimenticato.

Quando ha finito di sterminare gli Usipeti, si volge verso il Reno. Al di là ci sono gli Svevi e le altre tribù germaniche. Pericolose, certo, ma per ora solo verso i vicini Galli e non contro i Romani. Ma non gli interessa la giustizia, vuole seminare il terrore. Vuole colpirli a casa loro, come un tempo aveva fatto Annibale con i Romani. Insegnare quanto duro e spietato può essere il pugno di Roma per chi non accetta le sue decisioni e non rispetta i confini che essa stessa ha tracciato.

Costruisce un ponte, entra in Germania. Attacca villaggi, brucia raccolti, stermina chiunque gli si opponga. Sono diciotto giorni di violenza gratuita e devastazione. Anche chi non ha mai visto prima un romano impara ad averne paura.

Non è impazzito, e non è nemmeno cambiato. È sempre lui, Cesare: efficiente, instancabile, freddo, calcolatore. La Gallia è sua, e i Germani sono Germani. Non devono più considerarla una terra loro. La violenza è la lingua che capiscono meglio, e lui sa parlarla come pochi, quando vuole.

Quando il Senato romano viene a conoscenza degli eventi, ormai è troppo tardi per intervenire. Tutto è compiuto.

I senatori ascoltano compunti e a tratti persino indignati l'aspra requisitoria di Catone, ma poi sono pur sempre dei Romani, e i barbari solo barbari, mentre Cesare è il generale vittorioso che sta espandendo l'impero per il tornaconto di tutti. Insabbiano l'incidente con la noncuranza con cui si nasconde la polvere sotto un tappeto.

Cesare, nel frattempo, ha già in mente il prossimo obiettivo: la Britannia.

LA BRITANNIA

Coste della Britannia, fine estate 55 a.C.

Le scogliere sono alte come montagne. Si stagliano impenetrabili contro il grigio ferro del cielo. Il vento spazza la loro sommità, emettendo un suono simile a un lugubre lamento. O forse il suono proviene dalle bocche degli uomini immobili che presidiano la cima. Sono una massa oscura di teste rasate, corpi dipinti di blu, da cui spuntano qua e là lance pronte a essere scagliate e sagome di archi già incoccati. I Romani, al di sotto, sono all'impasse. Le navi non possono spingersi più a ridosso della costa, perché le loro chiglie si arenerebbero sul fondale. I Britanni quello stanno aspettando, per massacrarli.

Cesare fa un cenno stizzito. Bisogna proseguire. Risalire la costa, cercare un approdo diverso. Ha poche navi con sé. Quelle con a bordo la cavalleria sono partite subito dopo le sue, ma sono disperse. Le maledette correnti dell'Oceano sono difficili da governare e una pioggia battente impedisce ai nocchieri di seguire la rotta.

Una rada, più in là, pare adatta allo sbarco. Le acque sono basse, ma le imbarcazioni romane riescono almeno ad arrivare abbastanza vicino alla costa per permettere ai legionari di balzare in acqua e raggiungere a piedi la spiaggia. I soldati si tuffano, coraggiosi. Tengono fra le mani lo scudo e le armi, per preservarle dall'acqua, avanzano con fatica immersi fino al bacino nelle gelide onde marine. Ma quando i primi sono già quasi alla riva, dal cielo cominciano a piovere frecce e pietre. I Britanni li hanno scoperti e ora li bersagliano dall'alto. Il panico si diffonde tra le fila dei Romani. Gli uomini cadono bestemmiando gli dèi, colpiti, le acque della baia si tingono di rosso sangue. Persino i veterani più esperti esitano. Cesare si chiede se la Fortuna, sua alleata da sempre, stavolta lo abbia abbandonato. Non è così.

Un soldato con l'insegna dell'aquila si lancia in acqua: «Se non volete che cada consegnando l'aquila al nemico, seguitemi! Per la Repubblica e per Cesare!» grida.

È come se tutti ricevessero una sferzata. Cesare ordina alle navi di mettersi di traverso e ai frombolieri e agli arcieri di coprire lo sbarco con lanci di frecce. I compagni si lanciano dietro all'aquilifero, incuranti del pericolo. A uno a uno i Romani raggiungono la spiaggia, schivando le pietre, i dardi, il moto delle onde. Si ricompattano nello schieramento della legione. Attaccano i barbari. Li mettono in fuga.

Anche Cesare è lì, alla testa dei suoi uomini, coperto di alghe e di sabbia, bagnato fino alle midolla, tremante per il freddo e senza fiato. Ma è sbarcato. È in Britannia.

LE PERLE E ALTRE RICCHEZZE

Si dice che siano state le perle a portarlo fino a lì. Quelle di Britannia sono da sempre le migliori, di una purezza mai vista. O forse è per lo stagno. Le miniere britanniche ne producono più di ogni altra terra nota. Ma nessuno, pure se l'isola ha così grandi ricchezze, ha mai osato sfidare le correnti dell'Oceano, le tempeste, le nebbie lattiginose e la ferocia degli uomini che popolano questi luoghi. Cesare sì, anche se la spedizione pare nata sotto una cattiva stella.

Il comandante deve fronteggiare ogni sorta di inconvenienti. I barbari sembrano sulle prime ben disposti, o intimoriti. Dopo la battaglia iniziale inviano ambasciatori e paiono accettare alleanze. Ma una nuova tempesta si scatena. L'accampamento è sommerso, le imbarcazioni nella rada trascinate dalla marea cozzano le une contro le altre, si danneggiano e vanno a picco. È bloccato, senza navi e senza vettovaglie, in una terra ostile. Non può far altro che cercare di salvare il salvabile. Ordina che le navi meno danneggiate siano riparate recuperando i pezzi di quelle inutilizzabili. È un palliativo, lo sa, ma i suoi uomini devono sentire che non li ha abbandonati e che ha un piano per salvarli. Manda i legionari a cercare grano nei campi dei Britanni. Loro, capito che i Romani sono in difficoltà, tendono una trappola. Non è facile mantenere il sangue freddo. I Britanni usano tecniche che i legionari non hanno mai visto. Si lanciano contro le schiere romane con i carri falcati, seminando il terrore. Solo la disciplina e l'allenamento militare evitano il peggio. A ogni attacco le legioni si ricompattano, si chiudono nella testuggine e poi avanzano, Cesare in testa. Sono tenaci. Sono metodici. Questo spiazza i barbari, che finiscono con il perdere slancio e vengono battuti. Accettano di dare ostaggi e una specie di sottomissione di facciata.

Non è il successo che aveva immaginato. Ma è una lezione. Deve studiare, deve prepararsi meglio. Ora che conosce il nemico ha capito come organizzarsi.

NEMICI A PORTO IZIO

Navi. Gli servono navi. Non quelle che ha usato fino a ora. Ce ne vogliono di più leggere, maneggevoli, adatte ai bassi fondali della Britannia, per poter arrivare fin sotto le scogliere, senza farsi sorprendere dai lanci di frecce e pietre dei nemici. Cesare dà direttive per le specifiche che servono, le progetta e lascia i suoi soldati a costruirle, mentre lui amministra la giustizia e va a controllare il resto delle tribù nell'altra provincia a lui assegnata, l'Illirico.

Quando torna le navi ci sono, e a Porto Izio si sono radunati anche gli alleati Galli che ha radunato per la nuova spedizione. Ma la partenza si rivela più complicata di quanto Cesare abbia previsto. E stavolta non sono la natura dei luoghi o le tempeste o l'equipaggiamento a far sorgere problemi. È il ritorno di un alleato ambiguo e infido: Dumnorige.

Il principe eduo con gli anni non è diventato più affidabile o saggio. È rimasto uguale: ambizioso, avventato, opportunista. Per rispetto nei confronti di suo fratello Diviziaco, Cesare non ha preso esplicite misure contro di lui, ma non ha mai smesso di farlo discretamente sorvegliare dalle sue spie. Quello che gli riferiscono è grave. Dumnorige è uno di quegli uomini a cui l'ego fa perdere non solo il senso della misura, ma anche quello della prudenza. All'ultima assemblea dei capi gallici per convincere gli altri ad accettarlo come portavoce ha lasciato intendere che Cesare gli abbia offerto il titolo di re. È una menzogna, e Cesare sa bene che questa voce rischia di indebolire il suo ascendente sugli alleati. Perché Dumnorige, alla fin fine, non è particolarmente stimato nemmeno dai suoi.

Ma è a Porto Izio che lo scontro fra i due diviene aperto. I contingenti per la campagna in Britannia sono arrivati e si preparano al trasbordo senza creare problemi. Dumnorige invece si mette di traverso. Mostra insofferenza non solo agli ordini, ma anche verso qualsiasi proposta. Accampa scuse infantili di ogni tipo per non partire: dice di avere dei doveri religiosi da compiere, poi afferma di soffrire il mal di mare. Uno stillicidio di proteste che ritardano ogni operazione e innervosiscono tutti.

Cosa pensi di ottenere non è chiaro. È probabile che, esasperandolo con quelli che appaiono puntigli da bambino viziato, speri di convincere Cesare a lasciarlo in Gallia. Con il Romano al di là dello stretto, lui avrebbe buon gioco a stringere alleanze con le altre tribù e a ritagliarsi una sorta di egemonia senza tutela romana. E poi i Britanni si sono rivelati degli ossi duri: se Cesare dovesse avere la peggio e venire sconfitto, chissà.

Non si rende conto, il principe eduo, che gli agenti infiltrati di Cesare lo seguono ovunque. Riferiscono ogni sua parola, segnalano ogni suo incontro. Non può dire una sillaba, vedere qualcuno, stringere una mano senza che la sua mossa non sia riferita.

Quando le spie avvertono Cesare che l'Eduo sta sobillando i capi dei Galli perché non partano, dicendo che in realtà i Romani vogliono portarli in Britannia solo per poi ucciderli lì tutti con l'inganno, decide di agire. Non c'è più spazio per la tolleranza e nemmeno per il riguardo verso Diviziaco. Dumnorige è un pericolo e va eliminato.

Non ci vuole molto a trovare un pretesto. Dumnorige è così stupido che fornisce lui stesso l'occasione perfetta. Quando Cesare dà l'ordine agli alleati di imbarcarsi, lui con i suoi cavalieri si allontana. È disubbidire a un ordine diretto, in pratica un tradimento conclamato. Cesare non esita: dà ordine a un drappello di suoi cavalieri di inseguirlo e di ucciderlo. Dumnorige si difende dapprima a parole, affermando di essere un uomo libero e di non essere tenuto a obbedire ai Romani, ma i Romani hanno ordini precisi e sguainano le spade. Il drappello dei Romani circonda gli Edui e Dumnorige cade.

Quando la notizia arriva a Porto Izio, nessuno degli alleati piange troppo per la sua perdita. Non è solo la scarsa simpatia che provavano nei suoi confronti a consigliare loro di obbedire: Cesare ha messo bene in chiaro con quella mossa che per lui l'impresa in Britannia è strategica e non è disposto ad ammettere incertezze, ambiguità o defezioni. Può essere tollerante e magnanimo, conciliante con gli amici, in apparenza rispettoso degli alleati, ma è un romano fino alle midolla. Nessuno può considerarsi suo pari, contestare la sua autorità od opporsi ai suoi piani. Quando si tratta di dare ordini e decidere obiettivi c'è un solo capo: lui.

Si imbarcano, senza un fiato.

LOTTE DI POTERE FRA BARBARI

Sulla prora della nave ammiraglia che fa vela verso la Britannia, accanto a Cesare e agli altri alleati provenienti dalla Gallia, c'è un ragazzo. È Mandubracio, principe dei Trinovanti. È un britanno. Suo padre Imanuenzio, stimato uomo politico tenuto in considerazione da tutte le tribù, è morto da poco. È stato deposto e ucciso a tradimento da una congiura ordita da Cassivellauno, suo ex vassallo che comanda i territori a nord del Tamigi. Il nuovo re ha poi messo in piedi un'alleanza per opporsi ai Romani.

Mandubracio è riuscito a fuggire fortunosamente dall'isola. Ha attraversato la Manica, di nascosto, con un drappello di pochi uomini rimasti a lui fedeli e si è presentato a Cesare, per chiedere aiuto. Rivuole il suo trono e la sua terra, e in cambio offre il rinnovo dei patti e la sottomissione.

Ormai dopo tanti anni in mezzo a loro, Cesare ha capito che l'organizzazione politica dei Celti è fatta di tante tribù litigiose che si scontrano in faide infinite, e in cui individui singoli o capi di clan, di volta in volta, chiedono l'aiuto dei Romani per vincere i loro concorrenti o si scontrano con loro per guadagnare prestigio agli occhi degli altri barbari. È uno scenario mutevole e cangiante, ma lui è diventato un maestro nell'intuire gli interstizi in cui può insinuarsi, titillando ora l'ambizione ora la paura dei capitribù. La richiesta di aiuto da parte di Mandubracio è il pretesto perfetto. I Romani in fondo all'animo sono sempre superstiziosi: per attaccare hanno bisogno di credere di muoversi per una guerra giusta. E cosa c'è di più giusto che ristabilire sul trono un povero ragazzo orfano privato dei suoi diritti?

Ottocento vascelli: tanti sono quelli che fra gli spruzzi delle onde i Britanni vedono arrivare dal mare. Dalle alture, dove sono nascoste dietro ad alberi e cespugli, le sentinelle scorgono la flotta avvicinarsi. Il vento ha spinto i Romani leggermente fuori rotta rispetto al punto deciso per lo sbarco e poi li ha abbandonati. Ma quei demoni maledetti non si fanno fermare da nulla. A forza di remi e di bestemmie agli dèi, a mezzogiorno sbarcano, svuotano le pesanti navi da carico, ormeggiano nelle rade le barche più leggere e iniziano a costruire il campo base.

Quando viene riferito loro quanto sta accadendo, i Britanni si spaventano. Si ritirano verso l'interno. Cesare non perde tempo e decide di buttarsi al loro inseguimento. Li bracca per tutta la notte, anche se i Britanni si nascondono nelle selve e attaccano a gruppi. Arrivato a una loro roccaforte, scatena contro di loro i legionari. Questi si chiudono a testuggine, avanzano metodici, determinati. I barbari usano ogni mezzo a disposizione per fermarli: tutte le vie d'accesso sono bloccate con tronchi d'albero abbattuti, sterpi, pali conficcati nel terreno. Si combatte con foga, senza percepire le ore che passano: i legionari costruiscono un terrapieno, si arrampicano fino alla rocca, fanno irruzione. I Britanni fuggono. Cesare ferma i suoi che vorrebbero inseguirli: è quasi notte di nuovo, il tempo volge al peggio e nessuno conosce bene la regione in cui si addentrerebbero. Meglio costruire un campo e fortificarlo.

Ma quando arrivano, dei messi inviati da Quinto Atrio, a cui Cesare ha lasciato il comando dell'accampamento sulla costa, portano un'orribile notizia. Durante la notte si è scatenata una tempesta. Le navi nella rada sono state travolte e si sono scontrate le une contro le altre: cinquanta sono andate a fondo, le altre sono danneggiate.

È la maledizione della Britannia, di questa terra stregata che sembra respingere i Romani non con i suoi eserciti ma con la furia degli elementi naturali.

Cesare però non è uomo che accetti di farsi fermare dalla natura, e nemmeno dagli dèi. Ordina di mettere al lavoro i carpentieri e di inviare messi in Gallia perché si costruiscano in fretta nuove navi.

Ormai è una sfida personale: la Britannia deve essere sua.

CASSIVELLAUNO

Britannia, estate 54 a.C.
Sono duri, i Britanni. Testardi, determinati. Attaccati alla loro isola come le radici delle loro erbe selvatiche sono aggrappate ai dirupi e alle scogliere. Fino a ora Cesare ha avuto a che fare solo con le popolazioni della costa, abituate ai contatti con gli stranieri e con i mercanti, a una certa agiatezza, e perciò più disposte ad accordarsi e a trattare con un possibile invasore che a scendere in guerra. L'interno dell'isola è tutta un'altra cosa. Cesare resta affascinato da questo luogo così estremo, dove i fenomeni naturali hanno una violenza mai vista prima, devastante, primigenia, e gli uomini invece che possedere la terra sembrano essere costretti a temprarsi per resisterle, come se fosse una gara. La studia, quella strana landa, per capirla. Cerca di mappare le centinaia di isole e di scogli, dove, secondo le

leggende, la notte può durare un intero mese. Il suo animo di geografo si ridesta. Fa portare clessidre ad acqua per controllare per quanto resistano le tenebre: un mese no, ma davvero lì le ore di luce sono più brevi. Studia i Britanni che incontra. Man mano che ci si allontana dal mare gli uomini diventano più rudi e i costumi più selvatici. Nei villaggi ci si veste di pelli, si beve latte invece che vino. Nei piccoli clan le famiglie e l'idea stessa di matrimonio non esistono: le donne sono in comune, i figli di tutti. Razzolano nelle aie come il bestiame, mentre le madri filano o mungono e i padri dipingono il corpo e i capelli di blu prima di andare in battaglia.

Sono orgogliosi. Non vogliono assoggettarsi. Per questo hanno nominato loro capo Cassivellauno, che ha promesso di resistere e di battersi fino a che l'invasore non se ne tornerà da dove è venuto.

Non è uno stupido e nemmeno uno sprovveduto. La sua strategia infatti è sottile. Non cerca lo scontro diretto. Al contrario, si ritira in territori che i Romani non hanno ancora esplorato e che perciò conoscono poco e male. Porta con sé tutto quello che potrebbe aiutarli: le provviste, gli animali. Vuole attirarli pian piano all'interno, per costringerli poi a vagare fra le foreste, senza scorte, e colpirli quando sono deboli e separati. Non è uno scontro convenzionale, è un lungo logoramento.

Ma se è una guerra di nervi, Cesare sa bene come giocarla. Sfruttando il solito punto debole dei Celti: le divisioni interne. Mandubracio viene usato come emissario per contattare alcune tribù e promettere alleanza purché si stacchino da Cassivellauno. Chi gli resta fedele, invece, si ritrova i campi sistematicamente devastati dai Romani, che, nel clima britannico, vuol dire fame e morte. La maggior parte delle tribù cede. Rivelano a Cesare dove si trova la fortezza in cui Cassivellauno si è asserragliato.

L'assedio è faticoso. I Britanni resistono quanto più possono, mentre il loro re manda emissari ai capitribù del Canzio, la regione costiera. Il piano prevede che essi sferrino un attacco contro il campo base dei Romani, costringendo quindi Cesare a mollare la presa per correre in aiuto ai suoi. Ma i Romani riescono a prendere la roccaforte con un attacco improvviso e catturano il grosso dei Britanni mentre tentano la fuga trascinandosi dietro gli animali. Al campo base intanto i Romani resistono e prendono prigioniero Lugotorige, il capo della spedizione.

È la fine. Cassivellauno deve fare i conti con il fallimento della sua strategia. Deve chiedere la resa e si rivolge a Commio, amico dei Romani. Teme il peggio: dopo una ribellione così estesa, Cesare potrebbe avere la mano pesante contro i Britanni e decidere per un'occupazione militare definitiva dell'isola.

Cesare però si mostra particolarmente benigno nei suoi confronti. Si limita a chiedere ostaggi, a pretendere il pagamento di un tributo annuale e a ordinare che i Trinovanti e Mandubracio vengano lasciati in pace dalle altre tribù.

Forse non è solo la sua famosa clemenza a spingerlo a una soluzione della crisi così veloce e morbida. I Britanni si sono rivelati degli ossi più duri del previsto, lui non ha le forze militari per controllare la loro isola e soprattutto non ne ha il tempo. Deve tornare in Gallia, perché nel frattempo lì soffiano venti di rivolta, e stavolta per i Romani la ribellione potrebbe essere una vera e propria resa dei conti.

RIVOLTA IN GALLIA

19

MATTANZA NELLE ARDENNE

Gallia, foresta delle Ardenne, 53 a.C.

Appoggiati al tronco di un grande albero, i due legionari ansimano, spossati. La notte avvolge la foresta, ma loro non hanno tempo di riposare. Non sanno chi possa averli seguiti, se i nemici siano sulle loro tracce. I loro compagni non ci sono più. I loro comandanti sono stati trucidati. L'unica speranza di salvezza è raggiungere il *castrum* di Tito Labieno, non solo per trovare rifugio, ma per avvertirlo del pericolo imminente: i Galli hanno deciso di ribellarsi.

Erano seimila uomini, quelli della loro legione, sotto il comando di Quinto Titurio Sabino e Lucio Arunculeio Cotta. Cesare li aveva lasciati acquartierati d'inverno ad Atuatuca, fra la Mosa e il Reno, per presidiare il territorio. Una missione tranquilla, perché gli Eburoni attorno sono sempre stati una tribù alleata e leale.

Qualcosa avrebbe dovuto mettere sull'avviso i loro legati, e persino Cesare. Quell'autunno Tasgezio, il capo che Cesare aveva imposto ai Carnuti, è stato deposto e ucciso. Tutti invece hanno sottovalutato i segnali di insofferenza delle tribù gal-

liche, nessuno ha preso sul serio le continue voci che denun-
ciavano una congiura. Nemmeno quando gli Eburoni hanno
teso un agguato ai legionari romani usciti dal *castrum* per fare
legna, Titurio ha creduto che la situazione fosse così grave. Si
è fidato della parola di Ambiorige, il re degli Eburoni, quel
maledetto traditore. Di fronte agli ambasciatori ha giurato e
spergiurato di essere stato costretto ad attaccare solo perché
pressato dagli altri Galli, che hanno pianificato di mettere sotto
assedio i *castra* romani nello stesso giorno, per impedire che
le truppe potessero essere spostate per darsi man forte. Cane.
Si è finto leale, ha detto di essere disposto a lasciarli uscire
dall'accampamento indenni per raggiungere i compagni negli
altri *castra*. Titurio ci è cascato in pieno. A nulla sono servite
le rimostranze di Cotta, che voleva invece rimanere trincerato
nel campo, aspettando soccorsi. No. Titurio è uscito, baldanzoso, convinto di poter portare in salvo i suoi uomini. Ambiorige ha aspettato che fossero allo scoperto, lungo la strada
che costeggia le selve. Poi ha attaccato. Un inferno di frecce,
pietre lanciate da ogni dove. Pareva che le spade uscissero dagli
alberi. Titurio nemmeno si sa come sia stato ucciso. Cotta è
stato colpito da un proiettile in pieno viso, e anche allora ha
rifiutato di arrendersi. Al tramonto, i pochi ancora in piedi
sono scappati verso il *castrum*. Sapevano di non avere scampo.
I barbari erano tutti attorno, all'alba sarebbe ricominciata la
mattanza. Loro due sono stati estratti a sorte, con l'ordine di
raggiungere Labieno e avvertire Cesare a qualsiasi costo. Gli
altri, poco prima del sorgere del sole, si sono uccisi, tagliandosi
la gola con le loro stesse spade.

Quando arrivano al campo di Labieno, i due legionari raccontano tutto. Cesare viene avvertito immediatamente. La
congiura è reale, la Gallia è in rivolta. L'uomo che tiene le fila

di tutto è il traditore che ha finto di essere una mera pedina in balia delle circostanze: Ambiorige. Si crede il più furbo e il più intelligente di tutti.

E infatti sta per ripetere l'inganno di Atuatuca altrove, per stanare Quinto Cicerone.

LA RESISTENZA DI QUINTO CICERONE

Un braccio muscoloso emerge appena appena dal cespuglio. Il gallo Vertigone deve rimanere il più possibile al riparo per non farsi intercettare. Gli Eburoni stringono d'assedio il *castrum* da settimane. Tutti i Romani che hanno provato a uscirne per portare messaggi a Cesare sono stati presi e uccisi fra atroci tormenti, davanti al vallo, perché i loro compagni potessero vederli morire e non nutrissero alcuna speranza di soccorsi in arrivo. Ma Vertigone non è un romano. È riuscito a sgattaiolare fuori e a confondersi fra le file degli altri Galli, fuggire dall'assedio, raggiungere Cesare. Il comandante ha letto, capito la situazione, reagito con la consueta rapidità. Si è messo in marcia, ma prima ha vergato una lettera da consegnare a Quinto Cicerone, il suo legato e comandante del *castrum* sotto assedio. Vertigone non ha potuto leggerla. Cesare l'ha scritta in greco, per evitare che, se fosse caduta nelle mani del nemico, qualcuno potesse capirla. C'è qualche vantaggio a combattere in terre di selvaggi: sono troppo barbari per conoscere anche i più basilari rudimenti della lingua ellenica.

Vertigone ha legato la missiva alla correggia della sua tragula, il giavellotto gallico. Ha un solo colpo a disposizione, non può sbagliare. Prega i suoi dèi, scaglia la lancia. La tragula vola sopra il vallo e si conficca su una delle torri dell'accampamento romano, la lettera legata bene in vista.

Ci vogliono due giorni perché una delle vedette si accorga che è lì. I Romani stanno resistendo da settimane, disperatamente. Ormai nell'accampamento non c'è un solo legionario che non sia stato ferito o mutilato. Ma non mollano. Nessuno prende nemmeno in considerazione una resa. Quinto Cicerone, il comandante, non si risparmia. I legionari lo amano e lo rispettano. Non si sarebbero mai aspettati tanta resistenza da quello scricciolo malaticcio che Cesare si è portato in Gallia più perché gli serve come collegamento con il fratello, l'oratore Cicerone, che per le sue doti militari. Invece lo scricciolo si è dimostrato un ufficiale con i cosiddetti. Quando Ambiorige ha tentato il suo gioco, attaccandolo prima e poi offrendogli di uscire dal campo attraverso un corridoio sicuro, gli ha risposto picche. Si è barricato nel campo e tiene sotto controllo ogni cosa. Ha costruito torri, alzato controdifese, cercato di ruotare i pochi uomini ancora in piedi. Sotto tiro da settimane. Dal cielo cade di tutto: frecce infuocate, proiettili di argilla incandescente. I barbari hanno approntato persino delle macchine da guerra. Ma lui resiste, testardo, pallido e tignoso.

Quando gli arriva la lettera, ormai Cesare è alle porte. Arriva con settemila soldati, ma fa di tutto per far credere che siano molti meno. Costruisce un campo ridotto, montando le tende una attaccata all'altra per occupare meno spazio. I Galli pensano che i Romani siano pochi e accettano battaglia. Fatale errore: li accerchia e li sconfigge. Degli altri si occuperà Labieno, che li travolge.

Quando Cesare entra nell'accampamento, abbraccia Quinto Cicerone come fosse un fratello e lo loda. Non ci sono tanti comandanti che avrebbero potuto resistere così lungo, con così poco e in così disperate circostanze.

Lo scricciolo si è fatto un nome.

USCITE DI SCENA

20

CLODIO

Boville, 18 gennaio 52 a.C.

I crocicchi, fin dai tempi dell'omicidio di Laio da parte di Edipo, sono punti pericolosi. Quello di Boville è sull'Appia, presso i colli romani. È una placida cittadina, dove non succede mai nulla. Ci sono campi, le ville di qualche senatore, un tempio della Bona Dea e una taverna, proprio sull'incrocio. È il destino o il capriccio degli dèi che il pomeriggio del 18 gennaio fa capitare lì nello stesso momento due piccoli cortei. Quello di Publio Clodio Pulcro, che torna da Ariccia, con al seguito una trentina di schiavi armati come scorta, e quello di Tito Annio Milone, da sempre suo concorrente, che si sposta in una lettiga con la moglie e un corteggio di servi.

I due non si possono sopportare, i loro servi ancor meno. Basta una parola di troppo per scatenare la rissa. Insulti, minacce, si viene alle mani.

Clodio non si sa trattenere: si getta nella zuffa. Pessima idea: un colpo di daga lo ferisce. I servi fanno scudo con i loro corpi e lo portano dentro all'osteria. Milone e i suoi fanno irruzione

nella locanda, lo trascinano in strada, lo scannano. Abbandonano il cadavere sul selciato dell'Appia, che il suo antenato
Appio Claudio aveva fatto costruire. Solo alcune ore dopo il
senatore Sesto Teidio, informato dell'accaduto, lo recupera e
lo porta a Roma.

Roma è una polveriera pronta a esplodere, l'omicidio di Clodio la miccia. La notizia si spande in un baleno. Dalla Suburra,
dai quartieri il suo popolo si muove, va alla sua casa, pretende di
vedere il cadavere, che non è nemmeno ancora stato preparato
per le esequie. Lo porta nel centro del Foro e poi, come in un
trionfo postumo, fino alla Curia Ostilia, il più antico archivio di
Roma. Prende fascine, persino tavolette con antichi resoconti, e
con quelle alimenta la pira funebre. La calca, il caos, le scintille
che volano, il vento che si è alzato all'improvviso fanno il resto.

Brucia il corpo di Clodio e brucia anche Roma. Un incendio
distrugge la Curia e la Basilica Porcia lì accanto. Clodio non
si smentisce: persino da cadavere spande attorno a sé morte e
distruzione.

Non c'è un console in carica. Siamo in quel periodo di cinque
giorni in cui, in attesa dell'avvicendamento degli eletti, su Roma
governa l'*interrex,* Marco Emilio Lepido. La folla si dirige verso
casa sua per chiedere giustizia, o meglio vendetta. Ma siccome
non ottiene udienza, va verso la *domus* di Pompeo, che è l'unico
dei triumviri rimasto a Roma. Chiama il suo nome, lo invoca,
lo vuole come console unico e dittatore.

Seguono quindici giorni di caos, istituzionale e politico.
Pompeo è autorizzato ad arruolare truppe dal Senato, mentre
Milone fa di tutto per evitare un processo. Agli inizi di febbraio
Bibulo, con l'appoggio di Catone, presenta in Senato una pro-
posta e fa nominare Pompeo console unico. In pratica gli viene
consegnato lo Stato.

Ad aprile si apre il processo contro Milone. Gli *optimates* paiono decisi a chiudere la questione in fretta, sacrificando il loro uomo. Un Pompeo nervosissimo presidia un tribunale sorvegliato dai suoi uomini in armi. Cicerone, coadiuvato da Catone e Ortensio, costituisce il collegio di difesa, ma nulla può per il suo cliente. Milone per evitare la morte scappa in esilio a Marsiglia.

Pompeo è padrone del campo. Cesare è in Italia anche se deve restare fuori dal *pomerium*, perché così prescrivono le leggi di Roma. Approfitta della leva straordinaria concessa a Pompeo per arruolare uomini da portare in Gallia, dove la situazione è sempre tesa.

L'amicizia fra i triumviri ancora regge. O così pare. Ma fino a quando?

CARRE, LA FRECCIA DEL PARTO

Piana di Carre, Mesopotamia, 9 giugno 53 a.C.

Una nube di polvere copre la pianura. È gialla, secca, brucia la gola e gli occhi, toglie il respiro. È sollevata da migliaia di zoccoli di cavalli e da migliaia di piedi umani che corrono, inchiodano, scappano. Dal cielo piovono nugoli di frecce. I combattenti non le vedono neppure arrivare. Sentono solo il sibilo del dardo che si infigge negli scudi o trapassa le carni, le grida di chi è colpito, il tonfo di chi cade a terra.

Publio Crasso è disteso sul terreno, sanguinante, la sua scorta lo ha trascinato al riparo in una piccola oasi, ai piedi di una palma. La sua mano destra è stata colpita. Impossibile estrarre la freccia: le punte dei Parti hanno piccole protuberanze che si uncinano alle carni. Una volta entrate, è finita. Perde sangue in abbondanza, non può più cavalcare, essere utile, mettersi in salvo. Congeda i militari della sua scorta, ordinando loro di cercare riparo. Comanda al suo schiavo, prima di andare, di ucciderlo con un colpo di spada.

Ha seguito il padre in Oriente, lasciando Cesare e la Gallia. Dopo il consolato Marco Licinio Crasso era eccitatissimo per aver ottenuto come proconsole la provincia di Siria. Era come se il destino gli avesse regalato l'occasione tanto cercata, a sessant'anni, di diventare un grande condottiero. Eguagliare Pompeo, che ha sempre invidiato, e Cesare, che in Gallia è diventato un eroe. Sono partiti insieme, padre e figlio, per conquistare la gloria. Ma l'unica cosa che Publio ha ottenuto è la polvere gialla della piana di Carre, le urla di dolore dei soldati romani che cadono uccisi e il rumore degli zoccoli dei cavalieri nemici che lo stanno per raggiungere. Quando trovano il suo corpo senza vita, i Parti gli tagliano la testa e la infilzano su una picca, per mostrarla ai Romani. «È impossibile che un figlio così coraggioso sia nato da un padre tanto inetto!» gridano per schernirli.

Crasso è distrutto. Non solo dalla perdita, ma dall'esito di tutta la sua campagna. È partito baldanzoso da Roma, convinto che tutto sarebbe andato liscio, che i Parti sarebbero stati facili da vincere come lo erano stati in passato gli Armeni e gli altri popoli della regione. Se il successo aveva arriso a Pompeo, perché lui avrebbe dovuto fallire? Ma fin dall'inizio inquietanti presagi hanno accompagnato la spedizione, da quando il tribuno della plebe Caio Ateio Capitone, contrario alla guerra perché non vi era alcuna reale motivazione, ha pronunciato in pubblico maledizioni contro di lui. Si sa quanto sono superstiziosi i Romani: per quanto Crasso abbia fatto di tutto per minimizzare, è rimasta nelle loro menti un'ombra, il dubbio che gli dèi fossero contrari alla partenza.

Il viaggio, lo sbarco e poi l'inizio delle operazioni sono stati costellati di incidenti. Navi disperse per la tempesta durante il tragitto, auspici contrari, inghippi. Crasso non è Cesare, maestro con il suo carisma e con la sua prontezza di spirito nello stemperare con una battuta tagliente l'ansia delle truppe e ribaltare l'interpretazione di un segno del cielo negativo in positivo. Quando parla alle truppe è goffo, teso. Ci tiene ad affermare la sua autorità, ma alla fine sembra solo un vecchio spaventato che non ha le idee ben chiare su come muoversi e organizzarsi, e i Parti sono un impero, non una tribù ribelle.

Quando arriva in Siria perde tempo, perché è pur sempre un uomo d'affari e vuole assicurarsi guadagni. Poi si sceglie come guida Abgaro, un personaggio ambiguo di cui nessuno si fida, anche se è stato un collaboratore di Pompeo. Questi lo trascina in un vagabondare infinito nel mezzo del deserto della Mesopotamia, dove le legioni per giorni e giorni non vedono un fiume, un ruscello, nemmeno una pianta, solo una distesa di sabbia e rocce bruciate dal sole. È una vista che ti toglie l'anima, oltre al coraggio: è come se non esistesse più niente, intorno o dopo.

A Carre, un avamposto dimenticato dagli dèi, arrivano già prostrati, nell'animo e nel corpo. Abgaro li lascia nel mezzo della pianura e fugge di nascosto a cavallo. Gli esploratori mandati in avanscoperta informano che l'esercito parto sta arrivando. Lì accanto c'è un fiume e gli ufficiali sperano che Crasso voglia accamparsi e aspettare che i soldati si riposino della lunga marcia. Ma Crasso ha paura di venire sorpreso, ordina che si schierino subito per la battaglia, li fa chiudere a quadrato. I nemici sembrano pochi, da quello che si intuisce, e non in grado quindi di sferrare un attacco.

Ma è una trappola. Improvvisamente, nel silenzio della piana dove i Romani attendono l'ordine, si alza un suono. Tamburi,

tamburi, insistenti, ossessivi, percossi da centinaia di martelli di bronzo. Un rumore infernale, un ritmo che non si placa, fremente, incalzante, disorienta le truppe, le angoscia, le confonde.

Surena, il generale parto, è un uomo infido e astuto. Quando il frastuono è al culmine, dà il segnale di attacco. I suoi uomini, che si erano acquattati ai lati della piana, nascosti sotto pelli di capra che li mimetizzavano con il terreno, sorgono, con le loro armature scintillanti al sole, come divinità della guerra che emergono dagli inferi. I Romani si scoprono accerchiati da ogni lato e vengono bersagliati da una pioggia di frecce.

Crasso non ha scampo, e soprattutto non ha scuse. È lui che come comandante ha fallito. Non ha previsto l'inganno, è caduto nel tranello come un ingenuo. I suoi uomini vengono uccisi sotto il suo sguardo impotente.

La morte del figlio lo distrugge: sperava che riuscisse a portargli aiuto, vede invece la sua testa mozzata che viene innalzata su una picca.

Prova a reagire, grida ai suoi uomini che quella è una sua perdita, non loro, che l'esercito romano può ancora contrastare i nemici. Ma anche loro hanno perso ogni speranza: se si lanciano contro l'avversario è per disperazione, cercando di farsi ferire per morire subito, il prima possibile, e non cadere prigionieri.

Quando cala la notte, i nemici si ritirano, ma la disfatta ormai è piena. Crasso è inebetito dal dolore e dalla vergogna. I suoi ufficiali devono andare da lui e costringerlo a prendere delle decisioni gravi, ma necessarie. I Parti gli hanno concesso una notte di tregua per meditare se arrendersi.

Ha quattromila feriti in condizioni disperate. Deve abbandonarli sul campo per tentare di ritirarsi con quelli che ancora gli restano. Non si tratta più di guadagnare la gloria o l'onore, ma di portare a casa la vita.

Surena lo bracca. Crasso si chiude dentro alla cinta di mura di Carre, il Parto gli offre di discutere dei termini della resa. Ma quando la mattina dopo si presenta sotto alle mura, la richiesta ai Romani è che consegnino Crasso in catene e si arrendano senza condizioni.

Decidono di tentare il tutto per tutto. Di notte, di nascosto, escono da Carre e fuggono. È un rischio, soprattutto perché la guida che Crasso è costretto a scegliere, Andromaco, è ambigua. Li porta fuori dalla città, ma poi li trascina in un lungo peregrinare in una zona paludosa, dove il terreno è infido ed è difficilissimo orientarsi solo con le stelle. Alcuni ufficiali subodorano che li stia facendo girare a vuoto in attesa dell'alba, perché i Parti non combattono mai di notte, e abbandonano la colonna per tentare di mettersi in salvo da soli.

Il giorno sorge, e i peggiori sospetti si rivelano esatti. Surena lo ha raggiunto. Andromaco li ha portati esattamente dove ai Parti serviva. Crasso è accerchiato.

Si ritira su una collina. Non c'è più alcuna speranza. Manda messi a Surena per chiedere un incontro. Ha perso tutto: il figlio, la gloria, persino la fiducia dei suoi uomini, che si ribellano contro di lui. Non ha più nemmeno la forza per reagire.

Scende dalla collina. Da solo, a piedi, di fronte al nemico. Surena ha predisposto una raffinata coreografia per umiliarlo di fronte ai suoi uomini. Gli offre un cavallo con i finimenti dorati, lo invita a salirci dicendo che di lì a qualche momento inizieranno le trattative di pace fra Romani e Parti. Ma poi, appena Crasso è in groppa, uno dei palafrenieri frusta il cavallo per farlo partire al galoppo e i Parti sogghignano e deridono Crasso che, preso alla sprovvista, non riesce a tenerlo a freno e sobbalza in sella come un sacco vuoto. I suoi uomini reagiscono all'offesa, ne nasce un tafferuglio. Il palafreniere, forse obbedendo a un piano preciso, colpisce Crasso alle spalle con un fendente. Quando è a terra, ormai morto, Surena gli fa tagliare la mano destra e il capo, mentre i suoi ufficiali vengono presi prigionieri e uccisi.

La testa di Crasso viene portata al re dei Parti. Per dileggio, ricordando che era il più ricco dei Romani, si diverte a fargli colare nella bocca dell'oro fuso. Quando la notizia diviene nota, Cesare è in Gallia, Pompeo a Roma. Non vi sono più legami forti fra loro. Giulia, la figlia di Cesare e amatissima moglie di Pompeo, è morta l'anno prima, di parto, dopo aver messo al mondo una bimba che però non è sopravvissuta. Ora anche Crasso, l'amico di entrambi, è scomparso.

Il triumvirato non esiste più. Ci sono solo due uomini che devono spartirsi il potere.

VERCINGETORIGE

Gallia, 52 a.C.

La selva è un intrico di foglie e rami nodosi che si prolungano verso il cielo come lunghe dita scheletriche. La luce della luna filtra a stento e illumina la radura. Al suo interno si distinguono alcune figure avvolte in lunghi mantelli, seguite da guerrieri che portano avvolte le bandiere di ogni tribù. Sembrano fantasmi, ma sono uomini, che si sono ritrovati lì per parlare lontano da orecchie indiscrete. Sono capi delle tribù galliche, e quell'incontro notturno è un'assemblea non autorizzata.

«Così siamo ridotti a incontrarci? Di notte, come banditi? Neppure più vederci liberamente possiamo, in casa nostra?»

Chi ha parlato è un giovane alto, muscoloso. Il volto è determinato, incorniciato da lunghi capelli castani acconciati in trecce, gli occhi chiari brillano nonostante siano coperti dall'ombra del cappuccio. Il suo nome è Vercingetorige, principe degli Arverni. È lui che ha indetto la riunione segreta nel bosco, e lui con rispetto ascoltano gli altri convenuti. Sono arrivati di nascosto, alla spicciolata, guardinghi, ponendo la massima cura per non destare sospetto nei Romani. Cesare, ne sono consci, ha ormai spie dappertutto. Lo hanno sottovalutato. All'inizio hanno pensato che fosse inoffensivo, uno dei tanti proconsoli e questori piovuti da Roma, che arrivavano, gironzolavano per qualche città, si interessavano alla quieta routine dell'amministrazione, organizzavano cene ufficiali o firmavano un paio di alleanze e poi via, tornavano da dove erano venuti. Invece Cesare, come un demone maligno, si è insinuato nella vita di tutti loro, ha sconvolto la loro terra, se ne è fatto padrone.

Tornato dalla Britannia, ha colpito chiunque gli si sia opposto, senza requie, senza pietà. Considera la Gallia come cosa sua e lo fa capire in ogni modo. Instancabile, implacabile, sfrutta le divisioni fra tribù e le antipatie personali per aumentare il suo potere, allargare la sua influenza su regioni sempre più vaste. Chiama alleato chi diventa suo servo e stermina chiunque osi opporsi ai suoi piani. Dove non arriva con la violenza, arriva con la persuasione. Con le sue parole melliflue sa corrompere gli animi, allontanare gli uomini dalle loro credenze, dalle sacre tradizioni. Li seduce con il lusso della vita alla romana, i banchetti, le terme, le vesti sontuose che porta e che fa adottare ai Galli diventati suoi amici. È un miscredente che non rispetta nemmeno i suoi dèi e quindi disprezza ancora di più quelli altrui. Odia i druidi, i sacerdoti dei Celti, non fa mistero di considerare selvaggia la loro religione tradizionale, con i suoi riti notturni e i sacrifici anche umani che talvolta possono essere richiesti. Sta allevando presso di sé una nuova generazione di principi che ormai di gallico hanno solo il nome e che lo seguono come cani ammaestrati, parlando latino come lui, vestendo come lui, pensando come Romani. Gli Edui di Diviziaco sono stati i primi, ma tanti, troppi, si stanno ormai uniformando. Bisogna fermare il contagio, mettere un freno al cancro che si diffonde.

Finora Cesare non ha mai trovato un avversario alla sua altezza, qualcuno che fosse in grado di fronteggiarlo da pari a pari. Ma ora Vercingetorige vuole raccogliere quella sfida. Non è una ribellione, la sua, è una guerra contro Roma e contro tutto quello che rappresenta. I Galli devono tornare a essere ciò che sono sempre stati: liberi.

È furbo il ragazzo, e viene da una famiglia di uomini potenti. Gli Arverni da sempre contendono agli Edui la supremazia e il padre di Vercingetorige è stato addirittura condannato a morte per le sue ambizioni. Il figlio le riprende in grande. Ha studiato il nemico a lungo prima di muoversi. E anche gli errori dei suoi predecessori. I Galli si sono sempre mossi senza un coordinamento e senza un obiettivo comune, e peggio dei Romani sono stati quei Celti che si sono venduti a loro per ottenere dei personali ma ben miseri vantaggi, come Diviziaco e la sua stirpe. Vercingetorige vuole battere Cesare al suo stesso gioco, e con i suoi stessi mezzi.

Il momento è propizio. Cesare è dovuto tornare a Roma, perché i disordini seguiti alla morte di Clodio hanno richiesto la sua presenza in Italia. È per questo che Vercingetorige ha convocato quella riunione segreta. È tempo di agire.

Gli altri Galli, per una volta, concordano. Le bandiere vengono srotolate e su di esse viene proferito il giuramento.

Saranno uniti e si ribelleranno contro i Romani. Tutti insieme.

CENABO

Caio Fufio Cita è un uomo soddisfatto di sé e realizzato. A Cenabo tutti lo rispettano e lo ammirano. L'*oppidum* celtico è la capitale dei Carnuti. È una cittadina fortificata sulle sponde della Loira, dove il tempo scorre placido come le acque del fiume e i commerci assicurano benessere. Cita è un cavaliere, uno dei tanti Romani che si sono trasferiti in città. Ma lui è quello a cui Cesare ha affidato il compito importantissimo di raccogliere il grano per l'esercito.

È sulla piazza del mercato, alla pesa pubblica, come ogni mattina a svolgere i suoi compiti, impettito e tutto compreso nel suo ruolo. Ormai considera la Gallia casa sua, come molti Romani venuti insieme al proconsole. Ne conosce le potenzialità e le risorse e pensa sia un suo preciso dovere aiutare gli abitanti di Cenabo, a poco a poco, ad accettare nuove abitudini e un nuovo stile di vita. Anche lui del resto apprezza le usanze locali, e non si fa problemi ad adottarle: ha persino cominciato a gustare le pietanze condite con il burro e la cergovia, la birra celtica, bevuta a pranzo al posto del vino. Si trova bene in Gallia, e i Galli in fondo gli piacciono. Certo, non sono organizzati come i Romani, sono spesso confusionari, impulsivi, poco avvezzi al ragionamento. Ma il loro entusiasmo per la vita, la loro visione in fondo semplice e lineare dell'esistenza gli piace. Cenabo non sarà Roma o una grande e raffinata metropoli d'Oriente, ma lui ci vive benissimo.

Le porte urbiche sono aperte, attorno regna la vivace confusione tipica delle cittadine di provincia, con i monelli che corrono, le galline e il pollame che razzolano fra le gambe dei passanti, i venditori ambulanti che gridano per magnificare la loro mercanzia. Un trambusto familiare e rassicurante. Che d'improvviso si trasforma in un caos. Dalle porte fa irruzione una torma di Carnuti, a cavallo. Cita riconosce immediatamente chi li guida: Gutruato e Conconnetodumno, due teste calde note per la loro incredibile capacità di causare guai. Pensa a una bravata, fa un passo avanti per intimare loro di fermarsi, ma un colpo di spada lo trafigge in pieno petto. Rantola e cade senza riuscire a proferire un grido.

È il panico. Il drappello di Carnuti si lancia fra i banchi del mercato, individua gli altri Romani, li insegue fin dentro le case dove cercano di scappare, li trascina sulla piazza, li trucida.

Una volta impadronitisi di Cenabo, Gutruato e Conconnetodumno inviano messi nelle campagne attorno, agli altri capi e tribù. I banditori corrono di villaggio in villaggio, fino al paese degli Arverni, per portare a tutti la notizia: è ora di prendere le armi, la rivolta è iniziata.

LA GALLIA IN FIAMME

Non attendeva che il segnale. Vercingetorige è pronto. Convoca un'assemblea degli Arverni, li arringa con parole di fuoco. È il figlio di suo padre e come lui è abile a trascinare le folle.

Non tutti però sono disposti a gettarsi a capofitto in questa rischiosa avventura. Lo zio, Gobannizione, che ha il potere formale sulla tribù, non è convinto. Convoca un'ulteriore assemblea generale a Gergovia di tutti i capi e lì fa passare la sua linea: i Romani sono troppo potenti e troppo forti, ribellarsi sarebbe un suicidio.

Vercingetorige non ci sta. Esce da Gergovia infuriato. Se i capi non danno il loro appoggio, lui si rivolgerà direttamente al popolo. Batte le campagne, villaggio per villaggio, parla nelle aie, con la gente. Si rivolge ai contadini che tornano dai campi, ai guerrieri e agli artigiani che sostano fuori dalle capanne, a chi poco o nulla ha da perdere. Li convince, li trascina. Non è più un uomo isolato, ha la forza di migliaia di braccia che lo seguono, di migliaia di uomini che lo venerano come un eroe e lo acclamano loro re. E allora manda ambascerie agli altri popoli: Senoni, Pittoni, Cadurci, Parisi, Aulerci, Lemovici, e tutti coloro che abitano fino alle rive dell'Oceano. È la più grande coalizione mai formatasi in Gallia, e il perno, l'animo, è lui: Vercingetorige.

Ma non gli basta. Dai Romani ha imparato anche l'organizzazione. Così, quando gli affidano il comando dell'esercito, spietato e testardo, impone una rigida disciplina. Punizioni esemplari
e crudeli per chi esita o retrocede. I suoi Galli per vincere devono
imparare ad avere più paura di lui che di Cesare.

Gli accordi che ha stretto pongono Giulio Cesare davanti a
un nuovo scenario. Vercingetorige sa essere convincente, tra-
scinante, ma anche accorto. Non è un romantico ribelle slegato
dalla realtà, è uno scafato politico che sa tessere trame e stringere
legami, o far allentare quelli vecchi.

Infatti le più salde alleanze di Cesare vacillano. Si trova ad
affrontare quello che mai avrebbe pensato. Persino i fidi Edui,
che sono sempre stati il suo appoggio, sono travagliati da lotte
di potere interne. È una rivoluzione, non solo sul campo ma
anche nel gioco dei rapporti di forza interni fra le tribù.

Cesare, appena capisce il pericolo, reagisce con la consueta
velocità. Torna dall'Italia nella stagione peggiore, perché oramai
l'inverno sta iniziando. Le Cevenne, l'ampia catena montuosa
che separa le terre del Rodano e quelle bagnate dalla Garonna,
sono già piene di neve. Nessuno fra i Celti le attraverserebbe mai
in quelle condizioni, e quindi tanto meno si aspettano che lo
facciano i Romani. Ma Cesare al solito sa che le spedizioni che
vanno a colpire i nemici in casa sono le più efficaci. Ordina ai suoi
uomini di spalare la neve, li fa inerpicare come capre sui sentieri
delle montagne. E alla fine i suoi cavalieri e i suoi fanti dilagano
improvvisi nella pianura degli Arverni, seminando il terrore.

È una partita a scacchi mortale quella che si apre fra lui e
Vercingetorige. Entrambi sanno di giocarsi tutto non solo sul
campo di battaglia, ma anche su quello della politica. Ogni loro
mossa e ogni contromossa sono pensate per impressionare gli
avversari e rassicurare gli alleati, o consolidare la loro egemonia.

Vercingetorige pianifica l'assedio di Gorgobina, la capitale dei Galli Boi. Cesare li ha fatti stanziare nei territori degli Edui e la loro città non è certo la più importante del territorio, ma i Boi sono un simbolo dell'ordine che i Romani hanno voluto stabilire nella regione, degli equilibri che hanno imposto. La sua caduta sarebbe un segno tangibile che il loro controllo sui Galli è finito. Cesare non lo può permettere e soprattutto non lo vuole. Espugna Vellaunoduno e poi, con la velocità di un fulmine, si sposta a Cenabo.

I Carnuti sono presi alla sprovvista, non si aspettavano tempi di reazione così ristretti. Ma Cesare procede a marce forzate, come un demone della vendetta. Arriva davanti a Cenabo che è ormai notte e solo le tenebre lo trattengono dall'iniziare subito la battaglia. Però chiude con le legioni il ponte sulla Loira. I Carnuti si sentono in trappola. Aspettano che l'oscurità sia fitta e poi di nascosto tentano di uscire dalla città per guadare il fiume a piedi. Cesare non aspetta altro, ha previsto la mossa e lasciato vedette nascoste sulle alture perché lo avvertissero immediatamente quando l'esodo fosse cominciato. E appena i Carnuti arrivano alla riva, dà il segnale: dà fuoco alle porte, irrompe nella roccaforte, prende in trappola i Galli chiudendo loro ogni via di fuga. Al mattino Cenabo è ridotta a un cumulo di rovine fumanti, i Carnuti sono presi prigionieri e Cesare regala l'intero bottino ai suoi soldati perché se lo dividano.

Non vuole arricchirsi, stavolta. Vuole ristabilire il suo potere.

LA TATTICA DI VERCINGETORIGE

Il nuovo fronte è Novioduno. È un *oppidum* dei Biturigi e si trova sulla strada per Gorgobina, che è stata graziata dall'assedio. Vercingetorige ha deciso che deve intercettare i Romani prima.

Gli abitanti di Novioduno sono terrorizzati: si ritrovano loro malgrado a diventare un punto di incontro fra Vercingetorige che torna indietro e Cesare che avanza. All'apparire dei Romani mandano messi, dicendo di essere pronti alla resa. Cesare invia i suoi centurioni a confiscare le armi. Sono dentro la città quando all'orizzonte appare la cavalleria nemica. La popolazione a quel punto rinnega gli accordi, prende le armi e cerca di assaltare i Romani. I centurioni all'interno, anche se presi in trappola, si difendono con le unghie e con i denti. Fuori Cesare manda contro i Galli le sue truppe ausiliarie formate da Germani. È un tafferuglio fra barbari, lo scontro, una mischia forsennata che poco ha a che vedere con una battaglia romana. Ma alla fine la cavalleria germanica ha la meglio e gli abitanti di Novioduno decidono di rilasciare i centurioni e arrendersi.

Tre città, tre sconfitte: Vercingetorige deve fare i conti con la realtà. Mentre Cesare marcia per prendere la capitale dei Biturigi, lui rivede la sua tattica e la sua strategia. La spiega davanti al concilio dei suoi alleati, ad Avarico. Non più scontri diretti con i Romani, ma logoramento e guerriglia. Ciò che non riesce agli uomini, riesce alla fame. Bisogna impedire ai Romani di trovare viveri e foraggi nei campi. Ritirarsi e bruciare tutto alle proprie spalle. È la tattica già usata in parte dai Britanni, ma in scala più vasta e sistematica. Ciò che Kutuzov farà in Russia contro Napoleone, Vercingetorige per la prima volta lo usa contro Cesare. Fuoco, fuoco ovunque. Bruciano le città dei Biturigi e non solo. La Gallia si trasforma in un immenso girone d'inferno in cui le fiamme divorano roccaforti, città, villaggi. Solo Avarico rimane intatta: è circondata da paludi e i Biturigi sono convinti di riuscire a difenderla. Vercingetorige è dapprima dubbioso, ma poi cede. Ci vuole qualcosa che resista in mezzo a tanta devastazione. Ma lì è destinato a riaccendersi il confronto.

L'ASSEDIO AD AVARICO

Tutte le città che diventano un simbolo diventano un problema. Quando si trova davanti ad Avarico, Cesare è consapevole
che è qualcosa di più di un semplice assedio: è una questione
politica. La roccaforte è difficile da prendere, perché vi è un
solo lato accessibile. Il resto è circondato da una palude infida
che inghiotte chi ci si avventura senza guide.

Vercingetorige ha posto il suo campo poco distante e continua a logorare i Romani con attacchi fulminei e scarsamente
arginabili. Cesare mette in campo i suoi ingegneri prima ancora
che i suoi soldati. Crea un terrapieno che arriva quasi all'altezza
delle mura della città, costruisce torri di assalto. Ma più ancora
del nemico, sono i suoi alleati che lo preoccupano. I Boi lo appoggiano con entusiasmo, ma sono pochi e non hanno i mezzi
o le conoscenze militari per dare un reale supporto. Gli Edui
dovrebbero essere il nerbo della campagna, ma sono sfuggenti
e inaffidabili. Dovrebbero garantire la sorveglianza contro gli
incendi che gli uomini di Vercingetorige continuano ad appic-
care e rifornire i Romani di grano. Non fanno né l'una né l'altra
cosa. I legionari soffrono la fame, sono costretti a raccogliere
erbe nei campi per placare i morsi dello stomaco e a spingersi
allo scoperto, fino nei villaggi più lontani, per requisire qualche
animale. Rischiano la vita ogni volta, e parecchi non tornano.
Ma resistono, perché sono Romani e perché si fidano di Cesare.

Entrambi i condottieri hanno al loro servizio manipoli di
spie. Cesare monitora attraverso i suoi infiltrati gli sposta-
menti di Vercingetorige. Viene così a scoprire che il Gallo ha
preparato ai suoi un'imboscata, avendo individuato dove si
sarebbero recati per cercare provviste. Lo anticipa. Si muove,
di notte, portando i suoi uomini accanto al campo del nemico.

All'alba i Romani sono a poche miglia dai loro avversari. Ma il campo è vuoto. Anche Vercingetorige ha buoni informatori. Ha spostato i suoi su una collina e dall'alto guarda i Romani, che invece sono stretti in una lingua di terra ai margini della palude. I centurioni, gli ufficiali, la truppa si sentono impotenti e frustrati. I Galli sono lì, a pochi passi di distanza, separati da quella che sembra una barena sabbiosa. Chiedono a Cesare di poter attaccare battaglia, andarli a stanare una buona volta, togliere loro dalla faccia i ghigni compiaciuti che intravedono sui loro volti, ricacciare loro in gola le risate di scherno che odono. Cesare però non li ascolta. Loro sono soldati, lui il comandante. Il suo occhio di stratega gli conferma che lanciarsi ora all'assalto sarebbe votarsi al massacro. La palude risucchierebbe i suoi uomini e i Galli avrebbero buon gioco a uccidere i pochi sopravvissuti. Non è facile farlo digerire ai suoi, ma un buon generale è soprattutto questo: chi sceglie di non combattere battaglie che non si possono vincere. Così si ritira. Sotto le occhiate meravigliate dei Galli, riporta il suo esercito ad Avarico.

I Galli sono spiazzati dalla mossa imprevista e soprattutto dal fatto che Vercingetorige abbia lasciato i Romani andare via. Temono che stia facendo il doppio gioco, lo accusano di essere colluso con Cesare, sospettano che l'intera vicenda non sia che una recita concordata fra i due e che alla fine Cesare nominerà Vercingetorige re dei Galli per ringraziarlo di questo mancato attacco. Vercingetorige stronca i pettegolezzi e usa sapientemente i mezzi della propaganda per influenzare l'opinione dell'assemblea. Fa portare dei servi catturati, che in realtà sono stati addestrati a mentire. Questi raccontano che i Romani sono allo stremo delle forze, affamati, impauriti, disperati. Sono pronti a lasciare l'assedio e a ritirarsi nel giro di tre giorni. Ride, Vercingetorige: «Io vi ho portato a sconfiggere un esercito persino senza attaccare battaglia!» si vanta.

Che sia una bugia diviene chiaro quasi subito. Cesare non ha alcuna intenzione di ritirarsi. Torna ad Avarico e intensifica gli sforzi per l'assedio. Gli abitanti della città non si danno per vinti. Più i Romani alzano il terrapieno, più loro scavano cunicoli e ne fanno crollare ampie sezioni: è una sorta di tela di Penelope che mai nessuno dei due riesce a portare a termine, una guerra di nervi in opposte trincee.

Pare una notte come tante altre quella della svolta. È mezzanotte, tutto tace nella pianura. Le vedette romane pattugliano il terrapieno, quando all'improvviso vedono alzarsi una colonna di fumo. I Galli hanno scavato l'ennesimo cunicolo e hanno assiepato all'interno stoppie e sterpaglie, dando poi fuoco a tutto. Grida di allarme, confusione. Mentre i Romani si riorganizzano, i Galli tentano una sortita, escono dalle mura e provano a forzare l'assedio.

I Romani spengono l'incendio e fanno muro, i Galli non solo non sfondano, ma vengono ricacciati indietro. Si combatte con quello che si trova, pietre, bastoni, le torri di Cesare vengono quasi travolte, ma gli *scorpiones* romani, le balestre meccaniche che sono in grado di gettare dardi a ripetizione, le coprono e fanno strage degli assalitori. Lo scontro dura tutta la notte e nessuno recede. All'alba però le torri romane sono sempre in piedi, l'accerchiamento è ancora intatto. Gli abitanti di Avarico devono prendere atto di essere in trappola.

Vercingetorige capisce che la città è indifendibile, la resa è solo questione di tempo. Dà ordine di evacuare i guerrieri, perché lo raggiungano al suo campo. Ma donne e vecchi della città si oppongono perché resterebbero indifesi alla mercé del nemico: fermano gli uomini e li convincono a restare. E così attendono, tutti, dentro le mura, che il loro destino si compia.

Cesare intanto fuori attende. Vuole far credere ai suoi soldati di aspettare un segno del cielo. Arriva un acquazzone, violento, devastante. Sembra il momento meno propizio per un attacco, e invece per Cesare è l'attimo da cogliere. Le sentinelle nemiche si sono riparate sotto le tettoie per evitare la pioggia, il vento rende impraticabili i camminamenti per le ronde, le mura sono sguarnite. Così lancia i suoi, promettendo premi per chi scali per primo i bastioni. Sotto le sferzate del vento e gli scrosci di acqua gelida i legionari si arrampicano, scavallano, entrano nella città.

Dilagano nella piazza, percorrendo con le spade sguainate i vicoli, entrano nelle case. Le guerriglie, le privazioni, l'offesa di Cenabo da vendicare: i Romani non hanno più freni né pietà, e Cesare non fa nulla per trattenerli. È una mattanza indiscriminata in cui vecchi, donne, bambini vengono uccisi, sventrati, massacrati nelle vie e fin dentro le loro abitazioni, e che Cesare racconta, con freddo distacco, nei suoi resoconti per il Senato. Su quarantamila persone all'interno delle mura, alla fine solo ottocento sono i sopravvissuti.

Cesare li lascia uscire dalla città perché vuole che raggiungano Vercingetorige e raccontino a tutti l'orrore che hanno vissuto.

In guerra il terrore è un'arma più potente della spada.

RIVOLTARE UNA SCONFITTA

I reduci di Avarico arrivano al campo di notte. Di nascosto, nel silenzio più assoluto, come se si trattasse di una colonna di appestati. Vercingetorige non vuole che gli altri li vedano, è fondamentale minimizzare la disfatta e tenere alto il morale delle truppe. Nella partita in corso fra lui e Cesare la propaganda vale quanto le vittorie sul campo.

Deve capire come non farsi travolgere da questo rovescio. Nasconderlo non ha senso, sceglie allora di affrontarlo. L'indomani mattina, all'assemblea dei capi, non nega la disfatta, ma la rivolta a suo favore. Resistere ad Avarico non è stata una sua scelta, il suo piano prevedeva che la città fosse evacuata e bruciata come le altre. Chi ha scelto diversamente ora non può incolpare lui della caduta.

L'assemblea dei Galli, che dapprincipio sembra molto ostile, si ricrede. Apprezzano il coraggio di Vercingetorige: si è presentato di fronte a loro, non cerca di indorare la pillola o di ridurre la portata della sconfitta. Sono litigiosi, i Galli, ma hanno un innato rispetto per chi dimostra coraggio, in qualsiasi frangente. Del resto gli altri re non possono fargli ombra, sono solo dei capitribù, nessuno ha la statura di un leader.

La caduta della città paradossalmente rafforza la posizione del principe degli Arverni: non ci sono sul tavolo altre strategie se non la sua. Così prende saldamente il comando, stavolta con l'entusiastica approvazione di tutti.

Nuove tribù si uniscono alla rivolta, lui reintegra nell'esercito forze per supplire i caduti e incrementa le file dei combattenti reclutando quelli che i Romani temono di più: gli arcieri. Stavolta vuole giocare in casa, dove meglio conosce il terreno e dove si sente più sicuro. Il prossimo scontro sarà nella capitale degli Arverni, Gergovia.

GERGOVIA

Giocare in difesa rimanendo padrone della situazione. A Gergovia Vercingetorige lo può fare, perché la città è la sua patria e ne conosce ogni palmo di terreno. La rocca è imprendibile, abbarbicata com'è sopra i monti. Vercingetorige si è accampato su un fianco e ogni giorno provoca i Romani mandando manipoli di cavalleria a innestare piccoli scontri.

Cesare studia, come è solito fare sempre. Sa di non avere davanti una sfida facile da superare. Si rende ben conto di essere in una posizione potenzialmente svantaggiata. Nessun assalto sferrato dalla pianura è in grado di far cadere la roccaforte.

Ma non è soltanto quello a preoccuparlo. Al solito il suo problema principale sono gli Edui, che dovrebbero costituire il suo più potente alleato e invece continuano a essere il suo ventre molle.

Subito dopo la vittoria ad Avarico ha dovuto perdere tempo per mettere ordine in una delle loro consuete beghe interne. Le elezioni del loro magistrato annuale si sono svolte nel caos ed entrambi i candidati, Convictolitave e Coto, si considerano legittimamente in carica. Cesare preferirebbe non entrare nella disputa, ma non può: gli Edui rischiano di spaccarsi fra loro e di dare il via a una guerra civile. Così si presenta al loro Senato e dirime la questione validando l'elezione del giovane Convictolitave. Spera che gli sarà grato. Sbaglia.

A Gergovia Cesare ha studiato attentamente la situazione e la sua prima mossa è un audace colpo di mano. Con una veloce incursione notturna assalta e conquista un colle che non solo è proprio di fronte alla rocca, ma è anche l'unico posto dove si trovino riserve di acqua. Con lui ci sono anche Eporedorige e Viridomaro degli Edui, che pur non avendo cariche specifiche sono stimati e rappresentano il partito filoromano di Diviziaco.

Ha però bisogno di altri cavalieri e invia la richiesta a Convictolitave per nuove truppe. Ma l'Eduo fa il doppio gioco. Un gruppo di giovani favorevole a un'intesa con gli Arverni lo ha corrotto. Convictolitave finge dunque di inviare a Cesare i rinforzi, ma i diecimila cavalieri sono messi sotto il comando di Litavicco, che è un fautore di Vercingetorige. Così, mentre sono in viaggio, Litavicco orchestra una messinscena: finge di incontrare per caso dei fuggiaschi provenienti dal campo romano, li interroga per avere notizie, simula disperazione. Dice quindi ai suoi che una grave offesa è stata compiuta contro gli Edui. Eporedorige e Viridomaro, senza un motivo, senza un processo, fidandosi solo di alcune voci, sono stati giustiziati come traditori, e con loro anche i parenti di Litavicco. La reazione dei cavalieri edui è prevedibile. Si sentono traditi, vogliono vendetta. Litavicco ha buon gioco a suggerire loro di cambiare schieramento, unirsi a Vercingetorige e combattere contro Roma.

Per fortuna Eporedorige ha sentore di quanto sta succedendo. Nella notte si presenta alla tenda di Cesare, lo scongiura di non agire in maniera precipitosa: la rivolta degli Edui può ancora rientrare. Cesare si dice d'accordo. È uno di quei casi in cui non si possono prendere decisioni avventate. Così in segreto chiama alcuni uomini fidati e ordina loro di arrestare immediatamente i parenti di Litavicco che sono nel campo romano. Poi invia Eporedorige e Viridomaro a incontrare gli Edui ancora in viaggio. Basta il loro apparire per far crollare le menzogne di Litavicco. Quest'ultimo, capendo di essere scoperto, fugge a rotta di collo e ripara a Gergovia.

Per quanto veloce, la mossa di Cesare non è sufficiente a bloccare appieno la rivolta degli Edui. Alcune città insorgono, molti Romani residenti in esse subiscono assalti, saccheggi e taluni vengono torturati e uccisi. Cesare sa che dovrebbe muoversi per portare loro aiuto e punire Convictolitave per il suo tradimento, ma è impantanato a Gergovia. Non può ritirarsi senza aver preso la città, perché sembrerebbe debole. Deve attaccare.

UN GIOCO DI PRESTIGIO MAL RIUSCITO

Lui è Teutomato, re dei Nitiobrogi. Il suo popolo bellicoso è il principale alleato di Vercingetorige ed è uno dei più temuti in Gallia. Ma ora, mezzo nudo nel caos di un assalto, con la spada nella mano destra e la sinistra impegnata a tener su le brache per evitare che gli cadano a terra, tutto sembra fuorché marziale. Cesare, il maledetto Cesare, li ha colti di sorpresa. All'alba ha fatto uscire dal suo accampamento una colonna immensa di quelli che sembravano cavalieri e altri soldati a cavallo, i quali hanno aggirato il colle come se volessero attaccare Gergovia alle spalle. I Galli si sono spostati da quel lato. Ma era una finta. La colonna di cavalieri in realtà era formata da muli e da servi con in testa un elmo. Le legioni di Cesare, invece, quatte quatte, si sono portate ai piedi del colle e hanno dato l'assalto al muro che rinchiude il campo gallico principale sotto la città. E così il povero Teutomato, che stava dormendo, si è ritrovato sotto attacco, a dover combattere da solo e in mutande.

La resistenza dei Nitiobrogi viene vinta in pochi minuti. Cesare entra nel campo nemico da padrone. Non è una vittoria definitiva, ma è un passo decisivo per arrivarci. È soddisfatto del risultato. Ordina di suonare le trombe e di mettere fine allo scontro: bisogna consolidare quanto si è preso per poi pianificare domani un nuovo attacco.

Le trombe suonano. Suonano ancora. Cesare guarda dal campo la pianura sottostante e il resto della collina, alla sommità della quale c'è Gergovia. Qualcosa non funziona. I suoi soldati non si fermano. Non hanno sentito il segnale, o forse, nell'esaltazione della battaglia, deliberatamente lo ignorano. Si slanciano contro la rocca, ma sono scoperti. Da dentro le mura le donne e i vecchi si affacciano, lanciano oggetti colpendo coloro che tentano di arrampicarsi. Intanto i Galli, che erano stati tratti in inganno dalla falsa torma di cavalieri, richiamati dai clamori, tornano verso la città e chiudono gli assalitori romani. Cesare vede i suoi venire intrappolati e cadere. Tenta di mandare loro due coorti in soccorso, la Decima legione si muove dalla pianura. Ma non arrivano in tempo. Gli uomini che hanno tentato di scalare le mura ormai sono stati circondati e sopraffatti. Solo con grande difficoltà pochi riescono a scampare, facendosi largo a colpi di spada. Gli altri vengono massacrati, senza pietà.

È una notte buia e piena di sconforto quella che cade sul campo gallico conquistato dai Romani. Cesare è furente. Striglia i suoi, rinfacciando la loro disobbedienza ai suoi ordini diretti. Non devono pensare, quando sono in battaglia, devono obbedire: scattare quando viene loro detto di scattare, fermarsi quando viene detto di fermarsi. C'è un solo comandante ed è lui. Tutto il resto è insubordinazione e arroganza.

I legionari lo ascoltano in silenzio, affranti. Non osano nemmeno alzare gli occhi per incrociare il suo sguardo. Più che la sconfitta, è aver incrinato la fiducia che lui ha in loro che li schianta.

Nei giorni successivi la situazione rimane invariata, allo stallo. Cesare tenta qualche sortita e ha successo, ma è più un modo per confortare i suoi soldati e far loro riprendere confidenza in se stessi. La sua aura di invincibilità è rotta, ma gli serve la vittoria in queste inutili scaramucce per dimostrare che ha ancora il controllo della situazione. Vercingetorige del resto non sembra voler approfittare della vittoria ottenuta, o forse sa bene che non è stata una vittoria vera, ma soltanto un errore dei Romani. Dopo pochi giorni Cesare toglie il campo. Deve andare a rimettere ordine nei territori degli Edui.

Lo scontro finale è rimandato.

GLI INFIDI EDUI

Ha dato loro tutto: fiducia, potere, un'alleanza privilegiata. Se c'è qualcosa che irrita Cesare ancor più che una rivolta, è l'ingratitudine. Gli Edui sono stati da lui favoriti negli anni in ogni modo: li ha sempre trattati con rispetto, ha perdonato benevolmente quando si sono allontanati da lui. Ha sempre tenuto presente che lo scacchiere della Gallia è complesso, che spesso le tribù devono riallineare le loro posizioni per cercare un equilibrio con le altre. Pur di mantenere una pace è stato disposto ad accettare di chiudere un occhio su comportamenti ambigui, dando per scontato che fossero dovuti alla necessità di mantenere le apparenze con gli altri Galli, di mostrarsi indipendenti nel giudizio e autonomi nelle decisioni. La politica è l'arte del possibile ed è fatta di assestamenti continui, e Cesare sa essere morbido quando intuisce che la durezza non otterrebbe risultati.

Ma stavolta no, stavolta gli Edui hanno superato il limite. Eporedorige e Viridomaro sono due giovani ambiziosi ma inutili, senza carisma e senza alcun ascendente sul loro popolo. Non fanno altro che piagnucolare. Come ora, convocati nella sua tenda, mentre gli spiegano che Litavicco ha lasciato Gergovia ed è a Bibracte, dove, con Coto e Convictolitave, sta sollevando la popolazione e mandando messi per unirsi a Vercingetorige.

Cesare li ascolta con freddezza, anche perché è già al corrente della situazione. Poi ricorda loro tutto ciò che ha sempre fatto per gli Edui e che l'egemonia di cui hanno goduto, in questi anni, sugli altri Galli era in gran parte dovuta alla benevolenza. Se vogliono ora unirsi a Vercingetorige, lo facciano pure. Ma siano consapevoli che questo mette fine alla sua amicizia per loro. Sono soli, da ora in poi. Seguiranno il destino del loro nuovo alleato, nel bene e nel male.

Quando Eporedorige e Vidimaro escono dalla tenda e si dirigono verso Bibracte in rivolta, un'epoca è finita.

BIBRACTE BRUCIA

Bibracte, 52 a.C.

Sono arrivati tutti a Bibracte, i rappresentanti delle tribù della Gallia. Litavicco li ha convocati insieme ai rappresentanti degli Edui, Coto e Convictolitave. È il momento di prendere decisioni fatali.

La città è sottosopra, le strade pullulano di guerrieri, di gente che le affolla per ascoltare le notizie, indovinare le possibili novità, riconoscere i vari inviati che passano accompagnati dai loro fidi. Nella confusione c'è chi si appresta a rinforzare le porte e le finestre di casa, come se dovesse sostenere un assedio, chi invece stipa i suoi averi su un carro, per abbandonare velocemente la città appena sia dato l'ordine. Vercingetorige giunge con i suoi uomini per l'assemblea e già da subito appena entra è evidente che là dentro si considera il padrone.

La sua richiesta è chiara: vuole che tutte le tribù della Gallia riunitesi lì gli riconoscano il grado di comandante e il titolo di loro re. È pur sempre l'unico che è riuscito a sconfiggere a Gergovia il grande Cesare: l'unico che può finalmente battere i Romani.

Per gli Edui è un duro colpo da mandare giù. Anche se la rivolta avrà successo, è chiaro che la loro egemonia sulle tribù ormai fa parte del passato. Gli Arverni e il loro ambizioso principe sono il futuro.

Ma bisogna organizzarsi perché il futuro cominci il più presto possibile. La strategia di Vercingetorige è quella ormai collaudata. Bibracte deve essere data alle fiamme. I Romani devono ritrovarsi soli in una terra desolata.

Si evacua. Gli abitanti caricano sulle navi il grano che si può trasportare, quello che rimane pur di non lasciarlo in mano al nemico viene gettato nel fiume. Poi le fiamme divorano gli edifici e le case. Di Bibracte resta solo un cumulo di cenere.

Lungo il fiume i Galli lasciano guarnigioni. Sono in allerta, ma non massima. Fa freddo, l'inverno è arrivato. La Loira, il grande fiume che è anche la principale arteria per entrare nella regione, è già in parte ghiacciato e impraticabile. È difficile che i Romani possano avanzare per colpirli.

O così credono.

Cesare ha tutto contro, sulla carta: l'inverno avanza, la neve è già alta, sul fiume non ci sono ponti e Labieno con il grosso delle legioni che sarebbero necessarie per costruirli è lontano. Ma come suo solito non accetta di farsi fermare dalle circostanze: per lui il destino non è un sentiero segnato, ma una strada che bisogna costruirsi.

A marce forzate avanza fino al fiume. La Loira è lì, immensa dinnanzi a lui, con gelide correnti pronte a trascinare chi si arrischi ad attraversarla. Cesare però vuole passare al di là. Mobilita i suoi esploratori e le guide locali, ordina di trovare un passaggio. Lo trovano. Non è un guado facile, ma è pur sempre un guado. Gli uomini per attraversarlo devo immergersi nell'acqua fino alle spalle e ingegnarsi a portare con le mani sopra il capo le armi perché non si bagnino. I cavalieri intanto fanno muro ai loro lati, per rompere la corrente del fiume.

Ma passano, a dispetto di tutti e di ogni previsione. Quando li vedono emergere dal fiume, i Galli sono terrorizzati. Non è un uomo, quello, è un demone venuto dagli inferi. Non resta loro che ritirarsi, lasciandosi alle spalle i cumuli ancora fumanti di Bibracte. Bruciarla non è servito a nulla, Cesare è ancora in gioco.

LABIENO A LUTEZIA

Lutezia, 52 a.C.

Sul campo di battaglia sono come i due Dioscuri: gemelli divini che combattono in perfetta sintonia. Cesare e Labieno sono più che amici, sono due anime che si capiscono senza parole. Ogni volta che Cesare si deve allontanare, lasciare il suo esercito a Labieno è come lasciarlo a se stesso. Non c'è bisogno che gli illustri strategie o che dia ordini: l'altro sa quello che bisogna fare.

Quando scoppia la rivolta Labieno è ad Agedinco, con le salmerie, i bagagli e alcune legioni. Non può permettersi però di attendere lì, non è sicuro. I Galli vanno intercettati prima che si uniscano in un fronte unico. L'attacco è la migliore difesa, o almeno la più spiazzante per il nemico. Così parte alla volta di una delle poche città galliche ancora in piedi: Lutezia dei Parisi, un insediamento nato su un'isola al centro di un altro dei grandi fiumi della Gallia, la Senna.

A Lutezia i Parisi e i Senoni si sono organizzati. Hanno eletto come comandante Camulogeno, che è anziano e prudente, ma come tutte le vecchie volpi della guerra molto pericoloso. Ha trasformato la città in una roccaforte imprendibile, aiutato dal fatto che il fiume la circonda e forma attorno delle impenetrabili paludi.

Labieno intuisce subito che un attacco terrestre sarebbe un suicidio. Bisogna prenderla dal fiume. Ma non ha navi. Anche lui, però, come Cesare, non è un uomo che si lasci scoraggiare dalle circostanze. Le navi e le chiatte che gli servono ci sono. Sono in un piccolo avamposto chiamato Metlosedo, che occupa un'altra isola sulla Senna. All'interno vi sono pochi uomini, perché il grosso è a Lutezia. Labieno lo prende con un colpo di mano, si impadronisce delle navi, ricostruisce il ponte e punta verso la capitale dei Parisi. I pochi superstiti di Metlosedo però fuggono attraverso le paludi e avvertono i luteziani. Quando Labieno arriva, Lutezia crepita di fiamme e i Galli si sono arroccati dall'altra parte del fiume.

Lo stallo è completo. Labieno se ne rende conto, come si rende conto che questo impasse gli gioca contro. I Galli sono a casa loro, lui in territorio nemico e rischia di ritrovarsi accerchiato, perché nel frattempo i Bellovaci, bellicosa tribù del Nord, si sono uniti alla rivolta e potrebbero calare su di lui da un momento all'altro. Bisogna tornare ad Agedinco, il più presto possibile. Ma allo stesso tempo bisogna impedire ai Parisi di inseguirli durante la ritirata, spossandoli con continui attacchi. Così gioca d'astuzia per coglierli di sorpresa. Ha le navi, prese a Metlosedo. Di notte le fa muovere lungo il fiume. Lui si sposta in silenzio per terra con tre coorti, raggiungendo il luogo dove ha dato appuntamento alle navi. Qui, approfittando di un terribile temporale scatenatosi nel frattempo, uccide le vedette indigene che controllano le rive del fiume e fa sbarcare tutti i suoi sulla sponda opposta. Nel frattempo un contingente dei suoi fa credere ai nemici che sia iniziata la ritirata dei Romani, spostando con gran frastuono carri pieni di salmerie. I Galli vedono il trambusto, pensano che i Romani stiano cercando di fuggire e di poterli attaccare di sorpresa. Ma è una trappola. Quando i Galli escono dall'accampamento, Labieno è lì, pronto ad attaccarli con le sue coorti fatte sbarcare di nascosto. Dà il segnale, la battaglia si scatena. I Galli sono circondati da ogni lato e per quanto resistano eroicamente alla fine devono arrendersi. Camulogeno cade, gli altri sono massacrati.

A fine giornata Labieno riguarda il campo di battaglia soddisfatto. Ora può tornare ad Agedinco per ricongiungersi con Cesare, in sicurezza.

CESARE ALLA RISCOSSA

Bibracte, 52 a.C.

Non ha perso tempo, come suo solito. Cesare sa bene che in Gallia la situazione è a un passo dalla rottura. La defezione degli Edui ha spinto tutti gli altri a riallinearsi: se persino i più vecchi alleati dei Romani si ribellano, tutti sono pronti a prendere le armi.

Non gli resta che rovesciare ancora una volta il tavolo. E così, se i Galli gli si ribellano contro, lui chiama a raccolta nuove truppe e i cavalieri germanici. Sa che sono guerrieri spietati e per renderli ancora più efficienti requisisce ai suoi tribuni e ufficiali i cavalli di razza e li dà ai barbari. Nessuno osa protestare: quando si tratta di ordini, quelli di Cesare non si discutono.

Vercingetorige intanto osserva i movimenti delle truppe romane. Ha vinto, ma il suo è stato più un successo dovuto al caso che alla bravura. I suoi non sono in fondo più affidabili come alleati di quanto lo siano stati prima per Cesare. Ha bisogno di compattarli con una vittoria decisiva, che lo certifichi come uno stratega di genio. Mente. Dice ai Galli che i Romani hanno paura e stanno ripiegando, e che quindi è ora il momento di colpirli perché siano distrutti e non possano tornare più. Forse ci crede, forse spera di sorprenderli e chiudere davvero la faccenda una volta per tutte.

Così si decide l'attacco. Al mattino, mentre i Romani si muovono in colonna, tre gruppi di Galli piombano loro addosso. Tentano di accerchiarli, premendoli ai fianchi e impedendo loro il passaggio. Ma Cesare non si lascia prendere dal panico. I suoi uomini sanno già che cosa devono fare. L'esercito romano si chiude a cerchio, difendendo le salmerie e resistendo

all'assalto, mentre i cavalieri germanici, divisi in tre gruppi,
si slanciano sui Galli. Si combatte ovunque, in una mischia
che pare priva di senso. Cesare grida gli ordini controllando
di volta in volta dove sia necessario rinforzare le linee prima
che cedano. Poi l'ala destra dei Germani sfonda. I Galli si spaventano, si volgono in fuga verso il fiume, mentre i Germani li
braccano come cani infernali. Cesare, stanco e impolverato alla
fine della battaglia, nella sua tenda può togliersi una personale
soddisfazione. Gli vengono portati come prigionieri Coto e
Eporedorige, i traditori edui.

ALESIA

Alesia, agosto-settembre 52 a.C.
È aggrappata al suo colle, Alesia, come il nido di un'aquila in
mezzo a una vasta pianura. Vercingetorige, dopo la disfatta contro Cesare, ha deciso di asserragliarsi lì perché l'unico modo di
prenderla è un assedio, faticoso per chi è dentro, ma non meno
per chi è fuori. Ha vettovaglie per trenta giorni, ma razionandole
può resistere più a lungo. E in trenta giorni nella Gallia in rivolta
può succedere di tutto, anche che Cesare venga travolto. Sono
due giocatori, Cesare e Vercingetorige, e la loro sfida si basa su
sottili calcoli dei rischi che entrambi possono correre.

È un assedio' snervante e senza gloria, quello di Alesia.
Tutte le forze di Cesare sono confluite lì. Ci sono Labieno e
Marco Antonio, il giovane cugino di Cesare, impulsivo e testa
calda, ma che ha un vero talento per le battaglie e la strategia.
Soprattutto ci sono i soldati del genio militare, che con le loro
conoscenze e la loro preparazione tecnica sono ciò che in un
assedio può fare davvero la differenza. Scavano doppi valli,
seminano la pianura di trappole. Anche lui ha imparato le

astuzie dei Galli, a furia di combattere contro di loro. E i pali aguzzi conficcati nel terreno e nascosti da cespugli trasformano la pianura dinanzi alla città in un campo di insidie.

Cesare vuole vincere, nessuna alternativa è ammessa.

Vercingetorige chiama a raccolta gli alleati, sperando di trasformare gli assedianti romani in assediati. Chiede rinforzi a tutte le tribù, anche se non tutte rispondono e sono poi gli stessi suoi uomini a domandare che entrino solo dei contingenti scelti. Hanno paura perché la città è piccola per contenere una moltitudine di uomini di provenienze così diverse e temono di non essere in grado di mantenere l'ordine nel campo. Le divisioni dei Galli continuano a giocare loro contro.

Chi paga il prezzo più alto sono i civili di Alesia. Resistere a lungo con dentro troppe bocche da sfamare è impossibile. Il grano ormai è esaurito, non c'è modo di fare delle sortite per approvvigionarsi. La fame tormenta gli assediati, li fa sragionare. Nell'assemblea convocata per discutere della situazione c'è addirittura chi propone di cibarsi dei corpi dei più deboli per resistere a oltranza. La proposta non passa, ma è chiaro che bisogna prendere misure estreme.

Così i Galli decidono di aprire le porte e far uscire tutti coloro che non sono abili alla difesa della roccaforte. Un corteo di vecchi, donne e bambini, disarmati, impauriti e disperati escono dalla città.

Ma fuori non c'è nulla, se non la piana che i Romani hanno chiuso. Forse Vercingetorige ha stimato troppo il suo avversario. Ha dato per scontato che mosso da pietà avrebbe aperto ai civili un varco per mettersi in salvo. In fondo si è sempre vantato della sua clemenza. Ma stavolta Cesare non ha alcuna intenzione di esercitarla. Gli abitanti di Alesia sono abbandonati in mezzo a quel nulla, senza acqua, senza cibo, senza aiuti, senza riparo.

Donne, vecchi e bambini per giorni rimangono all'addiaccio, sotto la pioggia e le intemperie, finché a uno a uno non muoiono di fame, di sete e di stenti, sotto lo sguardo impietrito dei loro parenti asserragliati in Alesia e quello gelido di Cesare.

Intanto per i Galli arrivano i rinforzi. Per tutti è chiaro che siamo alla resa dei conti. Vercingetorige spera che si giunga a un ribaltamento della situazione.

Cesare è sotto attacco da due fronti, ma lo ha previsto. Ha distribuito i compiti fra Labieno e Marco Antonio. I Galli usano ogni espediente: le torri, le macchine da guerra, l'assalto frontale. Lanciano frecce, dardi, giavellotti, manciate di terra con cui ricoprono le trappole romane e che poi ammonticchiano per scalare i valli delle difese.

I Romani però resistono e i barbari restano spiazzati. Ci riprovano con un nuovo assalto, paiono quasi riuscire a sfondare, ma Cesare ha lasciato di riserva le coorti di Labieno e poi, nel momento culminante, si lancia anche lui all'attacco. Il suo mantello diviene il vessillo che rianima i soldati. La cavalleria erompe, i gladi scintillano. È una strage, una mattanza. A mezzanotte nel buio ancora si sentono le urla di chi inseguito cerca scampo nella fuga. Poi solo il silenzio.

LA RESA

La mattina dopo dentro alla rocca di Alesia Vercingetorige convoca un'ultima assemblea. Rivendica di aver combattuto per tutti, non solo per ambizione personale, ma ora è disposto ad assumersi la piena responsabilità dell'accaduto. Cesare ha dettato le condizioni: la resa e la consegna dei capi coinvolti. Una consegna teatrale, che sia insieme una conclusione ma soprattutto un monito.

Vercingetorige esce da Alesia, a cavallo, insieme al suo stato maggiore. Ai piedi del seggio che Cesare ha fatto erigere sulle fortificazioni romane, come il trono di un re, il corteo depone le armi. Poi Vercingetorige scende da cavallo, si inginocchia ai piedi di Cesare e si consegna come prigioniero.

È finita. La Gallia è romana. È finita davvero.

NELLA TESTA DI POMPEO

Roma, 50 a.C.

Le grandi svolte della storia hanno di solito origine da un preciso avvenimento. La fine della Repubblica romana invece inizia nella testa di Pompeo. A cambiare non sono le circostanze, quanto piuttosto il suo animo.

La sua nomina a console *sine collega* è stata fortunosa. Nel marasma dopo la morte di Clodio persino a Cesare sembra l'unica possibile mossa per sedare la situazione. Ma poi, man mano che i giorni e i mesi passano, il comportamento dell'ex genero gli appare sempre più ambiguo e difficile da scusare.

Il patto fra i due triumviri era chiaro: il consolato di Pompeo avrebbe dovuto essere seguito da uno di Cesare. Una staffetta per riconfermare il loro accordo. Ma qualcosa si incaglia subito. Per il 51 vengono designati altri consoli, uno dei quali, Marco Claudio Marcello, è apertamente anticesariano. Pompeo intanto, vedovo di Giulia, si risposa con Cornelia Metella, che è figlia di Publio Cornelio Scipione Nasica, anche lui poco amico di Cesare. La promessa di far approvare una legge che consenta a

Cesare di candidarsi al consolato pur rimanendo nelle Gallie è disattesa. Pompeo sostiene di essersi "dimenticato" di inserire la clausola. È una strana forma di amnesia.

Cosa è successo nella testa di Pompeo? Cosa è cambiato? Ha il potere. Per la prima volta in vita sua gestisce davvero lo Stato. Fin dai tempi di Silla è sempre stato l'*enfant prodige* o il delfino di qualcuno. Un'eredità che poi non è mai riuscito a cogliere appieno: Pompeo è il dio delle occasioni mancate. Diverse volte è stato lì lì per diventare il padrone di Roma, e poi è stato costretto a rinunciare o a spartirla con qualcuno. Un uomo defilato e schivo, dicono di lui. No: un uomo che vorrebbe, ma non è riuscito a essere mai davvero protagonista. Che è altra cosa.

Ora è al centro della scena. È circondato da ammiratori adoranti. Tutta la vecchia aristocrazia che in passato lo ha snobbato è intorno a lui. Gli Scipioni, i Marcelli, i Catoni fanno a gara per compiacerlo. Le masse, persino le masse, sembrano adorarlo. A Roma, nel momento buio dei funerali di Clodio, sono venuti a cercarlo a casa per offrirgli il titolo di dittatore. Quando si ferma a Napoli per qualche giorno perché ammalato, in città si fanno pubblici sacrifici per la sua salute. E così in tutte le altre città d'Italia. È la vertigine del consenso popolare, il brivido del successo. Cesare lo ha sempre conosciuto, Pompeo no.

È una droga. Non vuole perderlo. Non può rischiare che il ritorno di Cesare glielo tolga. Non vuole spartire il potere con un collega che ora può vantare vittorie militari gloriose quanto le sue e ricchezze e vaste clientele e fascino personale. Un uomo che nella sua vita è sempre riuscito a oscurare chiunque gli sia stato accanto. Ricorda bene il consolato di Cesare e Bibulo. Non vuole essere il Bibulo della situazione.

Gli *optimates* sono disposti a dargli tutto l'appoggio necessario. Lo blandiscono. Lo convincono che lui solo è il difensore dei veri valori della Repubblica. Sconfiggere Cesare non è egoismo, ma un atto di salvaguardia per lo Stato. Lui, che è il grande Pompeo, deve schiacciare quell'arrogante damerino. Gli assicurano che le legioni di Cesare non lo seguiranno mai se fra loro due si arrivasse allo scontro aperto. Esagerano gli appoggi e il consenso di cui la fazione gode in Senato. Gli dicono che l'Italia, l'Asia e ogni terra dell'impero sono pronte a mobilitarsi a un suo cenno. Lui ci crede: «Se batto il piede per terra escono da ogni luogo soldati!». È una fanfaronata, come quelle che diceva Crasso prima di muoversi contro i Parti. Ma gli dèi accecano coloro che vogliono perdere, e Pompeo è accecato dal suo orgoglio.

NON TOGLIETEMI LE MIE LEGIONI!

Roma, 7-8 gennaio 49 a.C.

La sensazione è quella di un cappio che piano piano si stringe attorno alla gola. Era dai tempi di Catilina che Cesare non la percepiva così netta, che non avvertiva così profondamente la presenza di un pericolo mortale.

Non si fa illusioni su quello che sta per accadere. Immaginava che la morte di Crasso avrebbe finito per travolgere gli equilibri così faticosamente creati anni addietro. In tre la mediazione è possibile, in due lo scontro diventa inevitabile. Eppure, forse, per un attimo ha sperato che il triumvirato potesse comunque sopravvivere in qualche nuova modalità, se non altro per quell'amicizia personale e per il ricordo comune della donna che hanno amato, sia pure in diverse forme, entrambi: Giulia.

Cesare può essere egocentrico, egoista, ambizioso, ma ha un pregio: crede ai rapporti personali. Quando si lega a qualcuno è per sempre. È strano come un uomo così razionale, freddo e smaliziato in politica dimostri nei confronti dell'amicizia tanta sincera fede. Ma è stato, in fondo, un bambino e un ragazzo molto solo, che ha dovuto crescere in fretta e abituarsi fin da subito ad affrontare le sfide della vita. Per cui crearsi un nido, una cerchia di uomini e di donne che gli siano vicini e con cui possa sentirsi a suo agio, è una necessità.

Pompeo è differente, lo è sempre stato. Tagliare i ponti con chi non gli è più necessario è sempre stata una costante del suo comportamento, un *habitus* mentale. Entrambi sono abituati a servirsi dei loro fidi, ma con spirito diverso.

Cesare è curioso, è e rimane un letterato; il comportamento umano, sia quello dei popoli sia quello dei singoli, lo affascina, in qualche maniera se ne fa sedurre. Con chi gli sta attorno crea dei rapporti di stima, persino se si tratta di avversari o nemici.

Pompeo invece è intellettualmente più rozzo, ha una visione del mondo e degli esseri umani puramente strumentale. Dà loro ordini, li utilizza per i suoi fini e poi è pronto a scaricarli, quando non gli interessano più. È una differenza di visione che diventa anche una differenza di progetto. Cesare ha sempre avuto un'idea politica chiara da realizzare che trascende la sua stessa persona: la tradizione dei *populares* si incarna in lui, ma è comunque più grande di lui. Pompeo non ha un orizzonte più ampio del potere che vuole per se stesso. E per questo, alla fin fine, Cesare ha uno scopo, Pompeo solo un obiettivo.

Ma quello scopo ora sembra sempre più difficile da realizzare.

Cesare non ha mai smesso di ricevere puntuali resoconti dai suoi nell'Urbe, e ora le comunicazioni si fanno più serrate e piene di preoccupazione.

Il nuovo asse di Pompeo con gli *optimates* non sarebbe pericoloso in sé, se Pompeo avesse come Cesare l'istinto per la politica. Ma non ce l'ha, si è appiattito sulle richieste dei suoi nuovi amici.

In vista del suo ritorno a Roma Cesare chiede il consolato. Non è una questione di prestigio, ma di sopravvivenza. Tornare in città come privato cittadino, privo della dignità consolare e dei suoi uomini, significherebbe consegnarsi al boia.

Lo ha capito perché fanno di tutto per togliergli le legioni. Nel 51 Claudio Marcello tenta di far passare una legge che lo esoneri prima dello scadere naturale del mandato. L'anno successivo il console Lucio Cornelio Lentulo Crure ci riprova, dicendo che è la *conditio sine qua non* perché la candidatura al consolato di Cesare sia accettata.

Cesare tenta quello che un buon politico tenta sempre quando si trova in posizione di svantaggio: una mediazione. Non è chiaro se ancora creda alla possibilità di evitare lo scontro, ma se anche non ci crede, quello che gli interessa è far sembrare che la rottura sia colpa degli altri. Propone che sia lui che Pompeo rinuncino alle legioni. In subordine, promette di rinunciare alla Transalpina, tenendo solo le due legioni della Cisalpina. O, in ultima alternativa, di tenersi solo la legione dell'Illirico. Un ampio spettro di possibilità, che consentirebbe a tutti di non perdere la faccia nel corso di una trattativa. Gli *optimates* scambiano per debolezza o paura quello che è un sottile calcolo politico e strategico. Loro rifiutano le sue offerte, lui intanto mobilita i suoi, contatta alleati, muove pedine. La sua arrendevolezza è una carta potentissima per guadagnarsi consenso. Persino Cicerone per un attimo si attiva per trovare un compromesso.

Cesare tesse la sua tela come un ragno abilissimo. Conosce i suoi avversari, ma anche l'animo delle masse e dei soldati. Da pontefice massimo sa di poter presentare come giusta solo una guerra che si è costretti a combattere per rispettare l'onore e le leggi degli dèi. Se deve attaccare Roma, deve risultare chiaro a tutti che lo hanno tirato in mezzo.

Gli avversari ci cascano in pieno. In Senato i consoli, con la bava alla bocca, respingono le proposte e lo dichiarano nemico dello Stato. I tribuni della plebe Marco Antonio e Quinto Cassio Longino non vengono nemmeno fatti parlare e sono oggetto di pesanti minacce. Neppure Silla aveva osato fare tanto.

Nella notte fra il 7 e l'8 gennaio del 49, travestiti, Antonio e Longino fuggono dall'Urbe alla volta di Rimini, dove, passato il Rubicone, Cesare li attende. Si presentano laceri e contusi di fronte ai soldati, mostrando lividi bluastri e vesti stracciate e lamentando di essere stati malmenati, quasi uccisi. È una finta, concordata con Cesare e recitata magistralmente da Marco Antonio, che è un attore consumato: nessuno in realtà ha torto loro un capello. Ma è la scintilla giusta per sedare ogni dubbio, compattare i soldati, scatenare l'ira dei veterani. Acclamano Marco Antonio, acclamano il loro comandante: Cesare.

Sono pronti ad andare all'assalto di Roma.

LA FUGA DEI POMPEIANI

Roma, 17 gennaio 49 a.C.

«Batti il piede per terra, Pompeo! Dicevi di poter far sbucare soldati per difenderci! Dove sono?»

Il Senato è in seduta plenaria, anche se molti scranni sono vuoti. Come vuote sono le strade dell'Urbe e le case. Roma, nel freddo di gennaio, è una città abitata da spettri. Pompeo non replica, rimane torvo in silenzio. Con lui anche i due consoli mostrano segni di fretta nervosa. Appena il senatore Marco Favonio ha finito la sua tirata, la seduta è sciolta. Pompeo monta a cavallo, i consoli salgono sulle loro lettighe, non celebrano nemmeno i sacrifici prescritti per quando si devono allontanare dalla città e partono verso Brindisi.

Cesare è alle porte, o così dicono. È sceso da Rimini come un fulmine. Non che abbia trovato grandi resistenze. Termo, suo vecchio comandante in Asia, che presidiava Gubbio, gli ha lasciato il campo senza combattere. Publio Cornelio Lentulo Spintere ha abbandonato Ascoli, a Fermo è stato battuto. Solo Domizio Enobarbo ha tentato di resistere a Corfinium, ma Pompeo non gli ha inviato gli aiuti richiesti e la città è caduta. L'impressione è che a fronteggiare Cesare ci sia non solo un nulla militare, ma soprattutto politico.

Pompeo sembra stordito. Neppure la defezione di Tito Labieno, che abbandona Cesare e passa dalla sua parte, pare rassicurarlo. Ha più uomini di Cesare e basterebbe che richiamasse le sue legioni dalla Spagna e dall'Asia per essere tecnicamente imbattibile. Ma preferisce abbandonare l'Urbe, come se fosse una cosa senza importanza, che non vale la pena difendere.

La sua strategia è quella di spostarsi nei Balcani, riunirsi con le sue legioni asiatiche e con gli uomini di cui più si fida, in un territorio che conosce. È sempre stato uno sgobbone a cui piace rischiare poco e pianificare molto.

Gli sfuggono però del tutto le implicazioni emotive che la decisione di lasciare Roma al suo destino comporta. Il suo circolo di consiglieri dotti, imbevuti di cultura greca, cita l'abbandono di Atene da parte di Temistocle di fronte all'avanzata dei Persiani: sono gli uomini che fanno la città, non le mura. Ma questo è un ragionamento da intellettuali: quello che il popolo vede e capisce è che, nel momento di massimo pericolo, Pompeo li lascia soli.

Cesare entra in città da padrone e poi si precipita a Brindisi. Tenta di chiudere il porto, ma intanto non rinuncia a trattare. I suoi messi però non ottengono risultati. Pompeo, dopo essersi asserragliato in città, fa imbarcare i soldati di nascosto e salpa per Durazzo. La resa dei conti fra i due è rimandata.

UNA GUERRA ROMANA

Gallia, Spagna, Africa, Balcani. Ci vuole la testa di un romano per capire come si dipani lo scontro fra Cesare e Pompeo, per rendersi conto del perché i due comandanti rimbalzino come palline impazzite da un lato all'altro del Mediterraneo. Il loro sguardo è sintetico ed è quello di chi è abituato a gestire un impero. Tutto è Roma. Per questo Pompeo ha potuto abbandonare l'Urbe, scegliendo di ritirarsi dove si sente più al sicuro. Per questo Cesare va a Massalia e poi in Spagna. Roma non è solo una città, è il mondo. E chi vuole diventarne il padrone deve essere in grado di controllarlo fino ai suoi più remoti confini. Se non gli riesce, è solo un patetico illuso.

Si combatte ovunque. E Cesare vince nella maggior parte dei casi. Domizio Enobarbo è sconfitto a Massalia, anche se forza il blocco e riesce a scappare. Persino le temibili legioni pompeiane in Spagna sono debellate. Solo in Africa Curione è sconfitto da Giuba, re dei Numidi alleato di Pompeo, ma le ricadute sono minime. Con le spalle coperte e un Occidente sedato, Cesare può tornare a Roma e farsi nominare dittatore. È una carica prevista dall'ordinamento romano, tenuta da Silla e da Mario e da infiniti altri prima di loro. In qualche modo è un ristabilire la legalità dopo il marasma costituzionale e politico. Il rappresentante legittimo della Repubblica è lui, Cesare. Legittimo, e proprio per questo portato alla ricomposizione. Fin dall'inizio della guerra contro Pompeo, Cesare è stato sempre molto attento a distinguere il piano personale da quello politico. Si comporta come uno che non ha nemici, ma solo avversari contingenti. Fino all'ultimo sarà disposto alla mediazione e all'accordo. A parte i morti sul campo, non ha ucciso comandanti pompeiani: li ha perdonati e rilasciati. Anche l'implacabile Enobarbo, che torna a combattere con Pompeo, può farlo perché Cesare gli ha risparmiato la vita. Persino la defezione del suo vice, Labieno, è stata trattata come una legittima scelta di campo. Saputo che si era schierato con Pompeo, Cesare gli ha inviato i suoi beni e i suoi bagagli, intonsi.

Non è solo magnanimità, è sottolineare una distanza. Nei commentari i suoi nemici saranno ritratti con sferzante sarcasmo. Sono uomini in preda a feroci risentimenti personali e proprio per questo destinati a farsi travolgere dagli avvenimenti. Per Cesare anche la guerra è prima di tutto politica o, meglio ancora, valgono in politica le stesse regole che valgono in guerra. Dove il nemico è nemico e va combattuto con tutti i mezzi a disposizione sul campo di battaglia, ma non vi è rancore personale nei suoi confronti. Finita la guerra, se si è ancora vivi, si può costruire insieme la pace.

È con questo animo che si appresta a salpare per la Grecia, dove Pompeo lo aspetta.

LA FINE DI POMPEO

23

FARSALO

Piana di Farsalo, Tessaglia, 9 agosto 48 a.C.
«Difendete l'accampamento! Difendetelo a ogni costo!»

È Pompeo, in groppa al suo destriero, che urla alle vedette del suo campo. Dietro di lui gli echi della battaglia che vengono dalla piana di Farsalo salgono fino alla piccola collina. È stanco, accaldato, sotto al sole di mezzogiorno: le armi e la corazza pesano. Lungo il percorso ha visto decine di suoi soldati scappare in cerca di salvezza. La manovra di accerchiamento pensata da Labieno, che avrebbe dovuto spiazzare il nemico, gli si è rivolta contro. Cesare non ha abboccato alla trappola e i pompeiani sono in rotta. Loro, che la sera prima erano così sicuri della vittoria da litigarsi le future cariche della Repubblica, corrono ora per la piana cercando di salvarsi la vita.

Non sono uomini, i cesariani, sono belve feroci. Non desistono di fronte ad alcun pericolo, ad alcuna fatica. Lo hanno inseguito, tallonato, braccato, anche se erano inferiori per numero e le circostanze non erano loro favorevoli. Li ha visti rimanere bloccati senza rifornimenti a Durazzo, quando le navi di Marco Antonio non riuscivano a entrare nel porto. Li ha visti nascondersi sotto coperte di cuoio per evitare la gragnola di colpi dei suoi frombolieri, mangiare pani impastati di erba e radici amare per mancanza di grano, conquistare una città e poi sbronzarsi di vino cattivo per combattere una febbre maligna. Non c'è nulla che li spaventi o li pieghi.

Labieno e i suoi lo hanno ingannato quando gli hanno detto che gli uomini di Cesare non erano più gli stessi, che i soldati delle Gallie erano ormai tutti morti o in congedo, che i nuovi arrivati non avrebbero combattuto con la stessa foga o accanimento per un comandante sostanzialmente a loro sconosciuto. Non importa che siano i suoi vecchi veterani o le nuove leve di giovani. Per Cesare tutti sono disposti a uccidere o a morire con la stessa indifferenza, come se sul campo loro fossero lui e lui loro: una cosa sola. Chiunque si frapponga viene schiacciato.

Pompeo corre alla tenda del pretorio. Gli alloggi del comandante sembrano lontani dal caos e dalla furia della guerra. I suoi sandali affondano, appena entrato, nella coltre di zolle erbose che fodera il pavimento, poi passa sui soffici tappeti, raggiunge il triclinio e il tavolino su cui una brocca d'argento di vino fresco è lì ad attenderlo. Non ha tempo per bere, non ha tempo per nulla. Chiama a gran voce i servi, si toglie veloce l'armatura, le insegne di generale. Le pensanti velature non possono più attutire i suoni che vengono da fuori. Tumulto, grida. I cesariani hanno sorpassato i valli di difesa, sono nell'accampamento.

I suoi ufficiali hanno già portato cavalli freschi davanti alla tenda. Ci salgono, a rotta di collo corrono lungo il decumano dell'accampamento, varcano la porta, si dirigono verso il mare. Una nave li attende, pronta a salpare per l'Egitto.

Cesare entra nel campo poco dopo. Guarda con disprezzo i corredi, i tappeti, l'edera usata come fodera delle tende per tenere lontano il calore estivo, il mirto appeso a profumare l'aria. Ghigna. Gli hanno sempre rinfacciato il suo amore per il lusso, ma i suoi nemici non si sono rivelati migliori. Per avanzare bisogna scavalcare i cadaveri, quasi tutti però di servi e famigli, abbandonati nella fuga come cose senza valore.

«Lo hanno voluto loro» commenta con i suoi fedeli. «Se avessi dimesso l'esercito mi avrebbero ucciso.»

Poi chiede se fra i prigionieri ci sia Bruto, il figlio di Servilia. Quando gli dicono che è salvo, sorride.

IL TRADIMENTO DELL'EGITTO

Pelusio, 28 settembre 48 a.C.

È la porta d'Egitto, fin dai tempi dei Persiani. Pelusio, circondata dalle acque, costruita in mezzo ai rami del delta del Nilo, è un passaggio obbligato. Per questo re Tolomeo XIII, un ragazzetto irritante di nemmeno quattordici anni, e il suo stato maggiore, la presiedono con tenacia. Non possono permettere che cada in mano alla sorella maggiore e moglie del re bambino, la ventenne Cleopatra, con cui Tolomeo è in guerra dopo una convivenza burrascosa.

I due fratelli si detestano dalla culla, non fosse altro perché Cleopatra è sempre stata la figlia preferita di Tolomeo Aulete, il precedente sovrano d'Egitto. È un'illegittima, perché è nata da una concubina, ma fra tutti i suoi figli è quella che ha dimostrato fin dall'infanzia intuito politico, carattere, spregiudicatezza. Fosse stata un maschio, il padre l'avrebbe elevata al trono. Essendo femmina non ha potuto far altro che costringere il suo erede a sposarla, come è uso della dinastia egizia fin dai tempi dei faraoni. Ovviamente il matrimonio dinastico è stato un disastro. Tolomeo e la sorella sono stati incapaci di trovare una maniera civile di convivere, anche perché Cleopatra è troppo sveglia per lasciare mano libera ai consiglieri e ai tutori del giovane fratello, che vogliono governare in nome suo. Così la giovane principessa è dovuta scappare da Alessandria, come una ladra, e rifugiarsi ai confini del regno, dove continua ad alimentare rivolte e minaccia azioni di guerra per riprendersi la corona.

L'Egitto è un regno instabile, si regge per miracolo e la sua autonomia è in realtà una farsa. I Tolomei devono tutto a Pompeo. Tolomeo Aulete era lui stesso un bastardo senza alcun diritto alla successione al trono, che i Romani hanno appoggiato soltanto perché lo hanno considerato sempre abbastanza imbelle, pavido e incapace, adatto a servire magnificamente i loro scopi.

Crasso e Cesare avevano addirittura proposto in Senato che l'Egitto venisse annesso a Roma, in virtù di un vecchio testamento di un precedente sovrano, che nominava i Romani suoi eredi. L'Aulete è riuscito a ingraziarsi Pompeo, inviandogli soldi, denaro e aiuti. Dell'idea non si è parlato più e l'Aulete, riconoscente, aveva sempre trattato Pompeo come un patrono e un protettore. Prima di morire ha fatto consegnare a lui, perché lo custodisse nella sua casa di Roma, il testamento in cui obbligava Tolomeo e Cleopatra a sposarsi e regnare insieme, per altro relegando così a un ruolo di secondo piano la figlia legittima minore, la principessa Arsinoe.

Ora però il Pompeo che si presenta di fronte alle coste egiziane chiedendo di sbarcare non è più il condottiero vincente e il padrone dell'Asia. È un comandante sconfitto e in fuga, con Cesare alle calcagna.

Potrebbe, certo, trovare il modo di ribaltare la situazione. In Asia ha ancora uomini a lui fedeli: questi barbari romani sfoderano spesso risorse inaspettate. Per tutti questi motivi la decisione da prendere in merito va ben meditata. Non certo dal giovane Tolomeo, che è un ragazzino viziato e non troppo sveglio: dai membri del suo gabinetto, l'eunuco Potino, Teodoto di Chio, maestro di retorica del re, e il generale Achilla.

È un consulto febbrile e teso, quello che si svolge fra loro. È vitale scegliere a chi legarsi e come. Ne va della sopravvivenza del regno, ma soprattutto di quella loro personale.

Due le opzioni possibili, entrambe pericolose: accogliere Pompeo, con il rischio che Cesare infuriato travolga il re e l'Egitto, fornendo una splendida occasione a Cleopatra di offrirsi a lui come alleata e riprendersi il trono da cui il fratello l'ha cacciata; rigettare Pompeo, ma con il rischio che lui riesca a ricongiungersi alle armate ancora in Asia e Africa, ribalti la situazione e si vendichi.

Achilla e Potino non sanno prendere partito. È il retore Teodoto, che è un sofista spregiudicato, a trovare la soluzione. Far sbarcare Pompeo e poi ucciderlo. È il loro antico patrono: assassinarlo va contro tutte le leggi della gratitudine e dell'ospitalità. Per un attimo persino Achilla e Potino sembrano titubare.

Teodoto taglia corto: «I morti non mordono» dice.

Gli altri concordano con lui.

MORTE SULLA SPIAGGIA

La nave è alla fonda, in attesa di un segnale. Nonostante alcune nubi all'orizzonte, la laguna attorno a Pelusio è immota e la bassa marea impedisce di spingersi oltre. Dalla terraferma una barca si avvicina. Pompeo sente una voce che si presenta come Lucio Settimio e lo saluta chiamandolo *imperator*, in latino, poi Achilla, che è il generale in capo dell'esercito egizio, lo saluta in greco.

Si qualificano come inviati del re, gli spiegano che lo scorteranno a terra. I compagni di Pompeo e la moglie Cornelia sono perplessi. Per quanto si tratti di un incontro informale, quel benvenuto sembra davvero troppo ridotto e poco bene augurante, e l'atteggiamento dei due uomini appare sfuggente, ambiguo, come se stessero nascondendo qualcosa. Lo pregano di non andare. Pompeo scuote la testa: sulla spiaggia vi sono drappelli di soldati, alle spalle della nave è comparso un vascello egizio. Anche se rifiutasse di scendere sarebbero comunque spacciati.

Sale. «Chi va a casa di un tiranno diventa servo anche se entra libero» dice, citando un verso di Sofocle.

La barca salpa. Pompeo scruta l'uomo che lo ha salutato in latino.

«Tu hai servito sotto di me» gli dice.

Settimio annuisce, ma non risponde, non lo guarda neppure. Dalla bisaccia Pompeo trae dei fogli su cui ha appuntato un discorso per presentarsi al re Tolomeo. Nessuno parla, il silenzio è pesante e angoscioso.

La spiaggia è vicina. Ma bisogna raggiungerla a piedi perché la barca non può arrivare fino alla riva. Settimio fa l'atto di porgere un braccio all'ospite per aiutarlo ad alzarsi. Sembra un gesto di cortesia, invece è una finta. Quando Pompeo si appoggia, l'altro, lesto, lo colpisce sul fianco con una pugnalata.

Pompeo barcolla. Non riesce a dire una parola. Gli altri soldati si fanno più vicini e lo finiscono con le spade. Dalla nave si alzano le grida disperate della moglie e dei compagni, che non possono fare nulla. Il comandante dà l'ordine di allontanarsi veloci, per scampare alla nave egizia che incrocia dietro di loro.

Pompeo viene portato a braccia sulla spiaggia, morto.

CLEOPATRA

24

IL BENVENUTO DI ALESSANDRIA

Alessandria d'Egitto, 2 ottobre 48 a.C.

Appare ai suoi occhi così, come una candida dea che sorge dal mare. È bella, Alessandria d'Egitto, di quella bellezza misteriosa, sfacciata e ammiccante propria delle donne stupende e di carattere, ma capricciose.

Quando la vede apparire nella luce tersa del mattino dalla prora della nave, Cesare capisce perché quel luogo ha affascinato tanto Alessandro da volerlo scegliere come sede per la sua futura città. Nei suoi progetti forse avrebbe dovuto diventare la capitale di un impero che si estendeva dalla Grecia al lontanissimo Gange, più vasto persino di quello che hanno conquistato i Romani. Sarebbe stata all'altezza del compito: è una perla, la gemma perfetta per ornare una corona. Dall'azzurro nitido del mare, improvviso come una macchia bianca e lucente, si staglia il faro. È l'opera di ingegneria più famosa del mondo: un'alta torre situata sull'isola omonima che chiude la foce del Nilo. Di giorno il suo marmo candido è visibile come un segnacolo a miglia di distanza. Di notte un fuoco acceso alla sua sommità e moltiplicato da un complesso sistema di specchi spande luce per consentire ai naviganti di trovare la bocca del porto e attraccare sicuri.

È la città più popolosa e ricca del Mediterraneo. Nessuna le sta alla pari per prestigio e per traffici, nemmeno Roma. L'Egitto ha alle spalle millenni di storia e di potere. In confronto agli Egizi, come diceva Platone, persino i Greci sembrano inesperti ragazzini. E di conseguenza i Romani, dei contadini ignoranti appena allontanatisi dai loro campi.

È pericolosa, Alessandria. Più pericolosa di quanto lo siano di norma i porti in cui genti di tutte le provenienze si incrociano e fanno affari. Oltre ai tagliagole, ai ladri, alle prostitute, ai malfattori di ogni risma che pullulano negli angiporti di tutto il mondo, ad Alessandria il pericolo viene dagli alessandrini, che condensano in sé tutti i pregi e i difetti delle mille razze da cui discendono. Sono furbi, presuntuosi, incostanti, lamentosi, pigri, iperattivi, insoddisfatti, volubili, testardi, irascibili, impulsivi e titubanti: tutto insieme. Ci vuole niente perché passino dall'adorazione per qualcuno all'insofferenza. Per un nonnulla salta loro la mosca al naso. E quando capita, la città prende fuoco in un attimo. Rivolte, saccheggi, violenze per le strade. I raffinati abitanti del luogo più elegante del mondo si trasformano in un attimo in una folla di scalmanati e assassini.

Tecnicamente Cesare non ha giurisdizione sull'Egitto, che è un regno alleato ma indipendente. Ad Alessandria è un ospite, non sa nemmeno quanto bene accetto. Se ha deciso di presentarsi è perché le sue spie hanno avvistato Pompeo qualche settimana prima a Cipro, e lui ha intuito che la meta del suo avversario non poteva che essere Alessandria. I Tolomei sono sempre stati legati a lui da vincoli di amicizia e ospitalità, affini a quelli che Cesare aveva con Nicomede. Presentarsi in fretta con l'aura del vincitore è l'unica maniera che ha per provare a rompere questo legame e assicurarsi l'appoggio dell'Egitto. Che non è solo il luogo perfetto da cui Pompeo potrebbe ripartire per scatenargli contro una campagna dall'Asia, ma è anche da sempre il granaio di Roma. E se Pompeo cessasse di far arrivare all'Urbe i rifornimenti riducendo la città alla fame, non basterebbe una vittoria militare: Cesare sarebbe finito.

Ha portato con sé dieci navi da guerra, ottocento cavalieri e due legioni. Non vuole dare l'impressione di essere lì con intenzioni troppo ostili, ma soprattutto dopo gli scontri in Grecia i suoi uomini hanno bisogno di riposo e ha dovuto lasciare i feriti a terra. Però ci tiene a presentarsi subito come un magistrato romano in carica e in missione ufficiale. Quindi, quando sbarca, si fa precedere dalla sua guardia di littori con asce e fasci.

Gli alessandrini non paiono apprezzare. Lo sbarco avviene fra due ali di folla silenziosa, a tratti mugugnante. La tensione è palpabile. Si allenta un poco solo quando si fa avanti la delegazione ufficiale per dargli il benvenuto. Ci sono il giovane re e il suo stato maggiore, formato da Achilla, Potino e Teodoto. Gli si fanno incontro con un cuscino su cui è poggiato un sacco di stoffa preziosa. Un dono di benvenuto, pensa Cesare, uno dei tanti oggetti inutili ma di effetto che i diplomatici si scambiano nelle visite ufficiali, per sottolineare la potenza e la ricchezza del loro paese. Atteggia il viso al consueto sorriso di circostanza. Quando Teodoto gli porge il cuscino e apre il sacco, il sorriso sparisce dal suo volto. Nonostante abbia ormai visto ogni genere di ferita sui campi di battaglia, un conato di nausea gli prende lo stomaco.

È la testa di un uomo quella che lo guarda con occhi ormai vuoti. È la testa di Pompeo.

Gli salgono le lacrime agli occhi. Non riesce a frenarle né a dissimularle. Non sono lacrime di dolore, ma di rabbia. Fissa i componenti del comitato di accoglienza, che hanno dipinta sul volto un'espressione di malcelata soddisfazione, con un furore gelido che li lascia basiti.

Come hanno osato? Come hanno osato quei grecuncoli viscidi e codardi ammazzare un comandante romano? Come si sono arrogati il diritto di uccidere un generale della Repubblica, un eroe, che era sbarcato nella loro terra come amico e come supplice? Come hanno potuto pensare di sostituirsi a lui, Cesare, l'unico che le leggi di Roma indicano come deputato a decidere della sorte di Pompeo?

Potino, Achilla, Teodoto e lo stesso re intuiscono di aver fatto un passo falso, ma non sanno come rimediare. Non capiscono nemmeno perché quel Romano non sia loro grato di averlo sbarazzato di un nemico. Lo sentono solo chiedere, anzi ordinare con voce fredda, che gli siano consegnati immediatamente il sigillo di Pompeo per poterlo recapitare alla sua famiglia, a Roma, e che gli vengano dati in custodia quanti sono stati catturati con lui.

Poi tagliente li informa che considera suo compito mettere ordine nella confusa situazione politica, facendo rispettare le volontà che Tolomeo Aulete aveva espresso nel suo testamento lasciato in deposito proprio a Pompeo. Intende quindi ristabilire sul trono la legittima coppia regale, formata da Tolomeo e dalla regina Cleopatra. Quando i consiglieri del re gli fanno presente che la regina è fuggita via dalla città e non se ne hanno notizie, taglia corto, brutale. Che la trovino, e viva, perché le trattative non cominceranno senza di lei. Poi se ne va a prendere possesso dei suoi appartamenti alla reggia, senza far niente per celare una smorfia di profondo disgusto.

LA RAGAZZA NEL SACCO

Lo schiavo è un gigante con la pelle olivastra dei Greci di Sicilia, alto come l'Etna. Si è materializzato davanti alla porta degli appartamenti di Cesare e non si smuove. È la terza volta che i militari di guardia gli intimano di andare via. Ma lui, testardo, si limita a ripetere una frase: «La mia padrona Cleopatra invia a Cesare questo dono, che devo consegnare solo a lui». E mostra il sacco che porta sulle spalle.

È notte. Cesare è stanco, sente il bisogno di riposare e ha imparato a diffidare degli alessandrini quando dicono di avere doni per lui, soprattutto se rinchiusi in un sacco. Avere a che fare con gli Egizi lo spossa e soprattutto lo disgusta. Non ha perdonato il tradimento di Pompeo e per giunta pare che facciano di tutto per irritarlo. Credono di menarlo per il naso con il loro modo melliflue di dilazionare, i patetici tentativi di prendere tempo, procrastinare, nicchiare. Ora accampano improbabili scuse per convincerlo che Cleopatra è irraggiungibile e che le trattative devono cominciare senza di lei.

Ogni volta che è costretto a riceverli e a sentire le loro lagne e le loro pietose bugie deve trattenersi, perché la mano gli corre all'elsa della spada. Mai nella vita ha dovuto esercitare così a lungo la pazienza, soprattutto su se stesso, per venire a capo di qualcosa. È ironico che gli tocchi farlo ora, quando ormai è padrone del mondo.

Intanto fuori l'alterco continua. Cesare si affaccia. Le guardie strepitano, il gigante pare disarmato, e poi lui ne ha viste ormai davvero troppe per spaventarsi di fronte a un possibile sicario. Gli ordina di entrare. Lo schiavo posa con cautela sul pavimento il sacco e lo apre. Ne sbuca fuori una ragazza, piccina, snella, dal corpo sinuoso, il volto non bellissimo, forse, ma illuminato da due occhi che brillano di intelligenza. Lo saluta, in latino e in greco, perché parla benissimo entrambe le lingue, e anche diverse altre. È Cleopatra, la figlia di Tolomeo Aulete, moglie di Tolomeo XIII, regina ribelle che alla corte di Alessandria tutti vorrebbero morta.

La mossa lo spiazza. Cesare è sempre stato un amante del rischio, dell'azzardo, del coraggio e della trasgressione. Quella ragazzetta esile che gli si è presentata davanti da sola, dopo aver ingannato le sue guardie e i sicari di Tolomeo, sfidando sfrontata tutte le regole e tutte le convenzioni, è quanto di più simile a lui si sia mai trovato davanti. È infinitamente più nobile di qualsiasi donna, matrona o principessa che fino a oggi abbia frequentato, e l'unica che in fondo gli possa stare in pari, o che, addirittura, lo possa far sentire in leggera inferiorità. Se lui è il discendente di Venere e dei re di Roma, lei è l'ultima erede del millenario impero dei faraoni e di Alessandro Magno: più che una regina, una dea.

Quella notte Cleopatra rimane nella stanza di Cesare. Non gli si offre, gli si concede. E forse è questo che più di tutto lo intriga in quella schermaglia: è l'uomo più potente del mondo, ma per una volta non è lui a condurre il gioco e passa dalla parte del seduttore a quella del sedotto.

Alla mattina, Tolomeo e i suoi consiglieri vengono convocati per una riunione, in cui Cleopatra si presenta al fianco di Cesare.

Scoprono così che l'Egitto ha di nuovo una regina.

LA GUERRA DI ALESSANDRIA

Alessandria, inizio novembre 48 a.C.
Fumo, nero, spesso, che si alza dal quartiere del palazzo reale e del museo fino a oscurare il cielo. Gli alessandrini lo guardano

sconvolti. Sanno bene cosa può bruciare così bene e tanto in fretta: i volumi della loro biblioteca, la più vasta e famosa di tutto il mondo.

I Tolomei per secoli hanno accumulato là dentro volumi e volumi di opere letterarie e scientifiche. Tutto quanto è stato scritto e pensato di meglio al mondo è stato raccolto lì, a disposizione dei letterati e degli studiosi che venivano apposta ad Alessandria per poter leggere quei tesori del sapere e indirettamente così facevano da cassa di risonanza per la dinastia, osannandola non solo come la più potente ma anche come la più illuminata. La città stessa alla fine è stata considerata come uno scrigno, un prezioso involucro che protegge la biblioteca. La biblioteca è non solo il simbolo ma anche lo spirito stesso della città, la sua essenza. E ora è cenere, che è innalzata dal vento verso il cielo e ricade grigia nell'acqua del mare.

Cesare non ha tempo per dolersene. Alessandria è sotto assedio, la popolazione gli si è ribellata.

L'arrivo di quel maledetto Romano agli alessandrini ha portato solo caos e disgrazie. Lo odiano. Ha imposto che Tolomeo e Cleopatra tornassero formalmente insieme per regnare. Il re Tolomeo in realtà è stato confinato come un prigioniero nella reggia, accanto a una moglie-sorella che ormai tutti sanno essere l'amante dello straniero. Bella fine per la dinastia dei Tolomei: lei una puttana, lui un idiota.

I consiglieri di Tolomeo non hanno digerito la soluzione. Cleopatra già prima non li considerava e ora, che ha dalla sua parte il nuovo amante, li ignora. Così, di nascosto, Potino ha inviato messaggi all'esercito, acquartierato a Pelusio, ordinando ai soldati di Achilla di muoversi verso la città. Non è stato accorto. Le spie di Cesare lo hanno avvertito e il Romano nel corso di un pranzo burrascoso in cui si sarebbe dovuto discutere, al solito, di come rispettare i dettami del testamento dell'Aulete, con un colpo di mano ha fatto arrestare Potino e gli altri suoi complici.

A Cesare è rimasto però il problema di come affrontare la situazione. Ha ben capito di non avere forze sufficienti con sé per rischiare uno scontro in campo aperto. Ha quindi cercato di guadagnare tempo inviando ad Achilla due ambasciatori, Dioscoride e Serapione, che Cleopatra gli ha suggerito perché sono stati a lungo al servizio del padre e sono stati colleghi di Achilla per anni. Ma la cosa sembra non aver avuto alcun effetto sul generale. Quando gli si sono presentati davanti, non li ha lasciati nemmeno apprir bocca: sono stati uccisi dalle guardie immediatamente. Cesare ha capito che sarebbe stato uno scontro all'ultimo sangue.

Allora ha fatto quello che fa sempre. Studiare il campo, ragionare. Impossibile difendere l'intera Alessandria, troppo vasta ed esposta agli attacchi. Con i suoi Romani si è perciò ritirato nell'angolo in cui sorgono la reggia, la biblioteca e il teatro, e attorno a questi ha fatto innalzare un bastione, preparandosi all'assedio.

Fuori dalla reggia si è scatenato il caos. Achilla ha preso gran parte della città con l'esercito egizio. Egizio per modo di dire, ovviamente. Sono ventimila pendagli da forca: metà pirati cilici scampati a Pompeo, metà traditori romani rimasti in Egitto dai tempi della spedizione di Aulo Gabinio, che in pratica si era fatto pagare in denaro sonante dall'Aulete per rimetterlo sul trono. Appena arrivati, gli Egizi per prima cosa hanno tentato di snidare Cesare come si farebbe con un topo: tagliando l'acquedotto. Solo a prezzo di grandi sacrifici i Romani hanno resistito e sono riusciti a procurarsi acqua in altro modo. L'impressione però è che il grande Cesare si sia infilato in una situazione senza uscita. Per i begli occhi di una donna, per altro, come un qualsiasi vecchio preso per il naso da una giovane amante.

Cleopatra è rimasta sempre con lui, testarda, onnipresente. Per anni del resto ha resistito al fratello e quindi non è neppure del tutto digiuna di strategia militare. Ma l'assedio si è fatto ogni giorno più duro. Achilla, non essendo certo uno sprovveduto, ha capito che finché Cesare avesse avuto accesso alle navi avrebbe sempre potuto contare su una via di approvvigionamento e di fuga. Per questo ha deciso di lanciare un'offensiva contro il porto. Cesare si è difeso, disperatamente. Ma si è accorto di non avere abbastanza spazio di manovra per i suoi soldati. Ed è allora che ha deciso di incendiare alcune navi per fare più spazio. Senza calcolare il vento. Le faville si sono sparse per l'aria, sono arrivate fino alla reggia, e alla biblioteca.

Per ironia della sorte Cesare, il raffinato letterato, è colui che ha distrutto la più grande collezione di volumi del mondo.

Ma è un romano pragmatico. I libri si possono ricomprare, o far copiare nuovamente. Ciò che conta è che le forze di Achilla siano state respinte.

È ora di pensare alla controffensiva.

FARO

Isola di Faro, 6 gennaio 47 a.C.
C'è un solo modo per controllare Alessandria: controllare il suo porto. E c'è un solo modo per controllare il suo porto: controllare Faro. L'isola su cui è costruito il faro che da lei prende il nome è al centro della baia di Alessandria. Oltre alla torre ospita anche un insediamento che è considerato uno dei quartieri più malfamati della città. Gli abitanti ufficialmente sono pescatori, in realtà sono pirati. Quando qualcuna delle

navi in entrata o in uscita sbaglia manovra o si arena, la assaltano e la depredano. Per loro che vinca Achilla o Cesare fa poca
differenza: l'importante è che la loro attività non venga distur-
bata. Mentre ancora infuria la battaglia al porto, Cesare manda
alcuni dei suoi a occupare Faro. L'isola è collegata al resto della
città da uno stretto ponte, che i soldati attraversano in fretta.
Ma gli abitanti, preoccupati che il presidio turbi i loro affari,
si scagliano contro i Romani. Cesare, non appena ha concluso
i combattimenti al porto, si sposta sul nuovo fronte con una
nave. Cerca di sbarcare, ma viene respinto. Per scavalcare un
muretto e saltare sulla barca che lo attende, cade malamente
in acqua. I suoi marinai nella confusione della mischia fanno
fatica a vederlo. Lui non demorde. È stato fin da giovane un
buon nuotatore, avvezzo ad allenarsi nel Tevere. Nuota, una
bracciata alla volta, tenendo fra i denti un lembo del suo mantello porpora che impregnato dall'acqua pesa come fosse di
pietra. Ma è il suo mantello, una sorta di vessillo, da sempre lo
rende riconoscibile ai suoi anche a distanza. E infatti, quando
pur arrancando riesce a raggiungere la nave e a issarcisi sopra,
lo sventola per far sapere di essere salvo. I soldati, rincuorati,
combattono e respingono l'assalto, sia degli abitanti sia delle
truppe di Achilla.

Faro è nelle sue mani, e Alessandria è ancora sua.

LE BARUFFE IN FAMIGLIA

La situazione, comunque, è tutto fuorché rosea. Achilla è
fuori, Cesare dentro. I rinforzi che ha mandato a chiamare in
Palestina e Siria non danno segno di essere in arrivo. Per fortuna
c'è una costante all'interno della famiglia dei Tolomei su cui si
può sempre contare: l'odio tra fratelli.

Il personaggio chiave è la giovane Arsinoe, sorellastra minore di Cleopatra e di Tolomeo. Figlia legittima di Aulete, era però sempre stata trattata dal padre con meno affetto e meno considerazione della sorella Cleopatra, che era la preferita. Anni di invidia macinata nell'ombra trovano uno sfogo. Al contrario del fratello imbelle, come tutte le donne dei Tolomei Arsinoe non difetta di iniziativa. Capisce che per lei non c'è possibilità di trovare appoggio presso il Romano. Cesare è incapricciato di Cleopatra, completamente invaghito e affascinato. Così decide di tentare la fortuna nel campo avversario. Di notte, travestita, esce dal palazzo insieme all'eunuco Ganimede, suo fido, e si congiunge alle armate di Achilla.

Non si sa se la mossa colga Cesare di sorpresa o se invece non sia frutto di un suo piano machiavellico. Se c'è qualcosa che ha sul campo nemico effetti devastanti è proprio l'arrivo della giovane principessa. Arsinoe mette bocca su tutto e si considera la vera regina. Achilla, che fino a quel momento ha esercitato il potere assoluto sui suoi uomini e ha preso tutte le decisioni, si ritrova a ricevere ordini da un'adolescente presuntuosa. Non ci sta, i due litigano furiosamente. Arsinoe dei Tolomei ha anche il carattere vendicativo e violento: fa condannare a morte il suo generale e lo sostituisce con Ganimede.

Cesare, che sornione ha atteso fino a questo momento, gioisce. L'esercito egizio è demoralizzato e confuso, Arsinoe è insopportabile, a molti uomini finire sotto il comando di Cleopatra o dei Romani non pare più una prospettiva così spaventosa. Tanto è vero che alcuni messi propongono al Romano un accordo: consegneranno Arsinoe e Ganimede purché lui rilasci Tolomeo.

Per Cesare è prendere due piccioni con una fava. Il giovane re non è certo un pericolo sotto l'aspetto militare. Lasciarlo andare e vederlo unirsi alle sue truppe gli risolve per altro ogni problema politico: quando sarà sconfitto potrà dire che si è spontaneamente unito ai suoi contro di lui, e punirlo di conseguenza.

Nel marzo del 47 a Cesare arrivano i rinforzi che aspettava: Mitridate di Pergamo e il capo idumeo Antipatro, *curator* della Giudea, si uniscono alle sue truppe.

Per gli Egizi è la fine. Nell'ultima battaglia sul Nilo Tolomeo è travolto e muore annegato mentre cerca di mettersi in salvo attraversando il fiume. Arsinoe è presa prigioniera e inviata a Roma. Cleopatra viene confermata regina e sposata ufficialmente all'ultimo dei suoi fratelli, un bimbetto. Del resto sta per diventare ella stessa madre: aspetta un figlio da Cesare, che verrà chiamato Tolomeo e, perfidamente, dagli alessandrini, "il Cesaretto": Cesarione.

Cesare lascia Alessandria da vincitore, anche se stavolta ha corso davvero dei grossi rischi. Non solo per i begli occhi di Cleopatra: è necessario avere alle spalle un Egitto tranquillo perché la guerra civile non è ancora finita. In Africa e in Spagna i pompeiani si sono riorganizzati per combatterlo, sotto la guida dei due suoi più implacabili nemici: Marco Porcio Catone e soprattutto l'ex amico Labieno.

L'ANIMA NERA DI LABIENO

Piana di Tapso, Africa, 6 aprile 46 a.C.

«Perché, recluta, combatti con tanta foga per Cesare? Ha menato per il naso anche te con le sue chiacchiere? Non vedi che vi mette solo in pericolo? Ho pietà di voi!»

Tito Labieno, sporgendosi dal suo cavallo, urla sprezzante queste parole in faccia al soldato cesariano che si trova di fronte a lui.

Per un attimo è come se l'inferno della battaglia di Tapso si fermasse. Il legionario abbassa il gladio, scaglia via l'elmo, guarda negli occhi l'ufficiale e risponde ringhiando: «Non sono una recluta, sono un veterano della Decima, ho combattuto con te in Gallia sotto Cesare. E se non mi riconosci, te lo farà vedere la mia lancia chi sono!».

Labieno indietreggia, per schivare il pilo che il veterano gli scaglia addosso con rabbia. Attorno gli altri manipoli e le altre coorti si stanno stringendo. La battaglia era cominciata a favore dei pompeiani, non tanto per l'abilità di Scipione Nasica, che come comandante è mediocre quando non addirittura imbarazzante e nulla ha ereditato dall'antenato Scipione Africano se non il nome. Sono stati gli elefanti di re Giuba a scatenare il terrore. Lanciati contro le file cesariane, sono sembrati travolgerle. Per un attimo. Poi Cesare ha avuto un'altra delle sue geniali intuizioni. Ha ordinato ai trombettieri di suonare tutti insieme. I pachidermi si sono spaventati, hanno cominciato a correre senza controllo, schiacciando, invece dei fanti di Cesare, la cavalleria di Scipione. Ora fra la polvere si odono le grida e le bestemmie di un esercito in rotta, mentre le legioni di Cesare, metodiche, come un rullo compressore, massacrano chi cerca di fuggire.

Labieno riesce a mettersi in salvo. Una nave lo porta verso la Spagna, dove si ricongiunge ai figli di Pompeo, Gneo il Giovane e Sesto. Non è così fortunato Scipione, che, catturato, si suicida, riscattando con una morte stoica una vita non particolarmente brillante.

Anche Catone, asserragliato a Utica, sceglie il suicidio. Dopo una notte in cui ha tentato di depistare gli amici che volevano sottrargli la spada, si sventra maldestramente, morendo in maniera dolorosa, più che stoica.

«Mi ha tolto l'occasione di perdonarlo» dirà Cesare, quando gli riferiranno la notizia.

E in fondo avrebbe potuto davvero perdonarlo, Catone, così inflessibile, così altezzoso, ma anche così inconcludente. Cesare non lo ha mai considerato un vero problema. Chi invece può causargli danni è Labieno, che è stato il suo uomo di fiducia in Gallia, il suo vero *alter ego*. Ha lasciato Cesare all'indomani del Rubicone. Non gli ha perdonato quella che lui considera un'eversione contro la Repubblica.

Negli anni in cui hanno combattuto insieme, ha imparato tutte le strategie che Cesare ama applicare: ha vissuto accanto a lui, sa come ragiona. A Farsalo Cesare è riuscito a ingannarlo, ma è ben conscio che non sempre la cosa potrà ripetersi. In Spagna dovrà andare personalmente a stanarlo. Non può permettere che faccia insorgere la Penisola iberica contro di lui, contando sulle innumerevoli clientele e amicizie che Pompeo aveva *in loco* e che i due figli hanno ereditato.

Così, dopo un breve ritorno a Roma, Cesare riparte. Siamo in pieno inverno, il periodo meno adatto a una traversata. Ma non può aspettare.

LA SPAGNA

17 marzo 45 a.C.
«Stavolta sarà Cesare a rifiutare di combattere con noi!» assicura Gneo Pompeo il Giovane ai suoi, dopo che si è proclamato *imperator*. Labieno al suo fianco annuisce, sicuro.

Munda è su una collinetta protetta da un torrente. In effetti solo un pazzo attaccherebbe quella posizione. Passato il fiume, i soldati si troverebbero a dover scalare la collina esposti all'attacco degli assediati.

Ma Cesare, quando lo ritiene opportuno, sa comportarsi come un pazzo. All'alba, all'improvviso, quando il nemico meno se lo aspetta, dà il segnale dell'attacco. È conscio di rischiare molto. I suoi sembrano sulle prime avere la peggio. Si combatte ferocemente, molti cadono nel tentativo di scalare la rupe. Per un attimo, nel cuore della battaglia, Cesare pensa che tutto sia perduto e considera persino l'ipotesi di darsi da solo la morte per non cadere vivo nelle mani del nemico. I suoi informatori gli riferiscono che Labieno non ha alcuna pietà per gli avversari e si rivale duramente sui prigionieri. Come ogni convertito, è animato da uno zelo crudele nei confronti degli ex amici.

Ma la Decima non lo tradisce. Come una roccia resiste a ogni assalto. Labieno per tentare di sfondare deve spostare parte delle truppe sull'altra ala. La manovra però confonde i suoi, che pensano si stia ritirando. Basta questo a cambiare tutto. I pompeiani rompono le fila, si innesca la fuga. Cesare dà ordine ai suoi di inseguirli.

Trentamila morti in un giorno solo. Quando cala la sera, la piana è un cimitero di cadaveri. Il corpo di Labieno è fra loro. Cesare lo riconosce e lo fa recuperare. Gli riserva dei funerali sontuosi.

Più che per onorare un ex amico, per marcare una differenza.

E ROMA E MORTE

IL FANTASMA DI ALESSANDRO

Spagna, 45 a.C.

Le navi sono pronte sulla banchina, gli ultimi della sua scorta si stanno imbarcando. Il vento è propizio, il mare calmo. Roma lo attende, pronta ad accoglierlo come un vincitore assoluto. La lunga stagione delle guerre civili è finita. Ora si apre un'era diversa, qualcosa di completamente nuovo anche per lui: la pace.

Ha cinquantacinque anni ed è il padrone del mondo. Come nessun romano è mai stato davvero prima di lui. Lo hanno eletto dittatore, carica situazionale che gli affida poteri quasi assoluti. Nella Costituzione romana è a scadenza, ma non è escluso che il Senato la trasformi presto in una carica a vita: *dictator perpetuus*, dittatore per sempre. Ha surclassato Silla e persino lo zio Mario. L'unico con cui davvero può confrontarsi è il suo grande modello, Alessandro. Lo ha sempre ammirato, e amato. Proprio lì, in Spagna, trentenne è scoppiato a piangere davanti a una sua statua, pensando che non sarebbe riuscito a eguagliarlo mai. Invece ha conquistato un impero, ha raggiunto un oceano e ora, se Alessandro è Alessandro, lui è Cesare.

Forse però solo ora è in grado di capirlo davvero. Ci sono cose che comprendi appieno soltanto quando hai in mano il potere assoluto. Per esempio che devi essere il punto di riferimento *di tutti*.

La storia di Roma finora è stata una storia di fazioni. Patrizi contro plebei, *optimates* contro *populares*, *equites* contro *patres conscripti*. La vittoria dell'una o dell'altra parte ha sempre comportato l'occupazione violenta del potere e a ricaduta uno strascico di proscrizioni e vendette. Una spirale infinita, una guerra civile strisciante che ogni generazione consegna alla successiva, come un'eredità da cui non si può prescindere.

Il politico e il mediatore che sono sempre stati in lui si ribellano a questa visione così gretta e in fondo così provinciale. Come se Roma fosse ancora un villaggio che dirime le sue questioni con duelli fra individui nati in una ristretta rosa di famiglie.

Ha guardato ad Alessandro, da giovane, quando voleva conquistare il potere. Ora guarda ad Alessandro e alle sue intuizioni per gestire un impero. Se si vuole costruire il nuovo, non si può rimanere vincolati al vecchio. Bisogna superare gli odi di partito, persino quelli personali. Dare fiducia a chi ha militato dalla parte avversa ma ora può diventare una risorsa preziosa per una fase successiva. Creare una nuova classe dirigente.

Non ci può più essere un "noi" e un "loro". Pompeiani e cesariani, *optimates* e *populares*, ma anche provinciali e cittadini dell'Urbe: la sua nuova Roma ha bisogno di un nuovo popolo. Come Alessandro, che aveva costretto i suoi Macedoni ad accettare mogli persiane e accolto Persiani nel governo e a corte, anche lui vuole che i suoi accettino gli ex avversari come colleghi e amici. Che gli ex pompeiani si sentano a loro agio, sotto Cesare. E che capiscano che tutti a Roma sono soltanto Romani.

Ha progetti grandiosi in mente. Come li aveva Alessandro. Dare un nuovo volto all'Urbe, una sistemazione urbanistica più consona a una capitale del mondo. Ha già fatto costruire il Foro di Cesare, ma ora può pensare in grande, mettere in cantiere progetti più ampi, funzionali e dettagliati.

Vuole deviare il corso del Tevere, per costruire poi un ampio un canale verso Terracina, in modo da facilitare i mercanti e i commerci. Bonificare le paludi di Pomezia e il litorale di Ostia. La sua mente non si limita a Roma, spazia per tutto l'impero. Pensa di tagliare l'istmo di Corinto, per facilitare il commercio nell'intero Mediterraneo, dimezzando i tempi di percorrenza per le navi che vengono dall'Oriente e dal Mar Nero. Le sue curiosità scientifiche, gli anni di studi geografici, che sono sempre stati il suo passatempo, ora potranno essere messi a frutto per correggere il malandato calendario romano, ormai completamente sfasato rispetto all'andamento naturale delle stagioni. Una commissione di astronomi e matematici suoi amici è già pronta a fare nuovi calcoli e suggerire soluzioni più razionali.

È davvero emozionato, forse per la prima volta in vita sua, come un ragazzino. L'universo gli sorride, facendogli intravedere una serie di infinite possibilità. Deve solo allungare la mano per coglierle.

Gli pare incomprensibile che non tutti possano essere eccitati come lui di fronte a queste incredibili prospettive. Sa che qualcuno mugugna, anche fra le sue file. Comprende che gli avversari possano essere diffidenti, ma chi lo lascia spiazzato invece sono i suoi. È come se si sentissero traditi, lo guardano con sospetto.

Dopo tanti sacrifici, sofferenze, rischi, si aspettavano tutt'altro da lui. La vittoria appare come una vittoria a metà. Non riescono a seguire il suo piano, le sue scelte. Questo atteggiamento lo irrita, quando se ne accorge fa fatica a restare paziente. Non li credeva così limitati, così meschini. Ma di certo i loro brontolii non sono un problema reale. Lui è Cesare, lo hanno seguito in capo al mondo, gettandosi nella mischia per lui. Quando darà delle direttive le seguiranno, come hanno sempre fatto in passato.

Tuttavia la cosa lo indispettisce e lo ferisce. Ed erige fra lui e loro una barriera. Non sono più suoi collaboratori, ora sono suoi sottoposti. Odia dover dare loro degli ordini e odia vederli obbedire e non più condividere l'obiettivo. Odia accorgersi che il dovere in molti di loro ha preso il posto della stima. Non vedono, non capiscono. Ma se deve essere quello il nuovo rapporto, così sia. Non è anziano, ma ormai è un uomo maturo. Non ha più tutta la vita davanti e non può perdere troppo tempo per spiegare.

È che lui è già avanti, mentre loro sono ancora prigionieri di vecchi schemi.

Del potere sperimenta anche il suo insospettabile lato oscuro. Come Alessandro, è solo.

INCRINATURE

Gallia 46 a.C.

I due parlano fitto e a bassa voce. Caio Trebonio e Marco Antonio sono in marcia verso la Spagna per andare incontro a Cesare vincitore. Sono due cesariani di ferro, venuti su nel suo stato maggiore, e Antonio anche nella casa di Cesare, di cui è nipote.

Entrambi nell'ultimo periodo sono stati messi un po' da parte. Trebonio perché non ha saputo fermare in tempo, quando era governatore in Spagna, la rivolta dei pompeiani; Antonio perché, quando Cesare lo ha lasciato a Roma a tenere sotto controllo l'Urbe, si è abbandonato a qualche eccesso di troppo. È un uomo alieno alle mezze misure, che piace ai soldati e al popolo perché è appassionato, impulsivo, viscerale nei suoi odi come nelle sue simpatie. Per questo alle volte non si sa autoregolare.

Tutti e due poi sono spiazzati da alcune decisioni prese da Cesare all'indomani della sua vittoria. Non capiscono perché gente come Bruto, che è stata catturata a Farsalo, sia tornata libera senza alcuna conseguenza e sia stata addirittura premiata con cariche politiche. E soprattutto, per Antonio, non è facile digerire la predilezione che Cesare sembra dimostrare per un suo giovane e lontano pronipote, Caio Ottavio, che lo ha raggiunto in Spagna. Cosa ci veda in quel ragazzetto slavato, palliduncolo e malaticcio è un mistero.

«A meno che non se lo voglia fare» sghignazza, feroce.

Trebonio annuisce, come si fa tra vecchi commilitoni alle battutacce da caserma.

Poi qualcosa nel tono della conversazione, e nei suoi modi, cambia. Si fanno di punto in bianco più circospetti. E anche le parole sono diverse. Più vaghe, fumose, per nulla consone alla consueta schiettezza di un soldato.

Si accenna a una serie di persone che sono scontente, e molto, di quel modo di agire. E che stanno pensando di fare qualcosa, per dare una svolta alla situazione. Perché Cesare, sì, è Cesare. Ma comincia a essere vecchio ormai. Forse bisogna rendersi conto che non è più il Cesare di un tempo. O forse che il Cesare di un tempo non ha però il carattere giusto per i tempi nuovi…

Marco Antonio ascolta, in silenzio. I suoi occhi evitano lo sguardo dell'interlocutore, fissano il paesaggio con testarda determinazione. È difficile che un uomo come lui non capisca le implicazioni di quanto sta udendo. Marco Antonio è un politico almeno quanto lo è Cesare. Cogliere le sfumature dei discorsi, gli accenni velati, il non detto, è qualcosa che fa d'abitudine, e Cesare anche per quella sua abilità lo ha sempre tenuto vicino. Forse Antonio non è un genio, ma il suo fiuto per il marciume è riconosciuto quanto la sua propensione a sguazzarci dentro.

Il suo volto, invece, rimane di pietra, come quello di uno stolido bassorilievo. È una congiura, quella che sta descrivendo Trebonio. Sarebbe suo dovere riferire subito quella conversazione a Cesare, metterlo sull'avviso.

Ma arrivati in Spagna, tace.

'Forse per proteggere l'amico. Forse per non essere immischiato. O forse perché anche lui avverte che tutto sta cambiando, di nuovo, in fretta. Si odono scricchiolii, compaiono qua e là incrinature. E gli uomini furbi e dotati di fiuto più che alla lealtà devono pensare a come non farsi travolgere.

GLI AVVERTIMENTI DI CICERONE

«L'animo umano è pieno di pieghe nascoste: a buon diritto ti invitiamo a sospettare, e al tempo stesso aumenteremo la nostra diligenza per difenderti.»

Cicerone fa una pausa, guarda di sottecchi l'intero Senato e poi Cesare, dritto negli occhi.

Non è una frase buttata là. Primo perché Cicerone in tutta la sua carriera non ha mai composto una frase o usato una parola senza valutarne appieno il possibile effetto, e secondo perché non è nemmeno un *unicum*. Poco dopo, non dovesse essere bastato, ritorna sul concetto, dicendo a Cesare che le insidie possono venire dai suoi.

È sempre stato complesso il rapporto fra Cesare e Cicerone, e complesso lo è soprattutto ora. Tecnicamente Cicerone fa parte degli sconfitti. Ha seguito Pompeo, anche se non certo in maniera entusiasta. Ma ora che la guerra è persa, come molti ex pompeiani è stato perdonato, e la *Pro Marcello*, orazione che scrive per ringraziare Cesare di aver riammesso in Senato Claudio Marcello, suo amico di vecchia data, in realtà di Marcello parla pochissimo. I veri protagonisti sono loro due, Cesare e Cicerone. Cesare come destinatario di lodi e di encomi, per la sua lungimirante clemenza che lo rende l'unico uomo adatto a poter governare lo Stato. E Cicerone? Cicerone perché ancora una volta nell'orazione accarezza un sogno che lo accompagna da tutta la vita. Quello di accreditarsi come filosofo ispiratore della nuova epoca e del nuovo corso, eminenza grigia a cui Cesare chieda consiglio, se non aiuto, per la costruzione di una nuova forma di Stato.

Cicerone, si sa, è un uomo vanitoso. È sempre stata la sua debolezza. Non potendo più pensare di diventare lui l'uomo forte della Repubblica (anche perché conscio di non avere alcuna chance) vorrebbe diventare l'autorevole consigliere del principe. E quale metodo migliore per dimostrarsi necessario di rivelargli quello che si trama alle sue spalle e che lui non vede?

Ai tempi di Catilina non gli era stato difficile ricostruire l'ampia rete dei congiurati. È un avvocato, Cicerone. Riconoscere le menzogne e indovinare le connessioni fra i colpevoli è il suo mestiere. Anche stavolta si è messo di buzzo buono. Con il suo fiuto da segugio ha seguito indizi, messo insieme mezze parole e pettegolezzi sussurratigli da comuni amici, frammenti di discorsi, qualche ammissione. Sospetta, molto probabilmente, di Antonio – di lui non ha alcuna stima – e di altri non meglio identificati. Accenna a complici che hanno ancora l'animo in armi e che da quanto si capisce potrebbero essere ex pompeiani, che al contrario di lui, Cicerone, rifiutano di accettare i tempi nuovi, o almeno di farsene una ragione.

Insomma, nel bel mezzo del Senato pronuncia un'orazione che se non è un'esplicita accusa è per lo meno una soffiata.

Un tiranno qualsiasi non la lascerebbe cadere nel vuoto: all'indomani di un simile discorso fioccherebbero interrogatori, arresti, purghe e repressioni.

Cesare invece non fa nulla. Lascia correre. Non si muove.

Forse non capisce. Forse sottovaluta. Forse davvero non ha l'animo del tiranno.

Fa male.

I LUPERCALI

Roma, febbraio 44 a.C.

Marco Antonio smania. È una delle sue caratteristiche più spiccate quella di non saper aspettare. Antonio è così, un uomo che nelle cose si butta a capofitto, non media, non attende. È carne e sangue, è energia che deve trovare uno sfogo. Ciò che lo ha reso grande sul campo di battaglia, e che spesso lo ha aiutato anche in politica regalandogli il fascino del demagogo, ora però è un limite. Cesare sta cercando di costruire un nuovo assetto con pazienza. E di tutte le doti, la pazienza è quella che manca completamente ad Antonio.

Con Cesare ha condiviso tutto: la guerra, la vita da campo, l'azzardo, le privazioni, la gioia della vittoria finale. Ma ora lo sente distante, come se fosse divenuto improvvisamente estraneo. Cesare appare lontano, più riservato, guardingo. Per Antonio vincere vuol dire prendere tutto. Si era immaginato la loro vittoria come un trionfo totale sui nemici. Forse non ne voleva la testa, ma sicuramente li voleva vedere finalmente all'angolo, battuti, ridotti a strisciare nell'ombra per sempre, come i vermi che sono. Invece Cesare media, arzigogola, cincischia. Pare quasi che non abbia il fegato di vincere come si deve. Antonio, che odia le cose fatte a metà, si sente tradito. Anzi, più che tradito si sente offeso. Come se Cesare sputasse in faccia ai mille doni che il destino gli ha dato.

Ha il potere. Ha la gloria. Al suo fianco ha anche Cleopatra, la regina che è giunta dall'Oriente con il figlio nato dalla loro relazione, Cesarione. Antonio è rimasto affascinato, come tutti a Roma, da quella donna che si è portata appresso il fasto che si addice a una dea e che tiene corte in una villa dove Cesare la va a trovare, spesso, di notte. È intelligente, è colta, è distante mille miglia dalla più affascinante delle matrone romane. Viene da un mondo in cui i re esistono e sanno fare i re. Un mondo che affascina Antonio, perché lo sente opposto al provinciale perbenismo di Roma, ai gretti limiti del *mos maiorum*.

Cesare potrebbe avere tutto questo, per gli dèi, e pare non volerlo. È un vincitore che si circonda dei perdenti che hanno combattuto contro di lui, di donne scialbe come Calpurnia, da cui non vuole divorziare, di giovinetti esangui, come suo nipote Ottavio, quel ragazzetto pallido, sempre malaticcio, dallo sguardo acquoso e sfuggente, che ora è dappertutto ma in battaglia non durerebbe un minuto, ammesso e non concesso che mai riuscisse a menare un fendente con la spada. Il grande trasgressore ora sembra volersi acquattare nella normalità.

Ragiona, Antonio. E ragiona da Antonio, ovviamente. Non è da lui stare ad aspettare gli eventi, lui vuole provocarli. Se Cesare pare perdere tempo, bisogna forzargli la mano, farlo tornare quello che era. Spingerlo a quella svolta che sotto sotto spera, ma che evidentemente non ha il coraggio di intraprendere da solo. Spingerlo a farsi re.

È un nome che i Romani odiano. Da quando secoli prima hanno scacciato l'ultimo Tarquinio nessuno ha più osato ambire a quella carica. Ma ora si sta riaprendo in merito un dibattito. Cesare è già dittatore perpetuo ed esercita a Roma pieni poteri, in vista di una spedizione in Partia, che vuole guidare per vendicare l'onore di Roma e dell'amico Crasso.

Ma un'antica profezia dei libri sibillini dice che i Parti possono essere sconfitti solo se l'esercito romano sarà sotto al comando di un re. Così da più parti in Senato si è suggerito di dare a Cesare quel nome. E in fondo chi meglio di lui potrebbe assumere di nuovo il titolo di *rex*? Non è forse, in quanto Giulio, un discendente di Romolo e di Anco Marcio? Non è forse nipote di Venere, Marte e altri semidèi?

Cesare invece nicchia.

Come se non riuscisse a tagliare il cordone ombelicale con la Repubblica in cui è nato, ma che ormai ha ucciso. E Antonio allora decide di agire. C'è la festa dei Lupercali, a cui Cesare deve partecipare d'ufficio perché è fra i compiti del pontefice. È la festa che in qualche modo sancisce nel mito l'inizio degli eventi che portano alla nascita di Roma, quando il giovane Romolo ha rotto i ponti con Alba Longa, con la sua famiglia, con il passato, emergendo come capo carismatico destinato a un grande destino. Quale migliore cornice per indicare Cesare come suo legittimo successore, nuovo Romolo, nuovo re?

È una messinscena complessa quella che viene messa in atto. Sui rostri la sera prima della festa è stata posta una statua di Cesare. Una mano sconosciuta però durante la notte posa sul capo del simulacro una corona regale. Cesare, quando all'alba ne è informato, dimostra subito una notevole insofferenza. Convoca il Senato, se la prende con i tribuni della plebe, li accusa di essere loro gli autori del gesto, che è pensato per screditarlo. Forse le parole di Cicerone, tutto sommato, non sono state pronunciate invano. Ma intanto il popolo è per le strade ed è eccitato dalla novità. Qualcuno, forse ben imbeccato, comincia a far circolare la voce che è un segno del destino, che la Fortuna, dea da sempre cara a Cesare, ha voluto così far sapere che è ora di incoronarlo davvero.

Cesare è sempre più nervoso e infastidito. Da politico scaltro si rende conto che dietro a tutto questo c'è un piano, ma quello che lo spaventa è che non è un piano che ha predisposto lui. Non si è mai fatto manovrare nella sua vita, non tollera di esserlo proprio nel momento in cui gli viene offerta una corona. Così sbotta, e dice chiaro e tondo che non ha intenzione di accettare altre cariche se non quelle previste dalla Repubblica. È dittatore, gli basta così.

Intanto per le vie avanza la processione dei Luperci. I giovani delle migliori famiglie dell'Urbe sfilano seminudi, luccicanti come dèi perché ricoperti di olio, e percuotono con i loro frustini le donne e le fanciulle, perché i loro colpi, secondo il mito, donano fertilità. Alla loro testa c'è Antonio. Cesare guarda la scena assiso sul suo trono, quand'ecco che Licinio si avvicina e posa ai suoi piedi la famosa corona d'oro che era stata messa in testa alla statua. Quando Cesare allontana la corona con un calcio, ecco che altri due fra i presenti, Publio Servilio Casca e Caio Cassio Longino, la prendono e gliela porgono nuovamente, mettendogliela in grembo. Il popolo grida, esulta, invita Cesare a mettersela sul capo. Cesare rifiuta ancora la corona con un gesto stizzito. Forse non tutto è così casuale, forse è una coreografia che lo stesso Cesare ha pensato per rimarcare e sottolineare che lui resta fedele alle istituzioni repubblicane, che non ha le ambizioni che i nemici gli rinfacciano. Ma se anche quello era il piano originale, l'impressione è che gli sia sfuggito di mano.

Antonio, che è arrivato ai piedi del palco con al seguito i Luperci, sale, bello come un dio, nudo come un giovane Ercole e si china, raccoglie la corona da terra, alza il braccio per poggiarla sul capo di Cesare. Cesare intercetta il polso prima che la corona gli sfiori la testa. C'è un attimo eterno in cui guarda Antonio negli occhi, furente, e poi lo costringe con forza ad abbassare il braccio.

«Portate questa cosa al tempio di Giove!» ordina. «Le corone stanno bene solo sul capo degli dèi!»

Poi abbraccia Antonio, come se lo volesse ringraziare.

Però resta quello sguardo furente che è passato fra loro. Antonio si era immaginato di ricevere riconoscenza, invece ha letto solo fastidio. Cesare ha confermato quello che ha sempre pensato di lui: che è generoso, impulsivo, forse persino fedele, ma inadatto a gestire il vero potere.

Antonio si è giocato con quella tentata incoronazione la possibilità di essere indicato da Cesare come suo erede.

La clemenza di Cesare è grande, ma la sua fiducia una volta persa è impossibile da recuperare.

BRUTO

«Volessero gli dèi che tu fossi ancora vivo!»

«Bruto, tu dormi. Sicuro di essere Bruto?»

Marco Giunio Bruto strappa con foga i due piccoli papiri che per l'ennesima volta ha trovato appesi sotto la statua del suo più celebre antenato: quel Bruto che ha cacciato i Tarquini, facendo nascere la Repubblica. Va avanti da settimane, quella persecuzione. Oggi è un cartello sotto la statua, domani una battuta sussurrata alle sue spalle, nella Curia, in tribunale. Un'ossessione, un incubo.

Bruto, l'uomo delle contraddizioni. È vissuto una vita accanto a Cesare, l'amante di sua madre Servilia, cercando di sfuggire dalla sua ombra. Per staccarsi da lui si è fatto seguace della filo-

sofia stoica dello zio, Catone. Per combattere Cesare si è unito
alle schiere dell'assassino di suo padre, Pompeo. Ha fatto tutto ciò
che era in suo potere per indispettirlo, deluderlo, farsi cacciare.

E nonostante questo, dopo Farsalo, Cesare lo ha riaccolto,
come fosse un figlio. Sa che frequenta personaggi ambigui, pericolosi. Ma nonostante tutti lo mettano in guardia, continua a
trattarlo amichevolmente, a fidarsi di lui. Bruto non capisce, in
realtà non ha mai capito il motivo di tanta benevolenza. I maligni hanno sempre suggerito che dipenda dal fatto che in realtà
è un suo figlio naturale, perché Servilia e Cesare erano amanti
quando erano ancora ragazzi e lei fu data in moglie a Bruto padre.
Bruto non ci vuole credere, forse perché non sarebbe in grado di
sopportare quest'ultimo oltraggio. Non al padre, ma a se stesso:
davvero vorrebbe dire non potersi mai liberare di Cesare.

Gli amici premono. Si susseguono nelle case della gioventù
aristocratica di Roma convegni e cene segrete in cui si discutono
piani e si prospettano accordi. Dicono di essere pronti a uccidere il tiranno, ma solo se sarà lui a capo della congiura. Bruto
tentenna, non sa che cosa fare. Si sente confuso, angosciato,
sperduto. Vorrebbe chiedere consiglio, ma non sa a chi. Servilia, la madre, è l'ex amante di Cesare, che dopo un periodo di
estrema freddezza è tornata a stringere con lui ottimi rapporti.
La sorella Terzia, addirittura, si sospetta che di Cesare sia la
figlia naturale. Ci sarebbe sua moglie, Porzia, ma qualcosa lo
trattiene dal confidarsi con lei. Dice a se stesso che è il timore di
coinvolgerla, di metterla in pericolo se un domani la congiura
fosse scoperta. Forse, più semplicemente, non ha il coraggio di
confessarle di essere dubbioso e incerto.

Porzia è una donna che non ammette debolezze o indecisio-
ni. È la figlia di Catone e la vedova di Bibulo, l'uomo che Cesare
ha sempre umiliato. È stata allevata in una famiglia stoica, in

cui le hanno inculcato l'idea che i grandi valori di Roma siano l'onore e la libertà, e che morire per la patria, o uccidere per essa, sia un dovere. Si è sempre rammaricata di essere una donna perché non ha potuto seguire il padre in battaglia, e come lui considera Cesare il peggiore di tutti i mali che nei secoli hanno colpito la Repubblica.

Intuisce che qualcosa sta accadendo, perché per lei Bruto è un libro aperto e su di lui è sempre stata in grado di esercitare un ferreo controllo. Ma, per la prima volta nella vita, Bruto non le parla, non dice nulla, si chiude in una specie di silenzio ostile che lei non sa interpretare e che teme sia un segnale che fra loro si sta incrinando qualcosa. Allora decide di giocarsi il tutto per tutto. Prende un rasoio, si infligge una ferita nella coscia. La ferita si infetta, a Porzia sale la febbre. Bruto, terrorizzato, arriva al suo capezzale, perché Porzia non si fa toccare da nessuno, nemmeno dal medico, e non dice una parola. Lei, sempre senza parlare, snuda la gamba, mostra il taglio, e poi aggiunge: «Ecco, come vedi io so sopportare e tacere, ora dimmi tutto».

È un gesto estremo, assurdo. Porzia è sempre stata una donna instabile, che Cesare e Servilia hanno considerato pericolosa per se stessa e per chi le sta accanto. È una fanatica, come lo era il padre, forse anche di più. Non ha alcuna remora a mettere in pericolo se stessa o gli altri e non sa valutare le conseguenze che le sue decisioni possono scatenare. Ma a Bruto pare un'eroina degna delle romane antiche, pura e coraggiosa come una Lucrezia. Il loro è un rapporto passionale ma malato, fra una donna maniacale dal carattere fortissimo e un uomo insicuro, fragile, bisognoso di approvazione.

Crolla. Si confida con lei, le spiega cosa gli hanno offerto e cosa progettano i congiurati. Porzia si esalta. È la grande occasione che il marito ha per dimostrarsi degno dei suoi antenati.

È la grande occasione per lei di avere accanto l'uomo che ha sempre sognato. Lo spinge ad accettare, anzi a mettersi a capo della congiura.

Bruto, forse più per vergogna che per convinzione, cede. Sarà della partita.

IDI DI MARZO

Roma, Idi di marzo 44 a.C.

Roma è spazzata da un tiepido vento di primavera. La casa di Cesare è inondata di sole. Fuori il consueto corteggio di clienti, adulatori e curiosi lo attende: è previsto che vada in Senato. Eppure quella mattina Cesare è in ritardo. Ha mal di testa, una leggera nausea. La sera prima ha fatto tardi a una cena da Lepido, dove il banchetto si è concluso con una disputa filosofica su quale fosse la morte migliore. Cesare, forse già tormentato dal feroce mal di capo, ha tagliato corto con un lapidario: «Veloce e inattesa».

Ci si mette anche Calpurnia ad angosciarlo. Strano. In tanti anni di matrimonio non ricorda che si sia impuntata su nulla. Ma quella mattina entra nelle sue stanze e gli chiede di rimanere a casa con lei. Durante la notte ha avuto un incubo, lo ha visto morire coperto di sangue fra le sue braccia.

Cesare sbuffa, ma sta per cedere. La testa gli scoppia e in questi casi teme sempre di poter essere vittima di un attacco epilettico. Non vuole certo dare ai senatori la soddisfazione di vederlo rantolare per terra, con la bava alla bocca, le membra che si contorcono senza controllo. Dice ad Antonio, che è venuto a prenderlo, di andare in Senato a rinviare la seduta.

Decimo Bruto, che è nell'atrio, alla notizia si agita. Cesare lo considera quasi un figlio: è stato al suo comando in Gallia, a lui si devono le vittorie navali contro i Veneti. Non può certo immaginare che sia in combutta con i congiurati. Quando Decimo lo prende in giro dicendo che non è degno del grande Cesare farsi fermare da un po' di mal di testa e dai piagnistei di una donna, concorda. Decide di andare.

Fuori la calca è immensa. Fra loro un greco, maestro di retorica, Artemidoro. È uno dei più noti dell'Urbe. Fra i suoi allievi ci sono Bruto e altri della sua cerchia. Li ha sentiti confabulare dopo una delle sue lezioni e le tre-quattro parole che ha carpito sono bastate a fargli intuire quello che progettavano. Sgomita fra la folla per avvicinarsi a Cesare, porgergli un foglio. «Leggilo, al più presto, da solo: ci sono cose che ti riguardano e che devi sapere!» grida. Cesare lo prende, ma non degna le carte di uno sguardo. Le allunga al suo segretario, che le mette nel mucchio con le altre. Non si può leggere tutto, troppi vogliono la sua attenzione.

Entrano in Senato. Anche lì la calca è notevole. Decimo Bruto, come per caso, agguanta il braccio di Antonio e lo allontana, dicendogli di dovergli parlare in privato. Antonio lo segue. È strano, non si allontana mai da Cesare con tanta facilità. Ma Decimo Bruto è un amico, e poi, dalla faccenda dei Lupercali in poi Antonio si sente messo da parte, poco necessario.

Cesare avanza da solo, mentre un nugolo di padri coscritti gli si fa attorno. Postulanti, anche lì: c'è quel rompiscatole di Lucio Tillio Cimbro, che vuole chiedere al solito la grazia per un fratello esiliato, Cassio, che si è mosso dall'angolo dove c'è la statua di Pompeo e gli si fa incontro, Bruto, che è alle sue spalle. D'improvviso, Tillio si aggrappa alla sua toga e gliela fa scivolare di dosso con uno strattone. Cesare resta stupito, ma i suoi riflessi da militare si attivano. Vede che Casca ha tirato fuori un pugnale, e con una mossa veloce lo sblocca: «Che fate? Questa è violenza!».

Ma è tardi. I senatori vicini nella confusione non capiscono nemmeno cosa succeda. Antonio è travolto dalla calca.

I congiurati tirano fuori i pugnali, gli sono addosso, come i cacciatori circondano la preda, lo tengono per i lembi della veste, lo cacciano in un cantone, lo colpiscono. A ognuno spetta una stoccata. Cesare si difende, come un leone. Fino a che non si trova di fronte Bruto. Lo guarda negli occhi, per la prima volta davvero sconvolto. «Anche tu?» gli domanda, in greco. Bruto, per tutta risposta, gli assesta una coltellata all'inguine.

Cesare si affloscia, cercando di coprirsi il capo con la toga. Cade ai piedi della statua di Pompeo.

L'ultima cosa che riesce a distinguere, prima che gli si annebbino gli occhi, è il volto del suo vecchio nemico che lo guarda, sorridendo.

EPILOGO

Roma, 19-20 marzo 44 a.C.

Calpurnia è sulla soglia, in gramaglie. Il padre Calpurnio Pisone è accanto a lei, pronto a scortarla nella loro villa in Campania, per tenerla al sicuro. Ma prima consegna ad Antonio un plico, il testamento di Cesare. Vuole che venga letto in pubblico durante le sue esequie. Antonio annuisce.

Roma è da giorni stranamente calma, ovattata. Poca gente per strada, nelle piazze: è come se fosse stordita. Quando Cesare è caduto, in Senato c'è stato un fuggi fuggi. Bruto, che si era preparato un discorso, si è ritrovato di fronte degli scranni vuoti, mentre i soldati di Lepido occupavano in via cautelare i Fori e le piazze.

Nessuno però ha alzato una mano contro i cesaricidi. Bruto si è presentato in pubblico accolto da un silenzio freddo, ma anche rispettoso. È giovane, in qualche modo immune dal sospetto di un vantaggio personale nella vicenda. Quando dice di averlo fatto per salvare la Repubblica è credibile.

Antonio sa che deve rovesciare questa situazione. L'omicidio ha rimesso tutto in discussione. L'eredità di Cesare è tutta da cogliere e nessuno può coglierla meglio di lui, che è stato il suo braccio destro di infinite avventure e che sa come smuovere le folle.

Il funerale lo ha organizzato lui ed è pensato come un immane spettacolo, un climax di emozioni. Il corpo di Cesare è al centro del Foro, coperto da un sudario. La gente si accalca per vederlo, si arrampica sulle scalinate, le balaustre, le alzate dei templi. Antonio legge il testamento. Ci sono sorprese per tutti. Quella che più colpisce il popolo è che Cesare ha lasciato a ogni romano una cospicua donazione in denaro. Un boato accoglie l'annuncio. Anche da morto ha pensato a loro, al suo popolo, alla sua Roma.

Dopo questa rivelazione, Antonio, con un gesto teatrale, si avvicina al catafalco e toglie il sudario. Il cadavere è lì, sconciato dai colpi di pugnale. Non ha trovato pace, chiede vendetta.

La folla si dispersa, strepita, grida. Le torce che sono pronte per accendere la pira funebre passano di mano in mano. Quando il rogo è consumato, la gente esce dal Foro, si riversa per le strade, verso le case dei cesaricidi. Come ai tempi del funerale di Clodio, vuole farsi giustizia da sé.

Antonio giubila. Anche se non tutto è andato come sperava. Nel testamento di Cesare non è lui l'erede principale. Cesare ha indicato il pallido, malaticcio e slavato Caio Ottavio, che ha persino adottato come figlio e che quindi ora assume il pesante nome di Caio Giulio Cesare Ottaviano. Ma che potrà mai fare quel ragazzetto ventenne ed esangue, che come unica esperienza ha qualche mese di campagna spagnola e che a Roma nessuno conosce?

Calpurnia ha deciso di ritirarsi in Campania, e non c'è pericolo che quella donna schiva si risposi o intrighi in qualche modo in politica: non è da lei. La regina Cleopatra, saputo dell'assassinio, è tornata precipitosamente in Egitto, con Cesarione, che è figlio di Cesare, sì, ma è un bastardo straniero, e il padre si è ben guardato da nominare lui o la madre nei documenti ufficiali. Per la bella regina Cesare poteva aver perso la testa, ma non il senno. Fino all'ultimo è rimasto un romano. Bruto e Cassio e tutta la loro cerchia di congiurati sono fuggiti dall'Italia. Organizzeranno una resistenza militare, forse. Ma sul campo di battaglia Antonio sa di poter giocare e vincere. Guarda la folla. Guarda Roma. Cesare è morto. E si sta per aprire forse una nuova era.

La sua.

NOTA DELL'AUTRICE

Scrivere una biografia di Cesare è un'impresa che fa tremare le vene e i polsi a chiunque. Da duemila anni su di lui e sulle vicende di cui è stato protagonista si sono scritti fiumi di inchiostro, e di conseguenza la bibliografia è sterminata. Mi limiterò quindi a indicare qui le fonti principali usate per la ricostruzione degli eventi.

Oltre alle notizie che lo stesso Cesare ci dà nelle sue opere, il *De bello gallico* e il *De bello civili* (per altro, solo in parte suo e completato da Aulo Irzio, uno dei suoi ufficiali), esistono anche una serie di altre fonti antiche più o meno vicine agli eventi. Le principali sono la biografia di Cesare di Plutarco, all'interno delle *Vite parallele*, in cui Cesare viene messo accanto ad Alessandro Magno, e le *Vite dei dodici Cesari* di Svetonio. Inoltre notizie su tutti gli avvenimenti dell'epoca si trovano in Appiano, autore di una *Storia romana* che tratta in specifico tutta la storia delle guerre civili, e in Cassio Dione.

Plutarco, oltre alla vita di a Cesare, scrisse anche quelle degli altri due triumviri, Pompeo e Crasso, e quelle di Mario, Silla e Sertorio, che ovviamente ho consultato.

Fonte imprescindibile per l'età di Silla e Mario è Sallustio, autore di monografie sulla *Guerra contro Giugurta* e sulla *Congiura di Catilina*. Di lui ci sono anche alcune orazioni spurie che danno notizie sui dibattiti politici avvenuti in Senato durante l'età cesariana.

Altra fonte di prima mano è Cicerone. Di lui non abbiamo solo le orazioni (che già sono fondamentali perché difese o accusò gran parte dei protagonisti di questo periodo), ma anche l'epistolario privato, che seppur frammentario è una vera miniera per ricostruire rapporti di amicizia e retroscena.

Ci sono inoltre passi di Tito Livio, di Velleio Patercolo, Valerio Massimo, Floro, e accenni nelle poesie del contemporaneo Catullo. Ci sono giunti poi dei frammenti, citati attraverso altri autori, di Asinio Pollione, che fu stretto collaboratore di Cesare e autore di una storia di questa epoca, purtroppo non pervenuta. Per quanto riguarda la guerra con Pompeo, una fonte poetica è la *Farsaglia* di Anneo Lucano.

Per ricostruire gli eventi mi sono basata essenzialmente sulle fonti antiche. Anche le battute e i frammenti di dialogo usati nel testo sono presi in maniera più letterale possibile da quelle.

Per quanto riguarda la bibliografia moderna, non darò un elenco ma solo alcuni suggerimenti di letture per approfondire. Fra i libri recenti il più facilmente reperibile anche nei circuiti non specialistici è l'ottimo *Giulio Cesare. Il dittatore democratico* di Luciano Canfora, dove è anche consultabile una poderosa bibliografia. Altre letture consigliabili sui protagonisti di questo periodo sono *Pompeo* e *Il tribuno Clodio* di Luca Fezzi, e *Silla* di Giovanni Brizzi. Un grande classico è sempre la *Storia di Roma* di Theodor Mommsen, che, seppure ormai vecchia, è ancora godibilissima alla lettura, così come la *Storia di Roma* edita da Einaudi, che raccoglie saggi di autori vari.

RINGRAZIAMENTI

Ringrazio tutti gli amici che mi hanno sopportato e aiutato mentre scrivevo questo libro (e ce ne vuole di pazienza ad avere a che fare con me!) e in particolar modo la mia "beta lettrice" di sempre, Anna Cucco, che testa se quanto produco è leggibile prima di ogni altro, nonché il mio maestro Lorenzo Braccesi, che mi ha aiutato a sciogliere alcuni dubbi durante la stesura. Ringrazio la mia agente, Fiammetta Biancatelli della Walkabout, senza la quale i miei libri resterebbero di sicuro chiusi in qualche cassetto, come i sogni.

APPENDICI

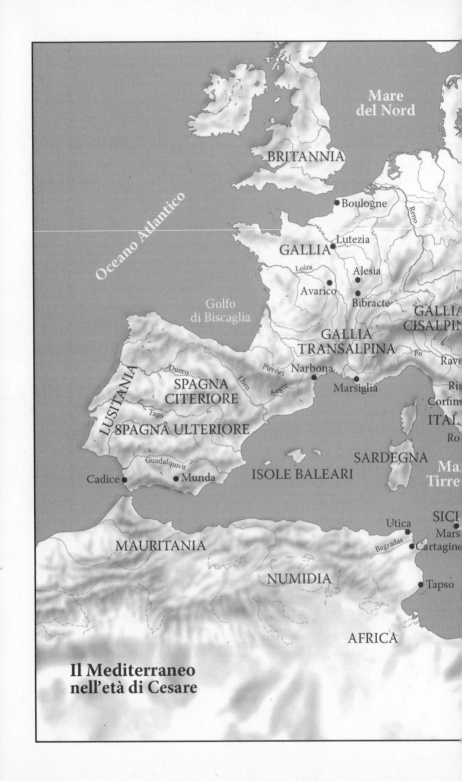

Il Mediterraneo
nell'età di Cesare

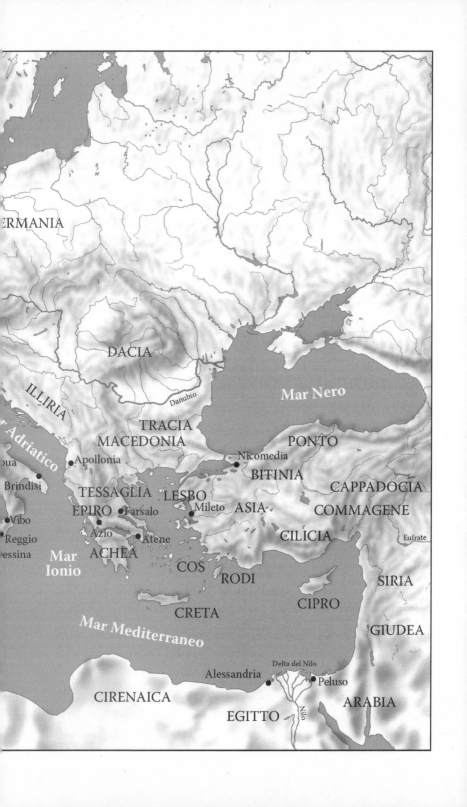

346

GENEALOGIA DELLA GENS ANTONIA

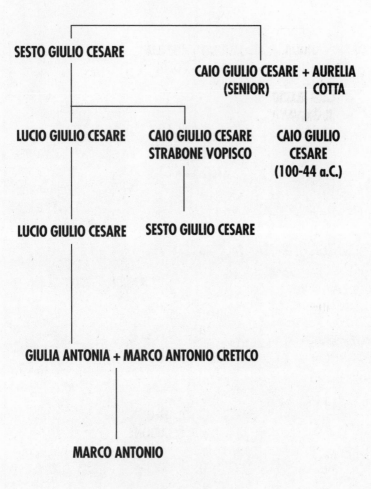

GENEALOGIA DELLA GENS GIULIA

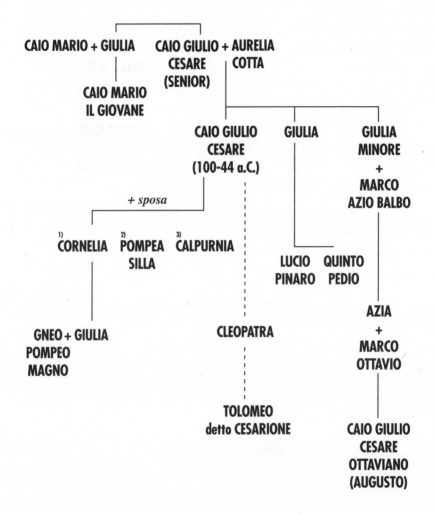

CAIO MARIO + GIULIA   CAIO GIULIO + AURELIA
                               CESARE   COTTA
                                (SENIOR)

CAIO MARIO
IL GIOVANE

CAIO GIULIO   GIULIA   GIULIA
CESARE   MINORE
(100-44 a.C.)   +
                              MARCO
                            AZIO BALBO

+ sposa

1) CORNELIA   2) POMPEA   3) CALPURNIA
                 SILLA

                             LUCIO   QUINTO
                             PINARO   PEDIO

                                          AZIA

GNEO + GIULIA   CLEOPATRA   +
POMPEO   MARCO
MAGNO   OTTAVIO

                         TOLOMEO   CAIO GIULIO
               detto CESARIONE   CESARE
                                         OTTAVIANO
                                         (AUGUSTO)

GENEALOGIA DI GNEO POMPEO MAGNO

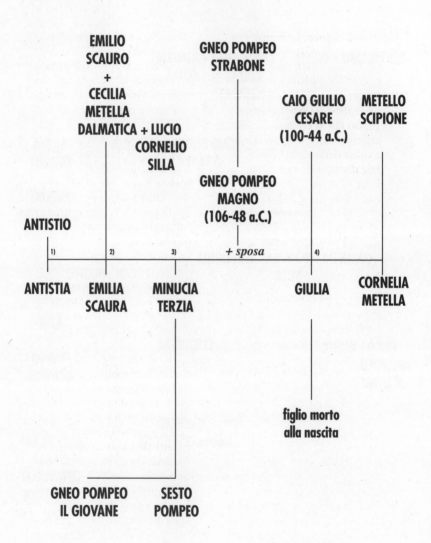

GLOSSARIO

Censura/censore. La censura era una magistratura romana che poteva essere tenuta solo da ex consoli (*consulares*). Il compito dei censori era rivedere ogni anno le liste dei senatori, espungendo chi si era macchiato di crimini o chi risultasse indegno a causa della sua condotta morale discutibile.

Confarreatio. Era il più antico rito matrimoniale romano, riservato ai soli patrizi. Consisteva nello spezzare assieme una focaccia di farro. Il matrimonio tramite *confarreatio*, indissolubile con il divorzio, dava al marito il potere di usare i beni della moglie, che entrava a far parte della sua *gens* e quindi era sottoposta a un nuovo *pater familias*.

Consolato/console. Roma, dopo la cacciata dei re Tarquini da parte di Bruto e Collantino nel 509 a.C., fu governata da due consoli, che venivano eletti ogni anno dai comizi centuriati, un'assemblea istituita ai tempi del re Servio Tullio che riuniva i cittadini romani in grado di partecipare con le proprie armi alle campagne militari. La prassi e la tradizione stabilivano che si potesse diventare consoli solo dopo aver compiuto quarant'anni e aver assolto tutte le tappe del *cursus honorum*. I consoli erano la più alta magistratura della Repubblica, avevano il comando dell'esercito ed erano i capi del governo. Potevano proporre leggi, trattare con gli ambasciatori e convocare i comizi e le sedute del Senato. Erano due, eletti ogni anno. Nel caso uno dei due decedesse durante il mandato, poteva essere eletto un sostituto, chiamato *consul suffectus*, ma in genere nell'età di Cesare l'altro console restava in carica da solo (*consul sine collega*). Gli ex consoli erano indicati come *consulares* all'interno del Senato, e ciò conferiva loro una particolare dignità. La tradizione voleva che per essere rieletti consoli dovessero passare dieci anni.

Cursus honorum. Era un insieme di cariche pubbliche che costituivano il percorso di un politico romano. Era pensato come un tirocinio perché il politico potesse approfondire tutti gli aspetti dell'amministrazione romana, sia civile sia militare, arrivando così al consolato con una notevole esperienza. Le cariche erano elettive e quindi non tutti riuscivano a completare il percorso, che rimaneva appannaggio di poche famiglie dotate dei patrimoni necessari per affrontare le numerose tornate elettorali. Il *cursus* era così organizzato: *tribunus militum*, questore, edile/tribuno della plebe, pretore, console, censore. Tutti coloro che erano stati questori entravano di diritto fra le file del Senato. A seconda dell'origine della famiglia (patrizia o plebea), il candidato diventava edile o tribuno della plebe, in quanto solo i membri delle *gens* plebee potevano ricoprire il ruolo di tribuno.

Dittatura/dittatore. Era una carica prevista nella legislazione romana. Il dittatore in origine era scelto per una durata limitata di tempo, in genere durante un'emergenza di tipo militare, e assumeva il controllo dell'esercito. I consoli diventavano momentaneamente suoi subordinati. Il dittatore sceglieva un *magister equitum*, cioè un comandante di cavalleria, che lo aiutava nella gestione dell'esercito.

Equites. Venivano così indicati i membri dell'ordine equestre. Inizialmente erano uomini di origine plebea abbastanza ricchi da poter comprare e nutrire un cavallo con cui partecipare alle guerre. In età repubblicana erano i membri della seconda classe sociale (inferiori ai patrizi), ormai dedicatisi al commercio. Gli *equites* potevano tentare la carriera politica percorrendo il regolare *cursus honorum* (ma non potevano ovviamente diventare edili per via delle loro origini plebee).

Etera. Prostituta d'alto bordo dotata di una buona educazione, spesso anche letteraria.

Fasti. I *fasti* (sottinteso: *dies*, "giorni") erano le giornate del calendario romano in cui non si potevano celebrare delle attività pubbliche perché li si riteneva consacrati alle feste religiose. Siccome questi giorni venivano segnati sul calendario ufficiale, per antonomasia il termine indicò anche il calendario stesso e in seguito la lista o il registro in cui venivano annotati i nomi dei magistrati in carica ogni anno. Esistevano infatti i *fasti consulares*, ovvero la lista dei consoli eletti ogni anno, e i *fasti triumphales*, ossia la lista di tutti i comandanti militari che avevano ottenuto il trionfo a seguito di vittorie in guerra contro nemici di Roma.

Flamen Dialis. Era il sacerdote addetto al culto di Giove. Era una carica a vita che poteva essere ricoperta solo da un patrizio. Il *flamen Dialis* infatti doveva essere sposato tramite il rito matrimoniale della *confarreatio*, riservato ai soli patrizi, che prevedeva la spezzatura del pane da parte degli sposi ed era indissolubile con il divorzio. Il *flamen* e la *flaminica* erano una coppia sacra con prerogative regali: presenziavano alle cerimonie di Giove e venivano omaggiati come l'antica coppia regnante a Roma, che aveva anche compiti religiosi.

Foro. Nell'antica Roma indica lo spazio in cui si svolge la vita politica della città. Si tratta di una piazza presente in tutte le città romane e in cui si svolgono attività economiche (mercati di bestiame), politiche (assemblee elettorali, comizi) e amministrative (processi) o genericamente pubbliche (funerali di persone in vista ecc.). Nel Foro si trovavano i rostri, cioè delle postazioni dalle quali gli oratori potevano tenere i loro discorsi o gli avvocati pronunciare le loro arringhe.

Gens. La *gens* era un aggregato di più famiglie che si riconoscevano in un antenato comune. A Roma le *gens* potevano essere di origine sia patrizia sia plebea. I vari membri della *gens* erano legati da vincoli di parentela anche se spesso questi erano molto lontani nel tempo. Spesso le *gens* rivendicavano la discendenza da qualche divinità, come per i Giuli che si dicevano discendenti da Venere, o da un personaggio leggendario (come i Marci, che si dicevano discendenti dal re Anco Marcio). Appartenere a una *gens* patrizia o plebea aveva delle conseguenze. Alcune cariche del *cursus*, come l'edilità e il tribunato della plebe, potevano essere tenute soltanto da patrizi (edilità) o plebei (tribunato). Inoltre i patrizi potevano prendere gli auspici prima di una battaglia, mentre i plebei no. I patrizi, inoltre, potevano sposarsi con il rito della *confarreatio*, che era l'unico ammesso per alcuni tipi di sacerdozio (come il *flamen Dialis*, per esempio), perché si trattava di una forma di unione fra marito e moglie sacra e indissolubile.

Imperator. È il comandante dell'esercito. Deriva da *imperium*, cioè il comando militare. Le truppe alla fine di una campagna acclamavano il proprio *imperator* e questo era il passo necessario perché egli potesse ambire a un trionfo, che doveva essere concesso con un esplicito atto del Senato e poteva essere richiesto solo a seguito di un'importante vittoria contro nemici esterni (non quindi per scontri in guerre civili contro altri Romani) e liberi (quindi non per campagne contro schiavi o ribelli).

Interrex. Era una carica prevista esplicitamente dalla legge romana per evitare qualsiasi vuoto di potere. L'*interrex* esercitava il potere durante il periodo di vacanza delle cariche, ovvero nei giorni in cui i nuovi consoli dovevano ancora entrare in carica e quelli vecchi avevano concluso il loro mandato. Veniva nominato dai comizi centuriati e aveva prerogative sovrapponibili a quelle dei consoli.

Lari. A Roma i lari erano le divinità della famiglia, protettori del focolare domestico. Ogni *gens* venerava i propri.

Legione. La legione era l'unità base dell'esercito romano. Era formata in età cesariana da seimila soldati professionisti arruolatisi volontariamente al comando di un *legatus*, coadiuvato da tribuni. Era suddivisa in coorti, a loro volta suddivise in manipoli e in centurie, al cui comando stava il centurione. Le legioni erano indicate con un numero ed erano circa ventotto in età augustea. Le legioni si spostavano su tutto il territorio dell'impero a seconda delle necessità strategiche.

Libagioni. Offerte di vino o di altri liquidi agli dèi.

Littori. A Roma erano dei militari che accompagnavano i magistrati in carica e nel periodo regio erano autorizzati a mettere a morte chi avesse minacciato il magistrato stesso. Erano equipaggiati con dei bastoni, che servivano a colpire chi si avvicinava al magistrato, e da una scure per eseguire la condanna a morte. I bastoni e la scure, tenuti assieme da delle strisce di cuoio, costituivano il fascio littorio.

Ludi. Sono i giochi che venivano organizzati a Roma. I *Ludi* erano in origine feste religiose, per questo l'organizzazione era affidata a magistrati pubblici. Esistevano anche *Ludi* privati che erano organizzati da singoli cittadini e potevano essere aperti alla partecipazione pubblica. Di solito, almeno in origine, i *Ludi* privati erano legati alla celebrazione di funerali o in memoria di defunti. Nel corso dell'anno vi erano diversi *Ludi* pubblici, che potevano consistere in gare sportive o poetiche oppure in un misto delle due. Erano organizzati dagli edili. Le gare sportive comprendevano competizioni di carri e scontri fra gladiatori; le gare poetiche invece contemplavano la messa in scena di commedie e tragedie in veri e propri festival teatrali.

Magistrati curuli. Erano i magistrati che sedevano sulla sedia curule, ovvero coloro che facevano già parte del Senato (quindi dagli edili in su). Inizialmente erano solo di origini patrizie.

Mos maiorum. Era il codice morale a cui si ispiravano i Romani, cioè un complesso di norme consuetudinarie che costituivano i valori di riferimento per i cittadini. Il nucleo fondamentale era formato dal senso del dovere verso lo Stato, dallo spirito di sacrificio e dall'obbedienza alle leggi di Roma.

Optimates e populares. Gli *optimates* e i *populares* erano le due aggregazioni politiche presenti nell'antica Roma. Non si trattava di partiti politici intesi in senso moderno, ma più di fazioni in cui diversi personaggi influenti si riconoscevano per difendere gli interessi comuni.

Gli *optimates* erano la fazione più conservatrice, formata da esponenti di famiglie ricche ma non solo o non sempre patrizie, che ritenevano di dover difendere i valori della tradizione ed evitare che la Repubblica fosse snaturata da innovazioni e aperture alle nuove classi sociali emergenti. I *populares* al contrario erano favorevoli ai mutamenti e più aperti nei confronti delle nuove classi sociali. Erano inoltre convinti che bisognasse allargare la partecipazione politica concedendo la cittadinanza anche ai soci italici prima e ai provinciali in seguito.

Patres conscripti. Formula che indicava i senatori iscritti alle liste del Senato, che venivano periodicamente riviste dai censori, i quali potevano espellerne alcuni per indegnità.

Pomerium. Il *pomerium* era il confine sacro che delimitava la città di Roma. In antico la zona all'interno del *pomerium* era la parte destinata alla funzione abitativa e sacrale, mentre al di fuori vi era l'*ager publicus*. Il *pomerium* comprendeva tecnicamente solo l'area della città di Roma, ma spesso nelle fonti con l'andare del tempo venne indicato con questo nome in senso estensivo anche il confine che separava l'Italia dalle province. In età cesariana questo confine era segnato dal fiume Rubicone, che può essere identificato sia con l'attuale Rubicone sia

con il Pisciatello, corsi d'acqua che sfociano entrambi nelle vicinanze di Cesenatico.

Pontificato/pontefice massimo. Era il più alto sacerdozio della religione romana. Il pontefice massimo era eletto e restava in carica a vita. Compilava i *Fasti* e poteva intervenire in tutte le questioni religiose e relative al calendario. Era inoltre in grado di proclamare i giorni fausti e infausti, in cui l'attività politica era sospesa.

Pretori. In età repubblicana i pretori esercitavano funzioni militari e civili. In origine erano due e si dividevano i compiti: uno restava a Roma a occuparsi della giustizia e l'altro aveva il comando dell'esercito. Con l'estendersi dell'impero il loro numero venne aumentato per poter avere sempre un pretore in grado di intervenire nelle varie province. Silla portò il numero dei pretori a otto e le province venivano assegnate per sorteggio.

Proconsolato/proconsole. Chi veniva eletto console sapeva che alla fine del suo anno regolare di mandato avrebbe ottenuto il governo di una provincia, la quale veniva estratta a sorte nel momento in cui il console entrava in carica. Il proconsole esercitava il potere militare e civile sul territorio e il suo mandato aveva una durata variabile, in teoria di un anno, prorogabile in caso di campagna militare. In età cesariana venne limitata a due anni. Siccome i proconsoli erano solo due ogni anno, le restanti province venivano affidate a governatori che erano propretori.

Propretori. Venivano indicati con questo nome i funzionari inviati nelle province rimaste scoperte.

Stoicismo ed epicureismo. Sono due correnti filosofiche greche nate in età ellenistica. Lo stoicismo riteneva che l'uomo raggiungesse la felicità solo accettando di compiere il proprio dovere. Questa visione così rigida ebbe molto successo a Roma nei circoli conservatori perché riprendeva molte idee care al *mos maiorum*, i valori degli antenati che rappresentavano la più antica tradizione romana. Aderenti allo stoicismo erano i membri del circolo di Catone. L'epicureismo, al contrario, riteneva che l'uomo raggiungesse la felicità attraverso la ricerca del piacere. Gli epicurei, inoltre, non contemplavano l'esistenza degli dèi o dell'Aldilà e credevano soltanto nell'esistenza materiale. Cesare fu molto probabilmente influenzato dall'epicureismo. Il più famoso esponente di questa filosofia nell'età di Cesare fu il poeta Lucrezio Caro.

Suburra. Quartiere popolare di Roma antica in cui i Giuli avevano la loro *domus*. L'etimologia della parola è incerta.

Era situato fra il Quirinale e il Viminale e percorso dall'*Argiletum*, una strada che portava in direzione della porta Esquilina. Trattandosi di un quartiere malfamato, in età augustea fu costruito un muro che lo separava dall'area dei Fori.

Tribunato della plebe/edilità. La carica di tribuno della plebe era stata istituita in antico perché il tribuno fosse una sorta di difensore dei diritti dei plebei. La caratteristica principale dei tribuni era il diritto di veto, ovvero la possibilità di bloccare l'approvazione delle leggi da parte del Senato se ritenevano che queste potessero nuocere al popolo. I tribuni inoltre godevano dell'immunità, cioè non potevano essere malmenati o uccisi: chiunque alzasse le mani contro un tribuno veniva considerato *sacer*, cioè "maledetto", e poteva essere condannato a morte. Soltanto i membri di *gens* plebee potevano diventare tribuni della plebe, mentre i patrizi venivano eletti edili.

Tribunus militum. Ufficiale dell'esercito romano originariamente a capo di una legione in collaborazione con altri cinque colleghi. Indicava anche un ufficiale dell'esercito che il dittatore sceglieva come suo collaboratore.

Vergobreto. Presso le tribù celtiche era il nome del magistrato più potente, che prendeva decisioni politiche e militari.

INDICE ANALITICO